Margarita Nelken

LA VIDA Y LAS MUJERES

ARTÍCULOS

(1916-1931)

Edición y prólogo de
ALEJANDRA RODRÍGUEZ PARRAGUÉS

Accede al
videopódcast
entrevista
sobre
Margarita
Nelken

CUADERNOS DE OBRA FUNDAMENTAL

CUADERNOS DE OBRA FUNDAMENTAL

Responsable literario: Francisco Javier Expósito Lorenzo
Diseño: Armero Ediciones
Cuidado de la edición: Antonia Castaño
Impresión: Brizzolis arte en gráficas

© Herederos de Margarita Nelken
© De esta edición: Fundación Banco Santander, 2025
© Del prólogo: Alejandra Rodríguez Parragués, 2025

ISBN: 978-84-17264-68-0
Depósito Legal: M-21441-2025

ÍNDICE

ALEJANDRA RODRÍGUEZ PARRAGUÉS

¿PARA QUÉ SIRVE LA HISTORIA?

A Irene Mendoza,
de historiadora a historiadora

Intentaron que permaneciéramos eternamente a hombros de gigantes. Cuando tratamos de caminar por nosotras mismas, nos hicieron la zancadilla, nos empujaron, nos tiraron al suelo y trataron de aplastarnos. Indiferencia, complicidad, más daño. Desconfiamos de los silencios, de las palabras, de las acciones. Intuimos que había algo que no era como nos decían, nos apoderamos de la duda y la arrojamos sobre la historia.

¿Qué es ser profesora? ¿Qué implica ser escritora? ¿Cómo trabaja una historiadora? ¿Y una actriz? ¿Y una compositora? ¿Qué sabemos de las vidas de editoras, bailarinas, doctoras, enfermeras, libreras, científicas, diputadas, cigarreras, modistas, dependientas, teleoperadoras, *estudiantas*…? ¡¿*Estudiantas*?! La *a* de la discordia. No hace falta, piensan unas. Es necesaria, responden otras. La Real Academia Española jamás la admitirá, aseguran algunos. ¡*Estudiantas* ni siquiera es una profesión!, gritan los del fondo. Pero la *a* sigue ahí, llamando nuestra atención, marcando la diferencia.

Que no es lo mismo ser profesor que profesora, o que no es lo mismo ser estudiante que *estudianta* es algo que ya advirtió la intelectual española Margarita Nelken hace más de un siglo. De padre alemán y madre francesa, Margarita Nelken nació en Madrid el 5 de julio de 1894. Estudió por libre el bachillerato francés clásico y se formó como pintora en el taller de Eduardo Chicharro. Conoció Europa, viajó a París y su dominio de los idiomas le permitió publicar sus primeras críticas de arte en las revistas parisienses *L'Art Décoratif*, *Mercure de France*, *Gazette des Beaux-Arts* y *L'Art et les Artistes*, así como en la londinense *The Studio*.

En 1915, Margarita Nelken dio a luz a su hija Magda. Ser «madre soltera» cambió su vida y le hizo tomar conciencia de sí misma como mujer y como escritora. Al lado de Margarita Nelken estuvo su hermana, Carmen Eva Nelken, que siguió sus pasos y comenzó a dedicarse profesionalmente a la escritura, firmando sus artículos como «Magda Donato».

A finales de 1916, Margarita Nelken comenzó a redactar la sección «La vida y las mujeres» para el periódico madrileño *El Día*, que estuvo dirigido por Francisco Gómez Hidalgo y contó con Vicente Ballester Soto y Francisco Espinosa como redactores jefe. Entre los colaboradores y redactores —colaboradas y redactoras— de *El Día* figuraron Miguel de Unamuno, Emilia Pardo Bazán, José Francos Rodríguez, Beatriz Galindo (seudónimo de Isabel Oyarzábal), Ramón Gómez de la Serna, Melchora Herrero y la propia Margarita Nelken.

La sección «La vida y las mujeres» está repleta de historias de seres humanos que, con su vida o con su obra, ampliaron las posibilidades de existencia de las mujeres. Partiendo de diferentes trayectorias vitales y tomando en consideración su propia experiencia, Margarita Nelken reivindicó la mejora de las condiciones laborales de las mujeres, puesto que la mayoría de los trabajos, lejos de permitirles tener una vida digna, eran medios seguros de morirse de hambre o caminos hacia la explotación sexual. Margarita Nelken mostró por qué la labor de las mujeres era siempre menospreciada y exigió «el mismo sueldo por el mismo trabajo».

En cada uno de los artículos se aprecia el esfuerzo de la intelectual española por alentar la «cultura», es decir, todo aquello que pudiera liberar a las mujeres de sus obligaciones domésticas y de las tareas que les habían sido asignadas por el simple hecho de ser mujeres. La educación y la formación eran fundamentales para mejorar sus condiciones de vida, pero eran deficientes y distaban de ser iguales a la educación y la formación a la que tenían derecho los hombres. Así, escribió Margarita Nelken:

> […] puesto que es cosa admitida que las mujeres pueden desempeñar muchos de los cargos que desempeñan los hombres, ¿por qué no se da a esas mujeres una educación que las prepare, como a los hombres, a desempeñar estos cargos? ¿Por qué hacer que las carreras, que para los hombres constituyen sencillamente *unos estudios*, tengan que ser, para ellas, un calvario continuo?
>
> «La nueva educación», *El Día*, 3 de junio de 1917

Consciente de este calvario y siguiendo el ejemplo de las mujeres francesas, Margarita Nelken hizo propia la reivindicación de «medios racionales» que permitieran a las mujeres españolas seguir fácil y naturalmente las carreras que seguían entonces «al precio de incontables dificultades y sinsabores». Las mujeres encontraron un ambiente contrario al desarrollo de sus inquietudes intelectuales y una firme oposición a sus intentos por trabajar y vivir dignamente. El escritor español Juan Caballero Rodríguez, uno de los profesores más destacados del Instituto de Barcelona para la Segunda Enseñanza de la Mujer, respondió lo siguiente cuando fue preguntado por Margarita Nelken sobre esta cuestión:

> Hasta muchos del sexo fuerte con carrera, médicos, abogados, catedráticos, se burlan de las *bachilleras* y, por su gusto, les serían cerradas a cal y canto las puertas de la Universidad. […] Terminada la carrera, tampoco encuentran ambiente propicio nuestras profesionales, ni aun en su propio sexo. Hace falta un periódico que tome a su cargo convencer a las mujeres de la necesidad de apoyarse mutuamente, ya que, en general, el hombre, temiendo su competencia, les cierra en lo posible los caminos de las profesiones liberales.
>
> «Las señoritas de la clase media. Una opinión autorizada», *El Día*, 28 de octubre de 1918

En el primer tercio del siglo XX se seguía luchando no solo para que se permitiera a las mujeres ejercer cualquier profesión, sino también para que se reconociera la capacidad intelectual de las mismas. Fueron muchos los esfuerzos realizados desde la ciencia para demostrar que las mujeres eran «cerebralmente inferiores» y hubo voces que mostraron su oposición. En España, Concepción Arenal revisó, cuestionó y refutó las ideas expuestas, en particular, por Franz Joseph Gall, fisiólogo alemán y fundador de la pseudociencia de la frenología. Gall afirmó que, debido a una inferioridad biológica, las mujeres presentaban una deficiencia intelectual. Concepción Arenal respondió con las siguientes palabras:

> Ni el estudio de la fisiología del cerebro ni la observación de lo que pasa en el mundo autorizan para afirmar resueltamente que la inferioridad intelectual de la mujer sea *orgánica*, porque no existe donde los dos sexos están igualmente sin educar, ni empiezan en las clases educadas, sino donde empieza la diferencia de la educación.
>
> Concepción Arenal, *La mujer del porvenir* (1869)

Otro autor leído y comentado en España fue Paul Julius Moebius, psiquiatra alemán autor de *La inferioridad mental de la mujer* (1900). En 1904, Carmen de Burgos prologó y tradujo al español la obra de Moebius para cuestionar y rebatir sus argumentos. Unos años después, el historiador Miguel Romera Navarro escribió *Ensayo de una filosofía feminista. Refutación a Moebius* (1909). Margarita Nelken se enfrentó a la idea de la «inferioridad cerebral» de las mujeres y leer sus artículos es recordar que ni todas las mujeres de ciencia son unas Marie Curie, ni todos los hombres de ciencia son unos Santiago Ramón y Cajal.

La voz de Margarita Nelken se proyectó más allá de las páginas del periódico *El Día* y sus artículos sobre la vida social y las mujeres aparecieron en periódicos y revistas como *El Fígaro*, *La Libertad*, *La Voz de Ibiza* y *Nuevo*

Mundo. En ellos, la intelectual española imbrica la teoría y las prácticas de la vida cotidiana, permitiendo que lo abstracto se vuelva concreto y visible. En sus textos confluyen su experiencia como lectora, su vocación social y las historias de vida de otras mujeres.

Margarita Nelken contó, desde sus primeros años, con una rica biblioteca. Se introdujo en la crítica de arte con las obras del naturalista francés Hippolyte Taine. Conoció el naturalismo de Honoré de Balzac y el realismo de Benito Pérez Galdós. Con el socialismo liberal de John Stuart Mill tomó conciencia de la «esclavitud femenina» y a través de la obra de August Bebel comenzó a desarrollar sus propias ideas sobre la condición social de las mujeres. *The Subjection of Women* (1869), de Mill, y *Die Frau und der Sozialismus* (1879), de Bebel, fueron traducidas al español y difundidas en España gracias a la «La Biblioteca de la Mujer» (1892-1914), proyecto editorial financiado y dirigido por Emilia Pardo Bazán. Además, en el pensamiento de Margarita Nelken influyeron las obras de algunas de las «precursoras del feminismo», tales como Mary Astell, Olympe de Gouges, Anne-Josèphe Théroigne de Méricourt y Hubertine Auclert. De todas ellas extrajo una enseñanza personal y profesional, pues, mientras leía y escribía, ella misma construía su identidad como escritora, como política y como intelectual.

Para elaborar sus artículos, Margarita Nelken tuvo que elegir los temas y documentarse sobre ellos. En la selección de vidas y obras que realizó se aprecia su voluntad por recuperar los nombres de las mujeres cuyas acciones quedaron subordinadas a las de los hombres o relegadas a un segundo plano. Generalmente, sus aportaciones profesionales e intelectuales no aparecieron en los periódicos o quedaron eclipsadas por las noticias políticas y bélicas:

Alguien ha dicho que durante la guerra los muertos ilustres «mueren más»; cuando venga la paz y volvamos a nacer a la vida de antes, haremos fatalmente un doloroso balance de los que ya no son; todos no habrán desaparecido en la guerra, y de las mujeres que servían de guía o de ejemplo, mejor aún, de estímulo a las demás, serán muchas las que nos faltarán, sin que sepamos casi precisar cuándo y cómo se fueron.

La muerte de Marie Lenéru no pasó desapercibida para Margarita Nelken, que definió a la dramaturga francesa como «uno de los cerebros más potentes del teatro contemporáneo». Y es que, en sus artículos, las mujeres aparecen como individuos con una existencia propia, con una vocación y una profesión; lejos de ser presentadas como seres aislados, sus historias se entremezclan con las historias de otros sujetos históricos y están atravesadas por los acontecimientos que tuvieron lugar en la sociedad en la que vivieron. Así, Zenobia Camprubí es traductora y poeta, además de «la mujer de» Juan Ramón Jiménez. Elizabeth Blackwell, Elizabeth Garrett Anderson y Concepción Aleixandre son doctoras. Ángela Romero de Torres es violinista. Gloria Keller es arpista. Marie Curie es científica, descubridora del radio y Premio Nobel de Física (1903) y de Química (1911). Bertha von Suttner, autora de *Abajo las armas*, es Premio Nobel de la Paz (1905). Josefina de la Torre Millares, todavía una niña, es percibida ya como poeta. Margarita Xirgu, Eleonora Duse y Suzanne Desprès son actrices. Thamara Swirskaya es bailarina. Cósima Wagner es, tal vez, la única que permanece como «sombra».

Más que a mujeres que destacaron por la brillantez estética de sus obras, por sus títulos académicos o por su influencia intelectual, Margarita Nelken eligió como protagonistas de sus artículos a mujeres socialmente comprometidas, que utilizaron su trabajo con fines prácticos, que vivieron «por algo» y «para algo». Esto explica su atención a las escritoras Marguerite Audoux, autora de *Marie-Claire* (1910); Marcelle Capy, autora de *Una voz de mujer en la contienda* (1916), y Lucie Félix-Faure Goyau, autora de *La mujer en el hogar y en la ciudad* (1917).

La intelectual francesa Lucie Félix-Faure Goyau se ocupó de realizar estudios sociales tanto como de desarrollar una obra «material», la «Ligue fraternelle des enfants de France», especialmente dedicada al cuidado de los niños y las niñas de los barrios más pobres. Sin duda, su ejemplo sirvió a Margarita Nelken, que fundó en Madrid la Casa de los Niños (1919) —espacio al que accedieron los niños y las niñas que demostraron necesidad de ello, independientemente de las ideas políticas y religiosas de sus progenitores— y publicó *La condición social de la mujer en España: su estado actual; su posible desarrollo* (c. 1920), obra en la que abogó por la liberación de las mujeres, y de la sociedad en general, del yugo clerical.

Margarita Nelken expresó sus opiniones a través de la palabra escrita y hablada, y no tardó en obtener el reconocimiento público:

> Margarita Nelken ha conseguido un nombre entre los intelectuales por su trabajo de *ateneísta* y por otros dos libros —uno de índole artística *[Glosario (Obras y artistas)]* y otro de estudios sociales *[La condición social de la mujer en España]*— editados no hace mucho tiempo. Ha colaborado también en revistas.
>
> J. M. Castellví, «Temas literarios», *El Noticiero Universal*, Barcelona, 14 de febrero de 1924

Su voz se escuchó en el Ateneo de Madrid, en el Museo del Prado o en la madrileña Casa del Pueblo. Además, tradujo obras de autores como Pío Baroja, Élie Faure, Jean-Jacques Brousson, Franz Kafka, Oscar Wilde y Marcelle Capy, y publicó varias novelas cortas: *La aventura de Roma* (1923), *El viaje a París* (1924), *Una historia de adulterio* (1924), *Pitiminí «Evile»* (1924), *El milagro* (1924), *Mi suicidio* (1924), *La exótica* (1930) y *El orden* (1931). Otras dos novelas que la situaron entre las escritoras más destacadas de su época fueron *La trampa del arenal* (1923) y *En torno a nosotras* (1927).

Las reflexiones sobre feminismo y sufragismo también ocuparon las páginas escritas por Margarita Nelken. ¿Fueron feministas Concha Espina, Margarita Xirgu o Victoria Kent? ¿Qué significaba ser feminista? ¿Qué suponía declararse públicamente sufragista o antisufragista? La intelectual española entendió el feminismo desde la pedagogía social, que consideró el medio para que las mujeres tomaran conciencia de sí mismas, de sus derechos y sus deberes. Lo llamó «feminismo necesario» porque —trazando un paralelismo con la protagonista de *Casa de muñecas* de Henrik Ibsen— Nora podría haber permanecido toda su vida encerrada en una «casa de muñecas» y depositando un voto en una urna cada tanto sin más trascendencia, pero tomó conciencia de su lugar en el mundo como «ser humano que piensa por sí mismo».

Para sus artículos, Margarita Nelken buscó a mujeres que utilizaron su historia para la vida y para la acción, y las encontró en los libros, en las librerías, en los teatros, en las casas, en las fábricas, en los talleres, en los hospitales... Quiso escuchar sus voces, conversar con ellas, les ofreció la posibilidad de convertirse en autoras de su propia historia. Intentó que no perdieran su alma y aparecieran como sujetos. Se esforzó por captar la esencia del discurso. No se burló de sus comentarios ni los ridiculizó; antes bien, los dotó de legitimidad. Esto hizo que sus interlocutoras no sintieran violentada su intimidad, ni se avergonzaran de sus pensamientos, lo que permitió que perdieran poco a poco el miedo a hablar, a descubrirse, a expresar sus emociones más profundas.

La señora viuda de Fe, librera y editora, le mostró lo que suponía ser una «mujer de negocios». La compositora Narcisa Freixas, que perdió a su única hija, le contó cómo transformó su dolor en una causa social. La doctora Trinidad Arroyo de Márquez se confesó: «En el doctorado pasé mal rato». Josefina Blanco recordó sus años como actriz y le enseñó la realidad de ser la correctora de pruebas de Ramón María del Valle-Inclán, cómo tuvo que «poder serlo todo y aparentar ser nada». Dejando a un lado los prejuicios, Margarita Nelken llegó hasta María de los Ángeles Mancisidor, acusada de asesinato y agradecida de que alguien le ofreciera la oportunidad de defenderse: «Hasta ahora nadie ha venido hacia mí, y yo he tenido que soportar el peso de todo». Para las socialistas Virginia González y Juana Sanabria, hablar para el periódico *El Día* fue un acto de resistencia. A María de Maeztu, que encarnaba a la mujer que había logrado alcanzar sus propósitos gracias a sus méritos y a su esfuerzo, le preguntó sobre el devenir intelectual de las mujeres españolas:

> Y, créame usted, en educación, el ejemplo directo y la enseñanza directa lo hacen todo; ellas ven que yo, que soy profesora, en lugar de trabajar en cualquier escuela superior tres horas diarias, trabajo aquí, por el mismo sueldo, doce, catorce y dieciséis horas. No necesito decírselo: para cualquier muchacha de sensibilidad mediana el ejemplo fructifica solo. ¿Muchachas que, una vez encontrado el marido que las mantenga, se olviden de su actividad intelectual? Estas no pueden ser más que aquellas que, usando de la ciencia, no participaban de ella […] La ciencia verdadera, no la superficial o de segunda mano, no puede ser nunca únicamente un medio de ganar la vida: es una aspiración continua y una necesidad. Y esté usted segura de que, si hasta ahora las mujeres españolas no prosiguieron su desarrollo intelectual, la culpa no fue de ellas, sino de los métodos de enseñanza y de sus profesores.
>
> «Una conversación con María de Maeztu», *El Día*, Madrid, 2 de abril de 1918

Tras leer las palabras de María de Maeztu podemos preguntarnos: ¿hasta qué punto la historia tiene que estar al servicio de la vida? La Historia, entendida como ciencia pura, resulta tediosa. Una lectura del filósofo alemán Friedrich Nietzsche nos recuerda que la historia nos pertenece como seres humanos que necesitan «actuar y esforzarse»; como seres humanos que necesitan «conservar y venerar», y, en tercer lugar, como seres humanos que «sufren y necesitan liberarse». De estas necesidades se desprenden tres formas de abordar la historia.

La historia *monumental* nace del deseo de encontrar modelos a la vez que no somos capaces de hallarlos en el presente. Permanecer anclado en ella es peligroso porque corremos el riesgo de ser aplastados por una estatua. La historia *anticuaria* nace del miedo al cambio; quiere conservar la vida, pero es incapaz de crearla. Perseverar en este modo de hacer historia amplía nuestras posibilidades de acabar momificados. La historia *crítica* nace de la necesidad de destruir las mentiras con las que nos hemos construido; de la fuerza que se genera al descubrir y proclamar que hemos adorado falsos dioses. ¿Qué sentido tiene un saber que mortifica?

Después de profundizar en las obras de las mujeres de cualquier época y nacionalidad, es inevitable pensar que la historia también nos pertenece como seres humanos que necesitan expresar lo que sienten y lo que piensan. Toda alma humana —decía María Zambrano— espera ser desvelada, comprendida. Hoy, herida por números y leyes, tenemos una ciencia sin raíces que agoniza. En un ambiente hostil y asfixiante, nos aferramos a Marguerite Audoux, Elizabeth Garrett Anderson o Zenobia Camprubí porque nos estremecen sus vivencias, nos incomodan sus palabras o nos impresiona su capacidad de resistencia. Nos aferramos a María de Maeztu, Concepción Arenal o Marie Curie porque son las únicas que no dejan de hablarnos, de escribirnos, de pensarnos. Nos aferramos a Margarita Nelken o Margarita Xirgu porque encontramos en sus historias una razón por la que luchar. Abandonarlas a ellas significa abandonarnos.

SELECCIÓN BIBLIOGRÁFICA

ARESTI, Nerea: *Médicos, donjuanes y mujeres modernas: los ideales de masculinidad en el primer tercio del siglo XX*, Bilbao, Universidad del País Vasco, 2001.

BALLARÍN, Pilar: *La educación de las mujeres en la España contemporánea (siglos XIX- XX)*, Madrid, Síntesis, 2001.

BORDERÍAS, Cristina (ed.): *Género y políticas del trabajo en la España contemporánea, 1836-1936*, Barcelona, Icaria, 2007.

CAMINO RODRÍGUEZ, Alejandro: *Defensoras de Dios y de las mujeres: las activistas católicas en España (1900-1936)*, Granada, Comares, 2023.

CAPEL, Rosa M.ª: *El trabajo y la educación de la mujer en España (1900-1930)*, Madrid, Ministerio de Cultura, 1986.

CUESTA, Josefina, María José TURRIÓN y Rosa María MERINO (eds.): *La Residencia de Señoritas y otras redes culturales femeninas*, Salamanca, Universidad de Salamanca, 2015.

DOMÍNGUEZ PRATS, Pilar: *De ciudadanas a exiliadas: Un estudio sobre las republicanas españolas en México*, Madrid, Ediciones Cinca, 2009.

FLECHA, Consuelo: *Las primeras universitarias en España, 1872-1910*, Madrid, Narcea, 2010.

GÓMEZ BLESA, Mercedes: *Modernas y vanguardistas: las mujeres-faro de la Edad de Plata*, Madrid, Huso, 2019.

JARDÓN PARDO DE SANTAYANA, Pelayo: *Margarita Nelken: del feminismo a la revolución*, Madrid, Sanz y Torres, 2013.

KIRKPATRICK, Susan: *Mujer, modernismo y vanguardia en España (1898-1931)*, Madrid, Cátedra, 2003.

LERNER, Gerda: *La creación de la conciencia feminista: desde la Edad Media hasta 1870*, Pamplona, Katakrak, 2019.

MANGINI, Shirley: *Las modernas de Madrid: las grandes intelectuales españolas de la vanguardia*, Barcelona, Península, 2001.

MARTÍN PELÁEZ, Paula: *El acoso sexual, sexista y LGTBIQfóbico en la Universidad Complutense de Madrid. Un análisis a partir de experiencias situadas de violencia* (tesis doctoral), Universidad Complutense de Madrid, 2024.

MARTÍNEZ, Josebe: *Margarita Nelken (1896-1968)*, Madrid, Ediciones del Orto, 1997.

MENDOZA MARTÍN, Irene: «Las glorias del espectáculo: Actrices y celebridad en el primer tercio del siglo XX español», *Ayer*, n.º 112 (2018), pp. 213-236.

NASH, Mary (coord.): *Ciudadanas y protagonistas históricas. Mujeres republicanas en la II República y la Guerra Civil*, Madrid, Congreso de los Diputados, 2009.

NELKEN, Margarita: *En torno a nosotras* (pról. de Alejandra Rodríguez Parragués), Madrid, Ediciones Cinca, 2024.

_____: *La mujer ante las Cortes Constituyentes* (ed. y pról. de Josebe Martínez), Sevilla, Renacimiento, 2020.

_____: *La trampa del arenal* (pról. de Ángela Ena Bordonada), Madrid, Castalia, 2000.

NIETZSCHE, Friedrich: *Sobre la utilidad y el perjuicio de la historia para la vida (II Intempestiva)* (trad. de Germán Cano), Madrid, Biblioteca Nueva, 1999.

NÚÑEZ REY, Concepción: *Carmen de Burgos, Colombine, periodista universal*, Sevilla, Consejería de Cultura de la Junta de Andalucía, 2018.

OCAMPOS PALOMAR, Emilio José y Dolores ROMERO LÓPEZ (eds.): *El feminismo en la literatura de la Edad de Plata*, Madrid, Ediciones Complutense, 2024.

PRESTON, Paul: «Margarita Nelken. Amor a los humildes y a la belleza», *Palomas de guerra: cinco mujeres marcadas por el enfrentamiento bélico*, Barcelona, Mondadori, 2004, pp. 261-352.

RODRIGO, Antonina: *Mujeres olvidadas: las grandes silenciadas de la Segunda República*, Madrid, La Esfera de los Libros, 2013.

RODRÍGUEZ PARRAGUÉS, Laura Alejandra: *Vivir con la pluma. La profesionalización de las escritoras en la España del último tercio del siglo XIX*, Madrid, Ediciones Cinca, 2023.

SCANLON, Geraldine: *La polémica feminista en la España contemporánea (1868-1974)*, Madrid, Akal, 1986.

THON, Sonia: *Una posición ante la vida: la novela corta humorística de Margarita Nelken*, Madrid, CSIC, 2010.

VILLALAÍN GARCÍA, Pablo: «Margarita Nelken: la elección parlamentaria de una diputada socialista en la Segunda República (Badajoz, 1931-1936)», *Revista de Estudios Extremeños*, vol. LXIX, n.º 3 (2013), pp. 1911-2002.

ZAMBRANO, María: *Hacia un saber sobre el alma*, Madrid, Alianza, 2019.

SOBRE ESTA EDICIÓN

Este libro se ha construido tomando como base los más de cien artículos firmados por Margarita Nelken y publicados, entre 1916 y 1918, en la sección «La vida y las mujeres» del periódico *El Día*. Considerando que los ejemplares de *El Día* pueden consultarse en la Hemeroteca Digital de la Biblioteca Nacional de España, se ha realizado una selección y se ha prescindido de aquellos cuyo contenido era similar. Para dotar de mayor profundidad a la obra, se han incluido cinco artículos de la autora publicados en *El Fígaro* (1919), cuatro artículos publicados en *La Libertad* (1920), un artículo publicado en *La Voz de Ibiza* (1922) y dos artículos publicados en la revista *Nuevo Mundo* (1925, 1931). Todos ellos tienen como eje argumental la condición social de las mujeres en el primer tercio del siglo XX y se han ordenado de manera cronológica en cada una de las secciones que conforman la presente edición: «Semblanzas», «Conversaciones», «Arte y literatura», «Feminismo y sufragismo» y «La vida social». El resultado es la primera antología de artículos publicados por Margarita Nelken.

Los textos se presentan con escasas variaciones estilísticas. Las transcripciones se han realizado respetando el texto original y su puntuación —con los ajustes necesarios—, y solo se ha actualizado la ortografía, incluida la acentuación, según las normas vigentes de la RAE.

AGRADECIMIENTOS

A Margarita Salas de Paul y María Rivas Chacón, nieta y tataranieta de Margarita Nelken, por mantener viva su memoria y ayudarme siempre. A Ángela, porque juntas alzamos el vuelo. A las historiadoras Irene Mendoza Martín y Pilar Mera Costas, por hacer florecer la historia y transformar la esperanza perdida en una nueva ilusión. A Paula, Elena, Sara y Sabela, por hacer de la universidad un espacio más seguro. A mi familia, por el apoyo moral y material. A Antonia Castaño, por limar esta obra con tanto cuidado. A Francisco Javier Expósito Lorenzo, responsable de Literatura e Historia de Fundación Banco Santander, por acompañarme en mi renacimiento y confiar en el talento de Margarita Nelken.

LA VIDA Y LAS MUJERES

SEMBLANZAS

MARÍA RODRIGO

Para uno de los próximos conciertos de la Filarmónica está anunciada una obra de la señorita María Rodrigo, y, aunque esta compositora ha estrenado ya en la Zarzuela, puede decirse que será este su verdadero «debut»; y esto no solo por la índole de la obra, sino también por la clase de público ante quien esta obra se ejecutará.

Confieso que no conozco la partitura estrenada en la Zarzuela y, acerca de la que dirigirá el maestro Pérez Casas, confieso también carecer en absoluto de datos anticipados. De todos modos, sea cual fuere la suerte de esta composición, el solo hecho de que exista merece el más cariñoso respeto.

María Rodrigo es la única compositora española, y una de las muy pocas compositoras que hay en el mundo. Aunque no muchas, ha habido y hay actualmente un cierto número de mujeres que han producido obras musicales, principalmente romanzas y piezas de esas que, sin duda por ironía, son llamadas «de concierto»; e inútil es recordar los éxitos logrados por los «lieder» sentimentales de Cécile Chaminade, la hermana en espíritu y en empalago de [Francesco Paolo] Tosti. Mas, música de verdad, o, como se dice vulgarmente, música grande, producida por mujeres no hay más que la de Augusta Holmès, la que fue discípula predilecta de César Franck; y, en muy moderno, la de la neowagneriana princesa de Polignac [Winnaretta Singer]. Y es que la mujer, en general, no puede ser compositora.

Una pintura, una estatua pueden ser maravillosas y producir solamente cierto número de sensaciones, en decir, unas cuantas sensaciones determinadas; la sinfonía, como la tragedia, para tener vida tiene que producir en cada uno todas las sensaciones que uno desee encontrar; debe estar abierta a toda clase de sensaciones; y una mujer, por muy libre que sea, por muy preparado que esté su espíritu, tiene forzosamente que vivir una vida menos completa que la de un hombre, tiene que quedar extraña a un gran número de sensaciones, y, por consiguiente, ignorándolas, o conociéndolas solo indirectamente, no las podrá realizar en un obra. Ha habido una George Sand [Amantine Aurore Dupin] que inició, por la intensidad y la fuerza libre de su espíritu, una época de ideas más libres y más intensas; hay una Selma Lagerlöf que, por su sentimiento, tan completo de todo el espíritu de un pueblo, ha hecho del espíritu un monumento definitivo; ni en la obra de George Sand, ni en la de Selma Lagerlöf, se pueden sentir todas las sensaciones de la humanidad como se pueden sentir en un solo acto de Esquilo o en unos cuantos compases de Beethoven. Su espíritu no abarca más que una parte de lo que debía abarcar para realizarse en una tragedia o en una sinfonía.

Y, sin embargo, las mujeres son músicas por excelencia; su misma limitación hace de ellas unas maravillosas comprensivas musicales —pues en música, la comprensión máxima es solo sentimiento y sensación—. Dejemos a un lado a las «obreras» de la música, las que trabajan la música —¡pobres pianos martirizados!— como una gimnasia; y dejemos también las sensibleras inconscientes, las que se emocionan con la misma emoción oyendo «los encantos del Viernes Santo» que oyendo un vals tocado por gitanos; pero las que «entran» verdaderamente en la música, por eso mismo que la música las agranda y las hace sobrepasarse a sí mismas, esas, dentro de la música son incomparables. Pensemos solamente en Teresa Carreño, la pianista española consagrada en París como «la plus émouvante interprète de Beethoven». Y pensemos también en la clavecinista polaca Wanda Landowska, la única artista que ha sentido bastante la exaltación de la música para abnegar toda su vida en la interpretación ingrata de lo que se llama la música pura: la música sin exterioridad, sin triunfos fáciles.

La mujer que ha hecho una composición para la orquesta Filarmónica tiene que haber sentido todo lo que la música debe ser; «se ha dado cuenta», y, aunque esta composición no lograse imponerse, será siempre la obra de una artista nada vulgar. *La montaña negra*, de Augusta Holmès, es una página de primer orden; las composiciones de la princesa de Polignac, que danzaron las discípulas de la Loie Fuller, si no valían lo que *Parsifal*, valían tanto como las de muchos compositores actuales; en el florecimiento de la música española de hoy día, tampoco hay ningún Richard Wagner, y ¿por qué no ha de ser María Rodrigo una de las figuras de esta escuela?

Quién sabe, la vida se liberta y se agranda cada día; quizá, junto a los nombres gloriosos de las que supieron hacer sentir lo que sintieron los maestros, tendremos en el porvenir los nombres de las que quisieron hacer sentir lo que ellas mismas han sentido.

[«La vida y las mujeres. Las compositoras: María Rodrigo», *El Día*, Madrid, 3 de diciembre de 1916, p. 3.]

CARMEN BAROJA Y PILAR DE ZUBIAURRE

En una reciente exposición hemos podido admirar los trabajos decorativos de estas dos artistas: de la primera, unos cofrecillos esmaltados; de la segunda, unas lámparas y unos marcos de metal repujado. Eran estos trabajos de un gusto exquisito y refinado, admirablemente compuestos y trabajados, y si no denotaban una personalidad bastante «cuajada» para idear por sí misma sus obras, demostraban al menos que sus autoras tenían un sentido muy claro de lo que deben ser las obras de arte decorativo —esas obras tanto tiempo desdeñadas y abandonadas a la ignorancia mecánica de los fabricantes.

Desde que «las artes menores» dejaron de ser tales para convertirse en productos inconscientes —algo así como el calzado o las pastas alimenticias—, el arte decorativo, que merecía este nombre, fue el privilegio de un número reducidísimo. Solo los «creadores», los artistas capaces de inventar una nueva forma o un nuevo objeto, crearon modelos de formas que se apartaran de las vulgares formas del comercio; hubo algunos grandes artistas de artes menores; no hubo artes menores, propiamente.

Desde hace unos años, bajo la influencia de Múnich, de [Émile] Gallé y su escuela de Nancy, y algo también de los intentos prerrafaelitas, el «arte aplicado» vuelve a ser un arte con toda la dignidad de la obra fuente de belleza. Sigue siendo el privilegio de una determinada aristocracia; pero de una aristocracia cada vez más numerosa, que lo guarda del fin mercantil y lo hace, a la par que lo coloca al alcance de todos, muy distante y muy refinado.

De este modo, tenemos hoy día infinidad de «obreros de arte», infinidad de artistas que saben ser obreros sin dejar de ser artistas, que no se creen inferiores, porque después de cocer un esmalte saben dar a este esmalte una aplicación que haga de su belleza una utilidad o un refinamiento y la salve del horror *rasta-quonère* de las vitrinas.

Entre estos obreros de arte (y obrero de arte fue Duris, el griego que nos dejó los más maravillosos vasos, y obrero de arte fue Boulle, el ebanista de los muebles incomparables) se encuentran actualmente muchas «obreras». No tenemos todavía ningún nombre de mujer que emparentar con los nombres de [Émile] Gallé, de André Mare o de William Morris; pero sí tenemos una inmensa legión anónima de mujeres que difunden la obra de estos artistas y nos la hace familiar.

En España el arte decorativo no ha entrado todavía en las atribuciones femeninas; como artes de adorno, estamos todavía, para la muchacha de la pequeña burguesía, en el encaje de bolillos, y para la burguesía acomodada, en la acuarela y el sistemático crimen de lesa estética que constituye la carrera (¡!) de piano. No he podido comprender todavía de qué le podía servir, a una mujer que no se dedica a encajera profesional, hacer encaje de bolillos.

En general, es horrible, y cuando no lo es, se encuentra en cualquier comercio mucho más económico, dado el tiempo que cuesta. La acuarela es una ñoñez que no conduce a nada; más interesante que pintar acuarelas para el santo de papá es hacer fotografías. Respecto al piano, cuyo estudio constituye un martirio para las niñas, exceptuando a las profesionales, ¿cuántas mujeres, después de tener su carrera muy terminada con todos sus premios, piensan todavía en hacer ni una hora diaria de los ejercicios que son imprescindibles para conservar el más elemental entrenamiento? No haciendo de él un verdadero arte, con toda la pasión y todos los sacrificios que comprende el ejercicio de un arte cualquiera, este estudio del piano, impuesto a las muchachas *a priori*, resulta el mayor absurdo y la más ridícula pretensión.

Las obras de Carmen Baroja y de Pilar de Zubiaurre no son solo unas muestras del talento de dos artistas; aquí, en España, son todo un ejemplo. Ya que se trata de completar la educación de las muchachas con artes de «adorno», ¡cuánto mejor sería dar a estas muchachas, en lugar de las superficiales nociones de música y pintura, que para nada les han de servir, lecciones serias de lo que verdaderamente es el arte! Dejando a un lado los duros aprendizajes de las artes «grandes», incompatibles con la vida burguesa, y para los cuales, además, una vocación especialísima es necesaria (y ya se señalan estas vocaciones por sí mismas), el trabajo de las artes menores daría a las muchachas una mentalidad más sólida, menos frívola, mejor encauzada, en una palabra, que las mortales horas ante un piano para llegar a tocar, peor que cualquier gramófono, un vals de moda.

Y además de elevar la mentalidad de las mujeres y de refinar su gusto, un arte aplicado puede, en caso necesario, ser un medio más práctico de ganarse la vida que las lecciones de solfeo y los bordados ingenuos de «la señorita venida a menos».

En todas las exposiciones de arte celebradas desde hace unos años en el extranjero en la sección de arte decorativo, gran número de los trabajos ostentan firmas femeninas. La señora Baroja y la señorita de Zubiaurre han probado que, tanto como las mujeres francesas, inglesas o alemanas, las mujeres españolas, educadas en un ambiente favorable, pueden hacer obras bellas y útiles; es decir, que pueden convertir las funestas artes de adorno en artes de verdad.

Y entre un gabinete «adornado» con encajes de bazar y con acuarelas de tómbola benéfica, y una habitación luciendo las lámparas bizantinas de Pilar de Zubiaurre o los cofrecillos esmaltados de Carmen Baroja, ¿quién vacila?

[«La vida y las mujeres. A propósito de dos artistas: Carmen Baroja y Pilar de Zubiaurre», *El Día*, Madrid, 7 de diciembre de 1916, p. 6.]

MARGARITA XIRGU

Margarita Xirgu: una gran actriz, una intérprete admirable, que se apasiona, que se «entrega» como ninguna, que vive, con todo su espíritu y todos sus nervios, su papel; estas son las frases que, invariablemente, acompañan el nombre de la artista catalana.

Sería, pues, una banalidad, y hasta una inutilidad, repetirlas; y si hoy, en esta sección que quiere tratar de las mujeres que, por su obra o por su vida, dan a la vida más belleza o más amplitud, nos ocupamos de Margarita Xirgu, no es ciertamente para elogiar una vez más el arte de esta actriz; es para indicar, a los que no saben ver en ella más que a una intérprete, el papel importantísimo y único que Margarita Xirgu representa hoy día en el teatro español.

Por sí sola, Margarita Xirgu representa hoy en España —en toda España— «el teatro de arte», y es menester darse cuenta de lo que es el ambiente teatral español para comprender todo lo que esto significa.

El ambiente teatral español puede definirse en una sola palabra: ñoñez. Es ñoño el público que por incultura rechaza violentamente toda obra que no sea rigurosamente conforme a las buenas costumbres, así como toda obra que pudiera turbarle lo más mínimo su preciosa digestión; son ñoñas las empresas que se guardan muy cuidadosamente de «sacudir» a este público; y es ñoño, en fin, pero ya de una ñoñez solo comparable a la imbecilidad más completa, el ambiente directo en que se mueven las actrices españolas, ese ambiente que les exige una conducta de niñas de las Ursulinas y que, sin embargo, adula, como a genios de otra especie, cualquier *cabotine* que, acompañada de todos sus amantes, se digna hacer una *tournée* por *l'Espagne et le Maroc*.

Por imposición inmediata de este ambiente, las actrices españolas están sujetas a un arte que sea lo menos arte posible. El caso de *madame* Maeterlinck, que ha conseguido su fama interpretando solo las obras de su marido, no podría darse en España; como no podría darse tampoco el caso de [Eleonora] Duse, ni el caso de esa estupenda Suzanne Desprès, la heroína del Théâtre de l'Œuvre, el teatro que ha dado a conocer más «puramente» las obras más «puras» de nuestro tiempo.

¿Qué diría el público español si una de sus actrices, imitando a Suzanne Desprès, le ofreciera el *Poil de Carotte [Pelo de zanahoria]*, de Jules Renard, y se le presentara de chico malsano y rebelde a todas las teorías de las buenas costumbres?

A un actor todavía se lo consentiríamos; pero ¡una actriz! ¡Una actriz que quisiera presentarnos otros teatros que aquel en que, razonablemente, se casara con el galán o se sacrificara para el bien de los hermanitos! ¡Imposible! Y tan imposible debe ser que la única actriz española que por su autoridad sobre el público podía encaminar a este hacia un teatro que no estuviese necesariamente reñido con el arte, María Guerrero, prefiere, al contrario, hacer de la ñoñez en el teatro una ley inapelable. Las excepciones no cuentan, y una que otra obra «que es obra» no impide que el abono de la Princesa sea el más definitivo homenaje a la ñoñez del ambiente teatral español.

Y a este ambiente ha venido Margarita Xirgu.

Margarita Xirgu, nada más que porque es artista, ha querido que su trabajo, al mismo tiempo que una bella interpretación, fuese la interpretación de algo bello; como es artista, ha sentido que el teatro, para salvarse del histrionismo, tienen que ser «teatro de arte», y, «contra el ambiente», por sí sola, ha hecho que el teatro de arte se conociese en el ambiente teatral español.

Contra el ambiente: ¿Recordáis el fracaso de la *Hija de Iorio* [obra escrita por Gabriele D'Annunzio]? ¿Y recordáis, cuando en Madrid se representó a [Maurice] Maeterlinck, las risas despreciativas y las burlas inacabables? La ñoñez de este ambiente es tan rotunda y tan definitiva que se lo traga todo:

el genio de María Guerrero, como los intentos del que se atreve a remontar la corriente usual. Y, sin embargo, Margarita Xirgu intenta; intenta siempre, con un fervor y un entusiasmo incansables, y por ella el teatro de arte se ofrece de vez en cuando a este *Moloch* de belleza que es el público español.

Por estar tan sola, Margarita Xirgu hace una obra más grande. Representar en París la *Salomé* de Oscar Wilde es cosa vulgar; como fue vulgar representar *Poil de Carotte* ante un público preparado y que, si no entiende, trata al menos de entender y de enterarse. Pero ¡representar la *Salomé* en España!

No creo que existan por esos benditos teatros de Dios muchas actrices tan enteramente, tan espiritualmente artistas que, por hacer teatro de arte, se arriesguen con tanta sensibilidad y tanta abnegación a trabajar «contra ellas mismas».

Hasta ahora, Margarita Xirgu trabajó libremente, y libremente se sobrepuso al ambiente que la rodeaba. Ahora tendrá que luchar con la ñoñez directa de este ambiente, con ese abono de la Princesa que ha momificado para siempre la libertad de una actriz que también hubiera podido ser una artista. Y el gran triunfo, la gran obra de arte de Margarita Xirgu sería, frente a ese abono, imponerse como se ha impuesto frente al público libre, como otras no se han atrevido.

Si Margarita Xirgu, a quien debemos no estar del todo apartados del teatro de arte, logra, desde *Salomé* hasta *Magda*, imponer en la Princesa un teatro de fuerza y de belleza, le deberemos no solo la iniciación hacia un camino dificultoso, sino la regeneración completa del ambiente teatral español.

―――――

[«La vida y las mujeres. El teatro de arte: Margarita Xirgu», *El Día*, Madrid, 20 de diciembre de 1916, p. 1.]

ZENOBIA CAMPRUBÍ

Zenobia Camprubí: así la conocen todos, todos los que, a través de ella, han podido extasiarse en el fervor de Rabindranath Tagore; pero para mí es, ante todo, la mujer de Juan Ramón Jiménez.

No es que carezca de personalidad; su obra —ese don que ha hecho a España de una de las obras más maravillosas del mundo— habla por ella. Es que, dentro de esta obra, sabe ser, como ninguna otra mujer sabe serlo, la mujer del poeta.

Para las gentes es, sencillamente, la traductora de Tagore; y a las gentes ya les parece hermoso que alguien —una mujer— tenga en sí mismo bastante belleza para dar íntegramente la belleza de otro, para ir hacia ella y para atraerla después. Y, sin embargo, esta traducción de Tagore es tan solo la apariencia de Zenobia Camprubí. Es un exterior que responde a una intimidad; y la belleza íntima de esta mujer de poeta es precisamente el ser «hermana» de la obra de su marido.

Fuimos hacia ella con ignorancia; pensábamos en la entrevista con la mujer que escribe y que es además mujer de un hombre célebre; queríamos ese absurdo que se llama una interviú. Luego…, luego ya no hemos podido. La interviú se nos ha parecido más absurda que nunca: frívola, exterior, «imposible». ¿Cómo hablar de apariencias donde todo es profundo? ¿Cómo hacer preguntas sobre lo que solo se debe sugerir? Nos hemos avergonzado; no, no era posible decir de la mujer de Juan Ramón Jiménez lo que ella nos sugiere y que sugiere tan sinceramente, con tanta confianza y tanta naturalidad que bien prueba que es para nosotros solos, para los que nos acercamos a su amistad y a su recogimiento. Y nos hemos arrepentido; de esta mujer no se pueden decir esas «apariencias» que se dicen de las que se ofrecen enteramente en su aspecto, porque su aspecto —siendo único y tan sencillo— es la figura de toda una manera de vivir y de entender la vida.

Después de haberme acercado a la mujer de Juan Ramón Jiménez con el deseo de muchas preguntas y la esperanza de muchas respuestas «de interés», solo quiero decir, como alabanza máxima y definición concreta, que la traductora de Tagore es verdaderamente como debía ser la que era llamada a traernos la ofrenda insuperable de aquel libro excelso entre todos los libros.

Zenobia Camprubí nos tradujo *La luna nueva*. Lo hizo «impersonalmente», firmando su trabajo solo con iniciales; quería solamente que otros participaran del entusiasmo que le producía la obra del místico (¿no son místicos todos los poetas?) indio. Quería, también, exteriorizar su entusiasmo. El éxito —y qué mal nos hace hablar de «éxito» ante un trabajo tan recogido— fue mayor de lo esperado; no es que la obra de Tagore se difundiese entre el vulgo; pero todos los que en España son en espíritu hermanos de Tagore tuvieron en seguida el mismo entusiasmo que Zenobia Camprubí. Entonces ella, sin la vanidad ni el materialismo del traductor de profesión, decidió traducir todas las obras de Tagore, y así, poco a poco, sin precipitación ninguna, «según lo siente», nos va dando como un regalo de esencia única toda la producción del que Henry Davray llamó «el elegido inspirado».

Traducir solamente es obra vulgar; traducir con tanta devoción que la obra traducida, lejos de disminuirse, reciba una emoción nueva es crear belleza, lo mismo que al idear, intencionadamente, una belleza nueva, un traductor vulgar no podría traducir a Tagore; mejor dicho, no se le hubiera ocurrido. La comprensión sola es fría; era necesario sentir completamente los mismos sentimientos de Rabindranath; era necesario ser poeta también.

Ignoro si Zenobia Camprubí hace versos y es poeta «efectivo»; pero sé que la emoción que ella siente es la emoción insuperablemente pura y grande de la obra de Juan Ramón Jiménez. Por eso ha ido en busca de Tagore, y por eso también Tagore, a través de ella, se nos aparece como la luz que, según la frase del mismo Tagore, llena el mundo.

En vez de la interviú posible, estas líneas son un comentario a modo de acción de gracias a quien nos trajo un nuevo paraíso; en lugar de las respuestas «de interés» obligadas en toda interviú publicaremos un fragmento inédito del nuevo libro de Tagore, traducido por Zenobia Camprubí.

EL JARDINERO

Mi corazón, pájaro del desierto, ha encontrado su cielo en tus ojos, ¡en tus ojos, cuna de la aurora, imperio de las estrellas, cuya profundidad se lleva mis canciones!

¡Déjame que me abisme en ese cielo, en esa solitaria inmensidad! ¡Déjame que me entre por tus nubes, que se abran mis alas en tu sol!

Entonces acaba ya tu última canción, y vamos. ¡Y olvida esta noche, cuando esta noche pase!…

Pero ¿a quién voy a tener entre mis brazos? ¿Pueden acaso los sueños ser nuestros cautivos?

… ¡Y aprieto con brazos ansiosos mi corazón contra el vacío que lo hiere!

Y puesto que la emoción de estas traducciones vibra con la emotividad de los sueños de Juan Ramón Jiménez, puesto que juntas deben formar una sola realidad, he aquí, como disculpa de esta interviú malograda, los últimos versos —más vibrantes por ser más recientes— del poeta cuya pureza hoy día se asemeja solo a la pureza extática de Tagore:

(Del libro inédito *ETERNIDADES*)

Plenitud de hoy es
ramita en flor de mañana.
Mi alma ha de volver a hacer
el mundo como mi alma.

¿El lucero del alba?
¿O es el grito
del claro despertar de nuestro amor?

¡No corras, ve despacio,
que adonde tienes que ir es a ti solo!

¡Ve despacio, no corras,
que el niño de tu yo, recién nacido
eterno,
no te puede seguir!

Cierra, cierra la puerta,
como a ella le gustaba…
¡Que se encuentre a su agrado su recuerdo!

Tu corazón y el mío
son dos prados en flor
que une el arco iris.

Mi corazón y el tuyo
son dos niños dormidos
que une la vía láctea.

Tu corazón y el mío
son dos rosas que une
el mirar complacido de lo eterno.

[«La vida y las mujeres. La mujer del poeta: Zenobia Camprubí de Jiménez», *El Día*, Madrid, 9 de febrero de 1917, p. 1.]

MARGUERITE AUDOUX

A propósito de la muerte de Octave Mirbeau se ha vuelto a recordar en los periódicos a los autores que debieron al gran novelista el ser introducidos en Francia. Mirbeau era —lo mismo en su vida que en su obra— «un apasionado». Era el más subjetivo de los escritores y el más «fogoso» de los amigos, y, así como en sus obras luchó siempre por una idea o por una convicción, en la vida fueron sus amigos todos aquellos cuya obra, literaria o artística, le pareció interesante y bella. Él ayudó al triunfo del impresionismo de Monet y de Manet; él defendió, contra los académicos y los rutinarios, al gran Rodin; él, por fin, impuso en París los nombres más gloriosos y entonces apenas conocidos de [Gabriele] D'Annunzio y [Maurice] Maeterlinck.

Pero de todos esos nombres que Mirbeau ha hecho grandes, el que defendió con más cariño fue el nombre de una mujer, de una mujer pobre y sencilla: Marguerite Audoux. En la vida batalladora y activa del autor de *El abate Julio* hubo cuatro grandes campañas: la del impresionismo, la de «l'affaire Dreyfus», la de Rodin y la de Marguerite Audoux. Las tres primeras fueron campañas de justicia o —como él mismo decía— de verdad; los que se reían del impresionismo o del *Balzac* de Rodin, como los que acusaban a Dreyfus para servir a sus ideas de antisemitismo merecían para Mirbeau la misma rabia, y el mismo odio; pero su última campaña fue, al contrario, una campaña de paz y de dulzura; aquí no se trataba ya de desenmascarar vilezas o de hacer comprender a las gentes lo que ellas incomprensiblemente rechazaban. Se trataba solo de presentar la obra de una mujer que nadie conocía y de la que lo ignoraban todo; y en esta su última y más fervorosa lucha, Mirbeau quiso únicamente hacer entrar una obra por él admirada y querida en la admiración y el cariño de todos. Y así fue, efectivamente.

¿Quién era esta Marguerite Audoux que, de la noche a la mañana, Mirbeau pregonó como uno de los escritores más interesantes de nuestro tiempo? El pregón, ese anuncio fantástico de un crítico que se sabía acerbo hasta la rapidez más inflexible, estalló como una bomba en los centros literarios de París. ¿Marguerite Audoux? Nadie había oído ese nombre; no se la conocía ni en librerías, ni en redacciones, ni en teatros, ni siquiera en esas reuniones *pseudointelectuales* y *pseudobohemias* que tanto abundan en la Ciudad de la Luz. ¿Y era esa mujer, esa «debutante» salida Dios sabe de dónde, la que iba a eclipsar la gloria artificial, pero dominante, de una Rachilde [seudónimo de Marguerite Vallette-Eymery]? Vamos, Mirbeau estaba loco; su apasionamiento, ese apasionamiento que le había hecho entregarse en cuerpo y alma al triunfo de un Rodin o de un D'Annunzio, le llevaba esta vez demasiado lejos. Introducción, bueno; pero descubrimientos tan completos, no. Ya no estamos en los tiempos en que los genios morían en presidio y en que en una guardilla se descubría, bajo las telarañas, una obra inmortal. París, escéptico, se encogió de hombros ante «la fantástica» de Mirbeau; y entonces, con más pasión que nunca, con una pasión nueva que nunca había tenido, en infinidad de artículos de revistas y de periódicos, con devoción, con unción casi, Mirbeau contó la triste y maravillosa historia de Marguerite Audoux.

Marguerite Audoux era una pobre mujer, humilde y discreta. Era modista, no modistilla jacarera y retozada, *midinette* de esas que llevan siempre un ramillete prendido en el pecho y que tienen un *bon ami* que las espera a la salida del taller; no, ya había pasado la primera juventud, y la había pasado sola con penas y fatigas, manteniendo esas innumerables parentelas que tienen siempre los desgraciados; ahora estaba sola en el mundo, completamente sola, y cosía a máquina quince horas diarias para poder solamente subsistir. Y hasta eso falló; a fuerza de coser, sin descanso, Marguerite Audoux enfermó de la vista; tuvo que coser menos, que comer menos también, y como se aburría sola en su guardilla, en los ratos en que sus ojos le hacían demasiado daño para trabajar, se puso a escribir. Escribió sin ambición, sin objeto ninguno —¡qué sabía ella de literatura, ni de publicaciones!—; escribió «lo que le venía», los recuerdos de cuando era niña, las cosas que le pasaban por la imaginación. Lo que escribía no formaba «un libro», una historia con principio y con conclusión, y, probablemente, nadie hubiera sabido de ello si…

En el prefacio de *Marie-Claire*, lo escribe Mirbeau: «Estoy convencido de que los libros buenos tienen un poder indestructible. Por lejos que estén, por ocultos que se hallen bajo las ignoradas miserias de una casa de obreros, se revelan siempre. Cierto es, se los odia… Se los niega y se los insulta… ¿Qué importa eso? Son más fuertes que todo y que todo el mundo. Y la prueba es que *Marie-Claire* se publica hoy, en libro, en "casa de Fasquelle"».

Por necesidades de su oficio —iría a coser a su casa o a casa de alguna parienta suya—, Marguerite Audoux conoció a Charles-Louis Philippe, y, no se sabe cómo, un día, charlando de sus miserias, le habló de sus escritos. Philippe se entusiasmó; era un gran escritor; hoy lo sabemos, pero entonces nadie lo sabía, y los editores menos que nadie. ¿Qué iba a poder por la obra de otra quien no podía nada por la suya propia? Pero ya lo ha dicho Mirbeau: *Marie-Claire* tenía que ver la luz del día, aun estando, como estaba, oculta bajo todas las miserias posibles.

Un día, Charles-Louis Philippe habló a Francis Jourdain de Marguerite Audoux; Jourdain leyó *Marie-Claire* y, profundamente conmovido por la belleza de esta obra y por la historia de su autora, presentó esta a Mirbeau.

«Me es dulce —ha escrito Mirbeau— hablar de este libro admirable, y quisiera, en la fe de mi alma, interesar por él a todos los que aún aman la lectura». Mirbeau consiguió lo que deseaba; gracias a él, *Marie-Claire* es uno de los libros que más éxito han alcanzado en estos últimos años. En el solo año 1911, alcanzó «setenta ediciones», tanto como una obra de su introductor.

Triunfó, gracias a él he dicho; pero él no hubiera podido nada sin que quedase justificada su admiración. No es que *Marie-Claire* sea una obra profunda y trascendental; en ella no hay ningún problema, y casi diríamos que ninguna idea. Pero hay algo que en arte vale más que todos los problemas del mundo:

una sinceridad absoluta, única, la sinceridad de alguien que hace arte sin saber que lo hace, de un escritor que no sabe lo que es la literatura. Esa sencillez de un Azorín, por ejemplo, es lo que —elevada al cubo— nos ofrecen las páginas de *Marie-Claire*; no es tan perfecta esta sencillez como la de Azorín, no vale tanto; pero lo que en este es «depurado» es en Marguerite Audoux simplemente puro. Es, quizá, el único libro del mundo sencillo e ingenuo, «verdadero», en una palabra, como la historia escrita por un niño. Su autora nos cuenta en él cómo tomó el gusto a las historias, leyendo cuentos de almanaques que descubría en el desván del cortijo donde la colocaron de pastora las monjas del asilo que la había recogido. Porque Marguerite Audoux, además de haber sido modista y antes pastora, había sido una niña abandonada. Tiene por sola experiencia de la vida todas sus miserias.

No es «literata», no. Es solamente una pobre mujer. Pero es una pobre mujer con el sentimiento afinado, como los grandes poetas: por eso nos ha sabido decir, en esa *Marie-Claire*, que es tan solo una reunión de sus sensaciones y de sus recuerdos, sensaciones que solo sienten los poetas. No sabe lo bueno de la vida, pero sabe la belleza de las luces y de las sombras que veía cuando guardaba sus ovejas. Y por eso también, Mirbeau, que era un gran poeta, nos la trajo con tanta emoción.

[«La vida y las mujeres. Margarita Audoux», *El Día*, Madrid, 21 de febrero de 1917, p. 6.]

ANGELITA ROMERO DE TORRES

Ya la habíamos visto en Sevilla. Fue en el Museo, ese Museo tan único, el único Museo que se salva de su condición obligada de cosa pública e impersonal. En la galería del Museo sevillano, llena de luz, de aromas y de recogimiento, se nos apareció, por primera vez, Angelita Romero de Torres.

Iba de blanco; toda atentamente seguía, frente a los cuadros tétricos o ingenuos del misticismo de su tierra, la comprensión de su hermano; pero su objeto no era ese; tenía un objeto, una misión más bien, otra que la de ser, después de tantas visitantes, una visitante más. Misión inconsciente y más fuerte por eso mismo: la de definir por su sola presencia todo recogimiento, toda la luz y todos los aromas, todo lo «fuera de Museo» que hay en el ambiente del Museo sevillano.

Y así, como una figura de Museo más preciosa que las figuras acostumbradas de los Museos, conocimos a Angelita Romero de Torres.

En Córdoba el Museo está en una plazuela arbitraria, empinada, callada y retirada, que se llama «la plaza del Potro». Cervantes habla de esta plaza en *El Quijote*, y en ella hay todavía una venta que se conserva igual que cuando paró en ella el glorioso manco. Enrique Romero de Torres nos hace entrar en la venta, nos enseña, con orgullo infinito, que «todo está igual», todo, hasta los cuernos para la sal y el vinagre, hasta las piedras del zaguán y la manera que tienen de sentarse en el zaguán, al anochecer, las mujeres. Enrique Romero de Torres siente, más noble que todos los abolengos, la nobleza de vivir en la plaza del Potro y de conservar amorosamente su museo.

A la entrada de este Museo hay una piedra que reza: «Aquí descansan los restos de nuestros primeros padres». Porque el Museo antes era convento. Y admiramos el patio ancho, florido, conventual. El patio del Museo de Sevilla está tan cuajado de flores que apenas si queda sitio para transitar; el patio del Museo de Córdoba es fresco y amplio; tiene piedras que fueron sepulturas, y en una esquina hay un grupo de muchachas hermosas y tranquilas. Como en Sevilla, era preciso definir el ambiente, y se nos acerca Angelita: «Ahora verán mi patio; esa es mi obra», nos dice.

Un arco, una pequeña galería, y pasamos a ver lo que Angelita llama «su obra». Enrique sonreía, y la madre de Julio, que desde su butaca recoge toda la admiración que de todas partes va hacia su hijo, sonreía con orgullo de la obra de su hija menor.

Es un patio, es verdad; pero, en esa tierra de los patios como paraísos, es el patio de Angelita Romero de Torres un paraíso inesperado. Su hermano, en un solo cuadro, encierra y exalta el alma de un pueblo; ella, en su patio, define siempre la belleza tranquila, serena, incomparable de un ambiente. Hay en el centro del patio una Virgen bajo un arco de rosas; todo el amor, toda la dulzura del misticismo de las Flores a María está aquí. Hay estatuas mutiladas, estatuas de otra era, medio cubiertas por las ramas de los árboles o fieramente erguidas sobre los macizos; está en ellas toda la perpetuidad, en la tierra de María Santísima, de la fuerza pagana. Hay naranjos, tantos naranjos que su olor emborracha como si presentaran de una vez todo el olor de azahar que hay en toda Andalucía. Y hay tantas flores, tantas que no da pena cortarlas y que nuestro glorioso ramo no nos causa —por primera vez en la vida— remordimiento.

Pero Angelita es una virtuosista y tiene también su especialidad: los crisantemos. Sus crisantemos son los más hermosos de Andalucía, quizá de España, quizá de Europa, ¿por qué no? Obtienen premios en las exposiciones y maravillan a esos señores serios, doctos y tan lejanos a las flores que premian las flores según su valor.

En Andalucía las mujeres no salen por las calles; pero en Córdoba tienen las rejas más espesas de toda Andalucía; por eso, detrás de las rejas de Córdoba es donde las mujeres son más tranquilas, más dulces y más bellas. Su vida es el no vivir.

Angelita Romero de Torres no vive, pero tiene una vida maravillosa de apasionamiento y de silencio; el apasionamiento y el silencio de su patio. Es violinista, una gran violinista que parece entregarse toda en su música; mas lo parece solamente; en realidad, Angelita Romero de Torres no puede entregarse nunca, puesto que ya se entregó toda, de una vez, a la pasión de su patio. Julio Romero de Torres no puede ver nunca una mujer «según es ella»; tiene forzosamente que verla según son las mujeres de su alma, esas mujeres cuya figura representativa nos ofrece en cada nueva figura que va creando; Angelita Romero de Torres no puede nunca presentarse aislada; se ha ido poniendo en cada detalle de su patio maravilloso, y toda la maravilla de su patio incomparable está en ella. Por eso quizá tiene una voz cristalina y fresca como ninguna mujer.

Siempre son vulgares las frases que admiran; así como yo no sé decir que admiro la obra de Julio Romero de Torres, no sé decir que admiro la obra de Angelita: todo lo consciente de la obra del pintor está en la inconsciencia de Angelita. Julio Romero de Torres ha creado una mujer-símbolo; su hermana, en su apasionamiento instintivo, vive ese símbolo y le da su realidad, y, detrás de los líricos fondos de los cuadros de Romero de Torres, está, con todo su silencio, toda su fuerza y toda su fragancia, el patio de maravilla del Museo de la plaza del Potro; la plaza que está «completamente igual».

———

[«Angelita Romero de Torres y su patio de Córdoba», *El Día*, Madrid, 21 de mayo de 1917, p. 3.]

JOSEFINA DE LA TORRE MILLARES

Aborrezco los niños prodigio. Esas criaturas que, en lugar de jugar a la comba o al peón, ejecutan —en el sentido literal de la palabra— obras como las podría ejecutar un loro o cualquier otro bicho aplicado, me parecen un absurdo… y una cosa muy triste. No hay nada más desconsolador que el niño o la niña de siete años que toca a Beethoven, y ya sabemos que, salvo contadísimas y geniales excepciones —¡aquel niño prodigio que se llamó Wolfgang Mozart!—, los niños prodigio, de cualquier clase que sean, resultan siempre lo que los franceses llamar *fruits secs*. Frutas secas, frutas sin jugo.

Por consiguiente, no voy a alabar aquí a ningún *fenómeno*. No se trata de ningún caso curioso de memoria o de asimilación; en una palabra, de ningún niño prodigio. Por su edad —no ha cumplido aún los nueve años— Josefina de la Torre Millares puede asemejarse a primera vista a esos infelices que son el orgullo de sus padres y el martirio de los amigos; pero basta con conocer la obra de Josefinita para apartar de ella esa idea, y ver con asombro, con admiración y con gran certeza que se trata de algo muy serio; de algo que un día será muy grande.

Josefina de la Torre Millares hace versos como podría contarle cuentos a su muñeca, como con toda seguridad se los cuenta. Nadie la ha enseñado, nadie la ha alabado, nadie le ha dicho siquiera que eso estaba bien. Sabe que se hacen versos porque los cantares de cantar al corro tienen asonancias; y ella, cuando le cuenta secretos a su hijita de trapo y porcelana, juega a contárselos con asonancias también. ¿Que es extraordinario? Claro; pero no hay que olvidar que Josefinita ha nacido para cosas extraordinarias, para sentir y expresar extraordinariamente la belleza, pues, como en esas familias de los cuentos de hadas en que todos nacían predestinados para hechos famosos, en la familia de Josefinita todos nacen predestinados para crear y encarnar la belleza: es prima de Néstor de la Torre, el artista de los refinamientos, y es hermana de Claudio de la Torre, este muchacho que de tarde en tarde publica, como ejemplos altivos, algunos versos que son, como los de los Machado y los de Juan Ramón Jiménez, los más puros de nuestra poesía.

Josefinita, pues, ha nacido poeta. Según la frase gráfica y vulgar, la poesía *le sale de adentro*. Sus versos no son frases que riman; son emociones expresadas con ritmo, con un ritmo tan grande a veces como el de los más grandes poetas, con un ritmo que es imposible aprender, y para el cual Josefinita, en medio de su ingenuidad y de su torpeza, tiene atrevimientos y hallazgos de poeta muy grande.

Solamente el hablar de estos versos es alejarse de su emoción. Para ellos no sirve esa cosa tan fría y desalmada que se llama la crítica. Hay que leerlos, que penetrarse en ellos, de su aroma de las *Fioretti* del Santo de Asís o del aroma de las florecillas del campo. Hay que sentir, palabra por palabra, frase por frase, el sentimiento de esta composición:

¡Adiós para siempre
la niña bonita!

En un cuarto oscuro
la enferma dormía;
se abrieron sus ojos,
su cara tan fría…
¡Parecía un espectro
la niña bonita!

Aún no contaba
diecisiete años.

Sus ojos azules,
sus blanquitos brazos,
su boquita chica,
sus dieciséis años.

¡Adiós para siempre!,
gritaba el encanto
de la niña rubia,
los bracitos blancos…

¡Adiós para siempre!,
decía todo el pueblo,
mientras tristemente
el trono[1] se iba
muy lejos… muy lejos…

La seguridad con que antepone los adjetivos y suprime ciertas palabras acusa un instinto verdaderamente extraordinario. Con cuánta aplicación quisieran algunos poetas *acostumbrados* llegar a esta perfección en la sencillez, a esta emoción insuperable de:

Sus ojos azules,
sus blanquitos brazos,
su boquita chica.

¡Y ese acierto de la supresión del *y de* los bracitos blancos!

---

[1] En Las Palmas suelen hacerse los entierros a hombros y va colocado el féretro en una especie de *paso* llamado *trono*.

Quisiera poder publicar todas las composiciones que tengo de Josefinita; todas las que yo le he pedido, y que ella me ha mandado escritas con gruesa letra infantil y faltas de ortografía; tal como ella las pronuncia, tal como las siente. No es posible, y tengo que contentarme con entresacar algunos versos, así como cogería algunas flores de un ramo silvestre:

> Son sus ojos dos *nubesitas*;
> *salistes* del *sielo*.
> En su talle lo más bonito
> y lo más *salamero*.

¿Verdad que esto tiene el encanto, la emoción y la fuerza de una copla popular?

Y estos, de la poesía titulada «Cruz de palo que estás en la montaña»:

> ¡Oh, Dios, tú me *compadesiste*
> de mi adorada cruz,
> y tú la *bendesiste*!

Y más lejos:

> Tú estás en la montaña
> todavía enterrada,
> y las flores bonitas,
> bonitas y encarnadas,
> al fin se deshojaron, cansadas, *destrosadas*,
> en el mármol, más frío que una desesperanza.

No; Josefina de la Torre Millares no es una niña prodigio. Es un poeta, un verdadero poeta, que siente, exaltada y amorosamente, que expresa divinamente lo que siente, y que, superior en ello a muchos poetas, siente y expresa todas sus emociones con ingenuidad y la fuerza del arte que brota natural e instintivo, sin saber por qué brota.

[«La vida y las mujeres. Una poetisa de ocho años: Josefina de la Torre y Millares», *El Día*, Madrid, 2 de septiembre de 1917, p. 6.]

LUCIE FÉLIX-FAURE GOYAU

Acaba de publicarse la obra póstuma de esta gran escritora francesa; en realidad, *La mujer en el hogar y en la ciudad (La femme au foyer et dans la cité)* es tan solo una reunión de los últimos artículos de Lucie Félix-Faure. Fue una trabajadora incansable, y todas las revistas, todos los periódicos franceses de cierta importancia traían a menudo la firma de la hija del fallecido presidente de la República.

Lucie Félix-Faure era, sin embargo, el tipo más opuesto a la idea corriente de la *femme de lettres*. No se la veía, no «figuraba» en ninguna parte. Desde que su padre entró en el Elíseo, ella se borró, se relegó voluntariamente en la sombra. Para una sola cosa quiso estar siempre en primera línea: desde el primer día ella fue en el Elíseo la «administradora de la caridad», y no hubo súplica o memorial en demanda de socorro que no pasase por sus manos. No pretendió nunca, como tantas otras presidentas, «pintar su papel», lo que los franceses llaman «jugar a la reinecita»; pero tenía su despacho, su secretario particular, y consagraba casi todo su tiempo a esa tarea, nada fácil, que consiste en ocuparse de la caridad en un palacio de jefe de Estado.

Y en ella la literatura fue como un reflejo de su caridad. Ella, que podía trabajar con completa independencia, sin cuidarse para nada del resultado material de su obra, dio siempre a su obra un fin netamente práctico; trabajó siempre «por algo», con «vistas a algo»; y como ella, por su situación, no necesitó nunca nada para sí misma, su obra resulta ser una de las más espléndidamente altruistas de la literatura.

Llena de una bondad sencilla y natural, y al mismo tiempo muy inteligente, Lucie Félix-Faure dividió toda su vida entre el estudio y la caridad. Para definirla hay que recordar algunas de esas figuras sabias y abnegadas de abadesas de la Edad Media que fueron su ideal y a quienes ha estudiado tan magistralmente. La parte de su obra que no está consagrada a defender los derechos de los niños, a mejorar la situación de las mujeres, y, principalmente, la de las institutrices y de las que viven solas, está consagrada a las más altas especulaciones del espíritu. La Inglaterra «religiosa» fue como el *pendant* de «la Alemania religiosa» de Goyau. Antes de conocerse personalmente, Georges Goyau y Lucie Félix-Faure seguían intelectualmente el mismo camino. El uno comentó las obras del otro; se conocieron, y se dio el caso, nada vulgar, de una hija de un presidente de la República francesa, de una muchacha que podía aspirar a todos los lujos, casándose con un profesor de filosofía, colaborador de [Ferdinand] Brunetière en la *Revue des Deux Mondes*, y aspirando tan solo a una vida cada vez más recogida, más sencilla y más estudiosa.

No es posible conocer bien la obra de Lucie Félix-Faure, comprender bien el carácter de esta mujer cuya mayor distracción era el ocuparse de estudios sociales, sin conocer su obra «material», esa «Liga de los niños de Francia», que nació en su despacho del Elíseo y se ramificó después por todas las ciudades de Francia. Aunque la firma de Lucie Félix-Faure es unánimemente respetada, sus trabajos literarios son casi todos de una índole demasiado especial para alcanzar una gran divulgación; pero en Francia nadie ignora a quién se debe la creación de las mejores obras benéficas que existen.

La «Liga de los niños de Francia» lo comprende todo: según las necesidades primordiales de cada sitio, según también las voluntades de los que a ella contribuyen, la Liga instala salas para tener recogidos a los niños de las mujeres que trabajan fuera de casa, reparte comidas, hace distribuciones de juguetes en los hospitales, costea los meses de ama a las madres solteras o viudas, facilita estudios, coloca a los niños que salen de la escuela… Y hasta improvisa, en algún asilo o en algún barrio pobre, una representación teatral. La Liga no quiere ser una obra únicamente «práctica»; quiere ser también una obra «sentimental». El 23 de marzo de 1898 fue reconocida de utilidad pública, y al fundarla pocos meses antes, Lucie Félix-Faure había dicho que la Liga «tendía a unir y a proteger las fuerzas de la infancia y de la juventud desamparadas, miseria moral, miseria física, angustias del corazón, soledad, carencia de las necesidades cotidianas. Y que, estimando que el socorro material no alivia más que una parte de las miserias humanas, la Liga ofrece siempre su ayuda en nombre de alguna idea afectuosa de alguno de sus miembros».

Empezó la Liga por dar de comer todos los días a 35 niños pobres; para recoger los primeros fondos se hizo una exposición de cuadros antiguos, para la que el Zar de Rusia envió dos obras de su colección particular.

Hemos empezado esta crónica con la intención de hacer la crítica de *La mujer en el hogar y en la ciudad*; mas para juzgar la obra nos ha parecido indispensable esta ligera presentación de su autora.

La primera parte de *La mujer en el hogar y en la ciudad* se ocupa únicamente de los niños pequeños. Se titula: «Desde la cuna hasta la escuela», título que define claramente su objeto. La mujer que fundó la «Liga de los niños de Francia» tenía necesariamente que sentir hacia los pequeñuelos un amor infinitamente comprensivo.

Querer a los niños; pocas serán las mujeres que falten a ese sentimiento; mejor dicho, a ese instinto; *sentirlos, comprenderlos*, esto ya es otra cosa. Aquí ya no se trata de instinto ni de sentimiento, se trata de inteligencia, pero de una inteligencia que pudiéramos llamar especial, de una inteligencia que, además de reflexión y de clarividencia, muestra una delicadeza y un tacto particulares. Una inteligencia, a un tiempo, muy varonil y muy femenina; varonil, en el sentido de fuerte, de clara, de ordenada; femenina, en el sentido de ternura, y —esto sobre todo— de psicología de lo pequeño, de lo ínfimo, de *lo que no parece ser casi nada*.

Hoy día está en boga el ocuparse y hasta el preocuparse por los niños. La pedagogía se estila mucho…, desgraciadamente. Si está bien el ocuparse de las necesidades morales de los niños, está horriblemente mal el querer a toda costa —es decir, a costa de toda espontaneidad— encauzar estas necesidades. Nunca se bendecirá bastante el nombre de [Friedrich] Fröbel; pero confieso no entender cuáles son los beneficios que les reportan a los niños las distintas escenas que Lucie Félix-Faure nos cuenta de «La casa dei Bambini», escenas todas que tienden a *uniformizar* el espíritu de los niños y a organizar sus menores impulsos de un modo desesperadamente práctico. Mas no es cosa de criticar, ni siquiera de examinar aquí el famoso sistema de la doctora Montessori. Nos ocupamos hoy de lo que dice Lucie Félix-Faure de los pequeñuelos, y Lucie Félix-Faure, sin patentes de sistema alguno, fue una de las personas que mejor entendieron los derechos de los niños, sus *derechos morales*.

No debe uno reírse de estas palabras. Los niños tienen grandes derechos, los únicos derechos verdaderos quizás; seguramente los únicos naturales, y desde luego los menos reconocidos. «El alma del niño»: Lucie Félix-Faure no vacila en empezar de este modo su libro sobre las mujeres, y es que piensa que no hay nada en el mundo más importante para las mujeres que el alma, *la moral* de los niños. Y que las mujeres se ocuparán *ordenadamente* de sacar provecho de su experiencia de los niños, «esto —dice Lucie— sería, sin embargo, una evolución femenina que las iría introduciendo despacito en una ciencia menos nueva quizá de lo que se figura uno, pero de la que queda mucho que decir: la psicología de la infancia».

Ante todo, Lucie Félix-Faure quiere que los niños sean libres, que *se sientan libres*. Recuerda la hermosa frase de [François] Fénelon: «Dejad jugar a los niños». Y recuerda también los consejos de Platón pidiendo para *los niños los juegos que les son naturales y que encuentran por sí mismos*. ¡Que los niños jueguen como quieran! El juego que las personas mayores dirigen ya no es juego; si lo dirigen, que lo hagan sin pretenderlo, porque —y sobre esto Lucie insiste particularmente— el juego es el desahogo del niño; jugando es como el niño se revela, y la primera misión del pedagogo es no la de imponer su personalidad, sino la de observar la personalidad del niño. Observándola comprenderá lo que ha de corregir o de alentar en ella, *según su naturaleza*.

A todos estos sistemas, organizados, establecidos, con fronteras y limitaciones, prefiero el capítulo de Lucie Félix-Faure titulado «Los niños no comprendidos».

En él nos dice que «el alma del niño, a menudo sutil y compleja, es incapaz de analizarse a sí misma; además, ¡el pobrecito dispone de tan pocas palabras! Las personas mayores tienden a juzgar a los niños como si los niños fuesen simplemente unos diminutivos, unas abreviaturas de las personas mayores. Ningún juicio me parece menos acertado. El niño, aun querido, aun mimado, tiene la intuición de no ser comprendido, y, a menudo, calla, cuando podría decirnos cosas tan interesantes». Y Lucie recomienda, por encima de todo, que los niños hablen, que se les haga hablar. Nadie puede saber lo que meditan, las consecuencias que sacan, y nadie puede saber tampoco el rencor o la hipocresía que estas meditaciones solitarias depositan en ellos, a veces para toda la vida. «Los niños —añade luego Lucie Félix-Faure— son a un mismo tiempo heroicos y románticos. *Se someten difícilmente a los compromisos.*» Efectivamente, los niños tienen una lógica implacable y cada acto que ven en su derredor y que pugna con esta lógica es para ellos un problema doloroso, una desilusión que ha de repercutir necesariamente en su carácter. No hay que tomar a broma las decepciones de los niños; en cada decepción de un niño, las personas mayores que le rodean caen del pedestal en que su ciega confianza las puso; y esto, cuando no es comprendido con mucho tacto, puede ser terrible. Bien lo dice nuestra autora con una franqueza y una energía admirables: «Y si con razón sonreímos de las mujeres no comprendidas, con más razón todavía podríamos llorar sobre los niños no comprendidos, pues la incomprensión de los que los rodean puede equivocar toda su vida».

Así, sencillamente, guiada tan solo por su amor y su *sentimiento* de los niños, Lucie Félix-Faure va estableciendo un plan completo de educación. Este plan, que es únicamente una experiencia, una observación atenta e inteligente, lo concreta en el capítulo titulado «Necesidad de divulgar dentro de la familia nociones exactas sobre la educación», y que no es sino el informe que presentó en 1906 en el Congreso de Educación familiar, de Milán. En este capítulo encontramos líneas tan definitivas como estas: «¡Que los padres se iluminen por los libros, y, sobre todo, por la observación directa, elaborando un plan de educación; que lo elaboren teniendo en cuenta la personalidad del niño, que ese plan tenga por objeto principal el preparar al niño a una vida útil y completa; que traten, por fin, de determinar la fuerza de imitación y de contraimitación que posee el cerebro del niño cuando este niño comienza a razonar y a juzgar, de manera que puedan prever y moderar las reacciones posibles contra la influencia familiar!».

Ningún pedagogo ha dicho jamás frases más trascendentales; ningún filósofo ha dicho frases más *libres*. Y para su autora ellas son la base de toda la vida, y toda la evolución femenina debe girar en torno suyo, meditándolas antes de cualquier otro problema.

Después de los capítulos dedicados a los niños, Lucie Félix-Faure, en las dos últimas partes de su libro, se ocupa únicamente de las mujeres o —como ella misma dice— de la evolución femenina.

En el sentido literal de la palabra, Lucie Félix-Faure es feminista, es decir, que cree que la mujer puede y debe desarrollar libremente su actividad, y, por consiguiente, que puede y debe participar de la vida social; mas una vez establecido este principio, Lucie Félix-Faure se muestra, tanto por lo menos como feminista, femenina —tomando este término en el sentido antagónico a feminista que muchos le quieren dar.

Feminista, sí; tanto como el hombre, la mujer tiene derecho al trabajo, a todos los trabajos posibles, y más aún, si cabe, que el hombre necesita la independencia económica, esa verdadera independencia que solo puede proporcionar el resultado del trabajo; ahora que, dentro de esta independencia, la mujer debe quedar siempre muy mujer, muy femenina.

Estas ideas son —al menos para nosotros— los únicos principios «naturales» de la evolución humana; Lucie Félix-Faure nos las expone con una sencillez y una lógica grandes y también con un gran cariño, con ese cariño dulce, tranquilo e igual que preside todas sus obras y toda su vida. Y por eso estas ideas nos parecen, sin ningún esfuerzo, sensatas, buenas, «naturales».

Estas dos últimas partes de *La mujer en el hogar y en la ciudad* nos hablan un poco de todo, de todo lo que gira en torno a la mujer moderna. Hay un capítulo acerca de la mujer y el derecho, y hay otro acerca de las enfermeras. Como lo indica el título: en el hogar y en la ciudad, vida familiar, intimidad de la casa y actividad «de afuera», defensa, lucha… Pero, siempre y ante todo, muy femeninamente.

A Lucie Félix-Faure, como a todos los primeros feministas, se la ha atacado y, según la rutina de los que solo consideran los problemas desde un primer término, se la ha atacado en nombre y honor del matrimonio. Tratándose de quien se trataba, la cosa no deja de tener cierta gracia; con su propio ejemplo, Lucie hubiera podido refutar todas las objeciones, pues pocas uniones habrán sido tan elevadas, tan conyugales, en el más alto y amplio sentido de la palabra, como la de Lucie Félix-Faure con Georges Goyau.

Pero un ejemplo no prueba nada, aunque pruebe mucho. En el capítulo titulado «¿Peligra el matrimonio?», Lucie Félix-Faure examina serenamente las variaciones que el feminismo puede aportar al hogar; examina las doctrinas más modernistas, hasta la famosa frase de la Nora ibseniana: «Soy un ser humano al mismo grado que tú», y después de haber reflexionado largamente acerca de la significación «revolucionaria» de esta frase, concluye recordando las recomendaciones de *madame* de Maintenon a las educandas de Saint-Cyr para que se ejercitaran ante todo «a formar su entendimiento». La independencia de la mujer no consiste en sustraerse a sus deberes, y en esto están de acuerdo la feminista atea Ellen Key y la feminista cristiana Lucie Félix-Faure. *Madame* de Maintenon aconsejaba a las muchachas que al casarse fundasen su obediencia en la elevación de su alma y no en su rebajamiento; Lucie Félix-Faure nos asegura que no se rebaja una cuando se somete voluntariamente a una ley, y que al fin y al cabo la revolucionaria Nora no dice nada nuevo.

Es cierto; y no es menos cierto que aún hoy se necesita bastante valor para corroborar lo que dice la heroína escandinava. Este valor, Lucie Félix-Faure lo tiene; pero lo demuestra de un modo tan razonable que no resulta ni siquiera atrevido. No puede haber atrevimiento en pedir que las mujeres ocupen en el Gobierno de los países ciertos cargos «femeninos» (higiene, educación, corrección de menores, etc.), cuando acaba uno de recordar que en la Edad Media las mujeres gobernaban junto con los hombres en casi todas las provincias del Mediodía de Francia, y tampoco puede juzgarse atrevida la idea de ver hoy a una mujer catedrática cuando se piensa que la Universidad de Bolonia oyó por los siglos XIV y XV varios y muy importantes cursos femeninos.

El epílogo de *La mujer en el hogar y en la ciudad* se titulaba «La mujer futura» y se publicó en el diario *Le Temps*. En él Lucie Félix-Faure pide para la inteligencia femenina el mayor campo posible; le parece justo que las mujeres, cuando lo necesitan o les gusta, puedan ejercer cualquier oficio o cualquier carrera. «Solamente creo —añade luego— que la obra femenina por excelencia es la construcción de un hogar, y rehúso considerar estas carreras como diversiones a la gran obra femenina; las veo más bien como nuevos medios de contribuir a ella y de servirla.»

Es decir, que la mujer cultive sus facultades, que las cultive para el mayor bien de todos, para ser más femenina, para serlo de la mejor manera posible. No cabe doctrina feminista más racional y más sencilla; y esta doctrina, establecida por una mujer tan superiormente femenina como lo fue Lucie Félix-Faure, tiene el valor de las ideas esenciales.

[«La vida y las mujeres. Lucie Félix-Faure Goyau», *El Día*, Madrid, 23 de septiembre de 1917, p. 3; «La vida y las mujeres. Lucie Félix-Faure Goyau: *La mujer en el hogar y en la ciudad* I», *El Día*, Madrid, 4 de octubre de 1917, p. 6; «La vida y las mujeres. Lucie Félix-Faure Goyau: *La mujer en el hogar y en la ciudad* II», *El Día*, Madrid, 8 de octubre de 1917, p. 4.]

ELIZABETH GARRETT ANDERSON

No es este un nombre resonante de mujer. En su misma patria, Elizabeth Garrett Anderson es menos famosa que cualquier escritora de tercer orden, y no digamos que cualquier agitadora feminista, y, sin embargo, para los que la conocen, está muy por encima de infinidad de mujeres universalmente admiradas; y ya que de acción feminista se trata, muy por encima de todas esas sufragistas que gritan mucho, anhelan mucho, tienen sin duda grandes ideales, pero realizan muy poco. En el libro de oro de las que se llamaron un día «las buenas obreras del feminismo», merece un puesto de honor el nombre de esta mujer sencilla y modesta, que fue verdadera iniciadora del feminismo en Inglaterra.

Elizabeth Garrett Anderson está ahora «de actualidad», por habérsele dedicado casi entero el último número de *Ius Suffragii*, la revista mensual publicada por la Alianza Internacional en favor del Sufragio Femenino (revista que, dando un raro ejemplo de elevación espiritual y de «cordura», ha seguido, a pesar de la guerra, siendo verdaderamente internacional, y comentando indistintamente, con la misma benevolencia, las obras realizadas por las mujeres de todos los países beligerantes). El estudio consagrado a Elizabeth Garrett Anderson no puede ser más completo; pero tenemos, acerca de nuestra feminista, un documento mucho más importante: la mención que de ella hizo el célebre filósofo y economista Stuart Mill en el discurso de apertura pronunciado por este orador en las Cámaras de 1867.

Sabido es que Stuart Mill fue el «primer» —en fecha y en trascendencia— feminista. Sabido es también que sus sentimientos feministas provenían de la estrecha comunidad espiritual que tuvo con dos mujeres de inteligencia superior: su mujer y su hijastra. La admiración y el cariño que les profesaba, la comprensión que en ellas sentía, le hizo notar la flagrante injusticia de la situación social de la mujer, y le convirtió en vehemente defensor de sus derechos. Por una traducción que con el título de *La esclavitud femenina* ha hecho la condesa de Pardo Bazán de su libro *La sujeción de las mujeres*, son harto conocidas en España las ideas feministas del filósofo inglés; este libro no fue sino el resultado de sus meditaciones y de sus campañas, de sus ardientes discursos en pro del sufragio femenino, y el primero de estos discursos, pronunciado cuando la reforma electoral inglesa —lo que pudiéramos llamar la concesión del ideal de Stuart Mill—, tuvo su origen en la petición sufragista, que poco antes le había presentado Elizabeth Garrett Anderson. Por consiguiente, la figura de esta mujer presenta un doble interés: primero, el de su vida y obra personales; segundo, lo que le corresponde en el primer discurso oficial feminista pronunciado por Stuart Mill; es decir, por uno de los hombres más importantes del pasado siglo, que no vaciló en poner su reconocido talento y su actividad al servicio de la causa feminista.

Puede dividirse la vida de Elizabeth Garrett Anderson (1836-1917) en dos partes bien distintas: acción intelectual y acción política. Mas es indudable que las dos se corresponden y se completan. Como acción intelectual, Elizabeth Garrett Anderson fue doctora en Medicina, la primera doctora inglesa. Hasta ella, en Inglaterra las mujeres podían tan solo seguir la carrera de farmacéuticas; pero no tenían acceso a las Facultades de Medicina. En 1858, después de oír una conferencia de la catedrática norteamericana Elizabeth Blackwell acerca de las mujeres médicos, Elizabeth Garrett Anderson decidió seguir la carrera médica y, no pudiendo obtener su diploma en su país, fue a doctorarse a París. Diez años después de haber emprendido sus estudios obtuvo simultáneamente los títulos de farmacéutico *[sic]* y de doctora en Medicina.

Como todas las verdaderas feministas, no consideraba sus triunfos más que desde el punto de vista práctico y altruista. Ser más, para poder hacer más. Abrió en Londres una clínica para mujeres y niños, y poco después, ayudada por algunos filántropos que confiaban en ella, fundó el gran hospital femenino de

Londres, que muy pronto había de tener, en Londres mismo, dos importantes sucursales. En 1874 fundó además la Escuela Femenina de Medicina, en la que explicó hasta su muerte. En justa recompensa a sus trabajos, fue elegida en 1900 vicepresidenta de la Asociación Médica londinense. Cuando más progresaba en su carrera, más veía la doctora Garrett Anderson la necesidad para la mujer de conseguir ciertos derechos y lo arbitrario de un estado de cosas que la colocaba, por ejemplo, a ella, fundadora y directora de hospitales, capaz de empresas altamente beneficiosas para la humanidad, en una situación inferior a la de cualquier sereno o barrendero. Su ejemplo era la más fuerte protesta y la más elocuente reivindicación, y poco a poco fueron muchos los que pensaron que, tanto por lo menos como el barrendero de su calle, la doctora Garrett Anderson debía poder emitir libremente, «y con resultados», su opinión.

Después de la petición mencionada por Stuart Mill, Elizabeth Garrett Anderson emprendió, paralelamente a su acción intelectual, una gran campaña sufragista, con la cual llegó a ser nombrada, por «cuarenta y siete mil votos», miembro de la Comisión escolar, y en 1898 alcalde *[sic]* de Aldeburgh. Inútil es decir con qué provecho para la higiene y la ciencia ejerció estos dos cargos.

Y ahora digamos la cualidad que hace tan importante, desde el punto de vista feminista, el ejemplo de esta mujer que tanta energía desarrolló en su vida intelectual y política: Elizabeth Garrett Anderson, la primera doctora inglesa y la primera sufragista, fue en su vida privada una esposa y madre admirable, que supo encontrar en su hogar la mayor felicidad y darla a los que la rodeaban. Y eso es tan verdad que en todas sus luchas fue secundada y alentada por los suyos. Y aunque ya ninguna persona medianamente culta se imagina a las feministas como tipos caricaturescos, es necesario, para muchos, insistir sobre este aspecto, exquisitamente femenino, de nuestra heroína.

———

[«La vida y las mujeres. Isabel Garrett Anderson», *El Día*, Madrid, 26 de marzo de 1918, p. 3.]

CÓSIMA WAGNER

Unas líneas escuetas de la prensa diaria nos han traído la noticia de la muerte de Cósima Wagner; en tiempos más tranquilos, esta noticia hubiera seguramente dado lugar a innumerables crónicas y a prolijos comentarios. ¿Por tratarse de la viuda de Richard Wagner? Sí, pero también por haber sido precisamente ella, por haber sido «esa» viuda, y antes «esa» mujer.

No hay soberana que en nuestra época se haya podido vanagloriar de reinar tan soberanamente; cuando en Bayreuth, antes de cualquier representación de la «semana grande», los y las mayores cantantes del mundo entero iban a besar devotamente la mano de «su viuda», y cuando por la noche, en las tertulias de Wahnfried, los más altos prestigios musicales, directores de orquesta, compositores, intérpretes acudían también, como a un besamanos oficial, a rendirle homenaje, Cósima Wagner podía sentirse, más que reina, depositaria de los secretos de un dios y su mediadora para con los hombres. Y para esto no bastaba con haber sido su esposa.

Una mañana de septiembre de 1836, los huéspedes del Hotel de la Unión, de Chamonix, vieron llegar, uno tras otro, los siguientes personajes: primero, un muchacho muy joven, ataviado con un gran levitón de terciopelo negro, un chaleco rojo, con botones de filigrana, y una chalina negra, fumaba un enorme cigarro, y lucía una espléndida cabellera negra, que le caía hasta los hombros; segundo, otro muchacho, también muy joven, pero muy pálido y muy delgado; luego venían, del brazo y muy atortolados, un buen mozo, de unos veintitantos años, tocado con una boina de terciopelo, y una señora que aparentaba algo más de edad, una rubia extraordinariamente guapa y muy envuelta en gasas verdes, y, por fin, cerrando la marcha, venían un señor de apariencia burguesa y dos niños colgados de las faldas de una criada vestida de aldeana. Toda esta tropa hizo en el tranquilo hotel una irrupción «a estilo salvaje»; se inscribió en el libro como «familia Piffoels, viniendo de Dios, dirigiéndose al Cielo y residiendo en la Naturaleza», y se dedicó durante unas semanas a espantar a todos los huéspedes, que huyeron uno tras otro. Y un buen día, con gran contento del dueño, que se volvía loco, la caravana se marchó, sin que nadie averiguase nada de los que la componían. Como última hazaña, el joven de las grandes melenas negras había vertido desde su ventana, y como al descuido, un jarro de agua por encima de un inglés que se paseaba por el jardín. Este inglés, que armó por esto un escándalo tremendo, no se figuró jamás que aquel travieso muchacho era la gran escritora George Sand, y que asimismo los niños eran sus dos hijos, Solange y Mauricio; el otro mozalbete paliducho, el gran pianista Hermann Cohen, discípulo predilecto de [Franz] Liszt, y, por fin, la pareja atortolada, el mismo Liszt y la Condesa d'Agoult; es decir, el futuro Daniel Stern [Marie d'Agoult], el célebre autor —o la célebre autora— de *Nélida*. El señor con aspecto de burgués era un suizo, el «mayor» [Adolphe] Pictet, quien, disfrazando apenas los nombres, había de relatar esta alegre excursión en un librito titulado *Une course à Chamounix*.

Unos meses después de esta excursión, la Condesa d'Agoult daba a luz en Bellagio a una niña: Cósima, la que había de ser Cósima Wagner.

No fue este un nacimiento clandestino: nada más leal ni más abiertamente proclamado que el amor de Franz Liszt y de la Condesa d'Agoult. Esta última, de origen alemán por su madre, ocupaba en París uno de los puestos más altos de la sociedad. Esa vida de gran mundo no convenía ni a su carácter ni a sus aspiraciones: más tarde había de decir, en sus admirables *Bocetos morales*, el imposible vacío que sentía en su derredor. Sabía que podía y debía ser más, y sin compromisos ni componendas de ninguna clase, anunció a todos, incluso a su marido, su decisión de irse a vivir con el artista; la excursión de Chamonix marca los primeros tiempos de esa luna de miel.

El origen de Cósima Wagner no pudo, pues, ser más digno de lo que había de ser su vida. Pocos años después de nacer Cósima, Liszt y la Condesa d'Agoult (que entretanto tuvieron otra hija, la esposa del célebre estadista francés Émile Ollivier) se separaron, y hubo frases agridulces que quisieron, por las dos partes, servir para sus mismos autores, sin duda, más que para nadie, de disculpa por el camino equivocado; en sus *Bocetos morales*, la Condesa, con todo su orgullo herido, dirá: «Nuestro siglo abunda en *Loisettes*, en *Marions*. También veo en él algunas *Lais*. Me aseguran que Beatriz lo ha cruzado; no habrá, sin duda, encontrado a *Dantes*»; y Liszt contestará: «Los *Dantes* son los que hacen a las *Beatrices*, y las verdaderas mueren a los dieciocho años». Pero la separación fue digna, digna y elevada, como el principio de la unión: ni Liszt ni la Condesa servían para las hipocresías y las pequeñas miserias de una vida común sin ideal: el genio de Liszt necesitaba poderse desarrollar plenamente; la Condesa comprendía que, con la madurez de su sensibilidad, había de ser Daniel Stern: noblemente, cada uno emprendió por separado el camino que un tiempo fue para los dos. ¿Cuánto no influiría este atavismo en el carácter de Cósima, la que, siendo más tarde esposa de Bülow, declaró un día a su marido estar enamorada de Wagner? Pero los superhombres han de moverse fatalmente, para llegar a ser ellos mismos, entre una humanidad superior; Wagner, que ya había tenido la superhumanidad del amor ideal de Mathilde Wesendonck, consentido por el marido de esta, como suprema comprensión del genio, siguió, naturalmente, siendo el íntimo amigo del primer marido de Cósima; Wesendonck, a pesar del amor ideal de Mathilde, fue el protector generoso que quiso asegurar a la genialidad de su amigo un tiempo de tranquilidad; Bülow, a pesar de su divorcio con Cósima y del casamiento de esta con Wagner, fue siempre el apóstol ferviente de la creación wagneriana.

Del amor de Mathilde nació el *Tristán*. Del amor de Cósima había de nacer la realización de todos los sueños de Wagner.

La primera mujer de dios, la pobre Minna, había sido la base de barro que sujeta tantas divinidades a la tierra y les impide volar hasta el puro ideal. Estrechamente burguesa, torpe, inconscientemente vil también, como lo demostró cuando no pudo comprender el amor ideal de Richard y Mathilde, creía que eran amantes, y le parecía muy bien vivir a costa de los Wesendonck; lo que no podía tolerar, como ella misma dijo, era que Mathilde «no la considerase». Esa pobre Minna, que se pasó la vida lamentándose de que su marido «se estropease el porvenir», parece haber existido tan solo para servir de *repoussoir* a Cósima, la comprensiva y fiel guardiana del fuego sagrado.

Cósima no hizo a Wagner, ciertamente; pero hizo para Wagner la vida que este necesitaba, la que anhelaba desde siempre. Se constituyó un hogar digno de él, supo admirarle y rodearle de admiraciones; supo libertarle de todas las preocupaciones ajenas a su obra, y supo, por fin, crear el culto wagneriano, y después de la muerte de Wagner, perpetuar, con una energía indomable, ese culto, al que se había consagrado por completo. Hasta 1901, Cósima Wagner dirigió personalmente y hasta en los más nimios detalles las representaciones de Bayreuth; en 1901 cedió su puesto a su hijo Siegfried, educado por ella para eso: para perpetuar el culto. Gracias a ella, Wagner tuvo, al final de su vida, la realización completa de sus más grandiosas aspiraciones, y gracias a ella, el templo de Bayreuth no se derrumbó cuando desapareció el dios.

Ahora Cósima Wagner descansa para siempre junto al que fue verdaderamente «su» superhombre. Desde aquel tranquilo rincón del jardín de Wahnfried, la digna hija de los amores de Liszt y de la Condesa d'Agoult contempla ya para siempre la inmensidad de la obra que supo amar y hacer amar como debía.

[«La vida y las mujeres. Cósima Wagner», *El Día*, Madrid, 31 de diciembre de 1918, p. 8.]

CONCHA ESPINA

Es el «libro del año», como dicen los franceses; el más apasionadamente leído y comentado. La ilustre prima de D. Antonio Zozaya ha dicho ya en estas mismas columnas lo que significaba esta obra en la actualidad española. Nosotros tampoco pretendemos hacer aquí ni siquiera un ligerísimo intento de crítica literaria; solo queremos intentar decir a nuestra vez, en breves notas, lo que esta obra, por sí o por su autora, significa hoy en el feminismo español.

¿Es feminista Concha Espina? Desde luego, no lo que por tal suele entenderse; ni figura ni ha figurado nunca en manifestación alguna de «feminismo activo». No ha firmado ninguna proclama, ni social ni política, ni ha sido nunca presidenta ni secretaria de ninguna junta ni de ninguna asociación. Pero es, solo de por sí, una valiosísima representación de lo que pudiera ser el feminismo en España. Para nosotros, quizás la más valiosa e indudablemente la más alta.

¿Que todas las mujeres españolas no pueden ser autoras de *El metal de los muertos*? Nadie tampoco lo pretende. Pero todas o, por lo menos, parte de ellas —por ejemplo, esa parte que comprende al feminismo activo— podrían llegar a parecérsele en esencia, o, si ustedes prefieren, en ideal. Y conste, para evitar erróneas interpretaciones «al pie de la letra», que nosotros mismos, en ciertos extremos, en las creencias religiosas, por ejemplo, divergimos por completo de Concha Espina, católica muy creyente, y, según parece desprenderse de las hojas de su último libro, rigurosamente «practicante».

Parecérsele, en ideal, en ideal «de alma», de comprensión y amor infinitos; de esa capacidad tan sencilla, tan difícil y tan rara que consiste en ponerse en el lugar de aquellos a quienes se quiere juzgar o se pretende compadecer, ya que la compasión es también juicio involuntario. Juntas benéficas, «damas» caritativas que os ganáis el cielo con las sobras de vuestra ociosidad, escuchad esta conversación transcrita no en las páginas de un diario revolucionario o de un folleto de rebeldías desautorizadas, sino en las páginas puras y serenas de una mujer que siempre reconocisteis por «vuestra», porque nada en ella ni en su obra os chocaba de frente:

«Somos las señoras —insiste doña Berta— las que hemos tomado esta iniciativa de paz, guiadas por nuestro corazón. Hablo en nombre de cuantas pertenecen a la Compañía y nos han autorizado para ello. Estamos precisamente ocupadas en la fundación de otro hospital, y vamos a traer unas religiosas dominicas para la enseñanza.»

[…] La sala queda envuelta en un sentimiento bondadoso de piedad. Y Rosario procura serenarse para responder: «De modo que tienen ustedes a su lado los fusiles, los millones y la bendición sacerdotal; es decir, todos los bienes de esta vida y todas las promesas de la otra. Muy bien. Los obreros de la Casa Rehtron disfrutan de un jornal medio de tres pesetas a costa de trabajos espantosos; no tienen lo preciso para comer y vestir. A su lado están en el mundo la esclavitud y la muerte, acaso después de eterna condenación. Dígame usted, señora: ¿pertenecemos todos a una misma Humanidad?».

Sí, escuchad estas palabras, escritas por una que creíais «vuestra»; y por eso precisamente, porque es Concha Espina quien habla, Concha Espina, de la cual no podéis decir que es enemiga del orden, ni de la religión, ni sectaria, ni «amoral» (¿no es eso lo que le reprocháis a otras?); escuchad cuando a las «señoras» que quieren «salvar» a los pobres les contesta dulcemente, sin gritos, ni injurias: «Los obreros, ni aquí ni en ninguna parte, deben pedir limosna, sino justicia; el que trabaja lo merece todo, y sería indigno aceptar como un favor lo que se puede exigir como un derecho».

No son necesarios los gritos ni es menester abolir ninguna convicción. Quienes así lo pretenden mienten, porque les conviene, junto a la evolución social, hacer aparecer fantasmas de condenación. Pero la princesa real de Suecia colaboraba con la mujer del jefe socialista Branting en las obras sociales, y mereció al morir, hace unos meses, las más sentidas necrologías de la prensa más avanzada. Y una de las figuras más conmovedoras de *El metal de los muertos* es la de ese santo sacerdote de aldea que, desde el centro de la vía, bendice el tren en que emigran los niños de los huelguistas, lentamente asesinados por los «catequistas» patronos.

También nos habla aquí Concha Espina de este feminismo nuestro que, para particulares conveniencias, ofrece a la mujer la autonomía «sin haberla educado ni prevenido». ¡Con qué alegría, con qué honda satisfacción leímos este párrafo! Ya no éramos solos en nuestra «obcecación»; podíamos, en lo que algunos creen nuestro antifeminismo, sentirnos unidos a esta mujer que tan alto puesto ocupa en la vida intelectual de su patria y a la que nadie puede echar en cara ningún apasionamiento por «ideas disolventes». Mujer que basa toda su rebeldía en la más pura encarnación de sus creencias tradicionales. ¡Cómo ha sentido ella, en el fondo de su serenidad —una serenidad que nada pudo hacer vacilar, ni aun las más dolorosas compresiones—, el terrible retroceso que habría de significar para el advenimiento de días mejores un progreso feminista dirigido no para corregir, sino para reforzar nuestro distanciamiento de la vida! Y es que todo el valor, toda la fuerza de *El metal de los muertos* provienen de que su autora ha sentido de lleno cómo es realmente la vida y cómo debe ayudársela a que sea.

Casi no conocemos a Concha Espina; la vimos una sola vez. En un despacho muy íntimo, muy silencioso, muy recóndito, femenino, encontramos a una mujer dulce y tranquila, «recóndita» también, que apenas decía nada de su noble aceptación de la vida. Sola, con cuatro hijos, había luchado a brazo partido con la existencia para cumplir su misión de «jefe de familia», para llegar a ese resultado de ver hoy ya a los mayores de sus hijos mozos y habiendo terminado la carrera por cada uno libremente elegida. Ella seguía, muy lejos de las mundanidades cotidianas, su recóndita y casi claustrada existencia de pensamiento y creación. Y pensábamos que, más aún que la obra, era alto el ejemplo de esta mujer destacándose excelsamente entre tanta madre amantísima, sí, pero «pesando» demasiado, sin reflexión, sobre la vida entera, la libertad social y económica de los hijos demasiado egoístamente queridos.

Esta es para nosotros la verdadera significación de *El metal de los muertos*, obra que, con ser tan grande, tan grande de corazón y de humanidad, no lo es tanto como su autora. Hasta ahora, debemos confesarlo, le teníamos miedo al feminismo de España; temíamos por igual a las feministas que no saben ser mujeres y a las que se hacen dóciles instrumentos de tradicionalismos en demasía interesados. Pero ahora el feminismo español puede presentarse con la frente muy levantada: lo representa Concha Espina, y lo representa no para reclamar lo que aún no puede darse, sino para mostrar hasta dónde, hasta qué valor moral y progresivo puede llegar una feminidad cordial y despierta. Y este es el punto principal de todos los feminismos, por encima de todas las convicciones.

[«La autora de *El metal de los muertos*», *La Libertad*, Madrid, 30 de noviembre de 1920, p. 5.]

THAMARA SWIRSKAYA

En el Coliseum de Londres. A raíz del armisticio. En el escenario, una decoración, de una estilización tan refinada que sugiere, antes que presenta, la sepultura de Chopin entre los cipreses. Y, entre estos también, las formas imprecisas de las musas que el hiperestésico polaco sentía que le acompañaban en todos sus momentos. Dominando la evocación de la orquesta dan, pausadas, angustiosas, las doce campanadas de la media noche del célebre *Preludio*. Muy lentamente, *irrealmente*, sale del sepulcro una forma, una musa más. Ropajes grises, armonía de la forma animada y de la dura losa de granito, lavada por la lluvia de los inviernos. Y la forma, la nueva musa salida de donde yace el músico, avanza, como llevada por una fuerza sobrehumana, hacia el fondo del escenario.

Tras la transparencia de una cortina gris —color impreciso, de humo y vaguedad— se la ve medio desplomada: no se sabe si arrodillada o sentada, pero con la testa siempre hipnóticamente vuelta hacia el cielo. Y la *Marcha fúnebre* de Chopin se eleva, desgarradora, con la fuerza y sugestión de un *Miserere* y de un *De Profundis*.

Es a raíz del armisticio. ¿Cuántos, que ya no tornarán, viven, en ese instante, en el sollozo unánime que sacude toda la inmensidad del Coliseum? Acaba la *Marcha*. No se aplaude; no se podría aplaudir. La forma vuelve hacia el público. Cae el ropaje gris, sepulcral. Con la orquesta, ahora, la forma danza: el *Nocturno 13*, un *vals*, un *Preludio*. La forma se anima más y más; se olvida de la tumba, *vive*. Ahora, el ritmo alocado de una mazurca la embriaga por completo… Y, de pronto, nuevamente las doce campanadas. Cesa bruscamente la ilusión de retorno a este mundo; y «el alma de Chopin», lentamente, vuelve a su tumba.

Al día siguiente, Londres todo, en un delirio de entusiasmo, celebraba en Thamara Swirskaya *el alma de la música*, y aquellos que, por sus trajes negros, no hubieran podido resistir un espectáculo fueron, durante seis semanas, tarde y noche, a hacer sangrar su dolor con el Chopin resucitado por la Swirskaya.

¿Bailarina? Se le hace raro oírse llamar así, estrepitosamente, en las carteleras. Y raro, en verdad, y hasta chocante se nos hace a los que sabemos de la serenidad, de la pausa de casi todos sus ritmos. ¿Pensó acaso jamás Thamara Swirskaya, cuando cursaba sus estudios de piano en Múnich, en dedicar su vida a bailar para el público?

Sentía la danza como complemento —mero complemento— de la música. Al arrancar del teclado el alma de sus músicos favoritos, la danza, instintiva, *intuitivamente*, vibraba a un tiempo en su propia alma y le recorría magnéticamente todos sus miembros. Un día, Felix Mottl, palpitante de emoción después de oírla, le gritó que *aquello* lo debía bailar. Otro día, Grieg —reflejo escandinavo de Chopin le llamó Mauclair en su *Histoire de la musique européenne*—, después de oírla interpretar la *Suite* de *Peer Gynt*, le pidió, sin haberla visto bailar nunca, que la bailase. Y Thamara Swirskaya, la grácil muchachita de opulenta familia burguesa, entregada a la música con pasión de creadora, quiso prestar atención al entusiasmo de sus maestros; y, así como durante años se había doblegado a la dura disciplina de sus estudios musicales, se doblegó, desde entonces, a la ingrata labor de la danza. Así como, para poder tocar según su alma, hubo primero de saber tocar como todos, aprendió toda la escuela del *ballet* para poder, más tarde, bailar como ella sola.

La gran guerra… La revolución rusa… En la familia de Swirskaya, el drama, tan repetido que ya parece vulgar, de la ruina, el destierro, la miseria…

Y la hasta entonces niña frágil y mimada, entregada a su arte, en su doble aspecto de música y danza, únicamente para satisfacer el anhelo de su pasión, se convierte bruscamente en estrella del Metropolitano neoyorquino, que brinda al público, función tras función, toda la tragedia de la sujeción de su alma…

¿Suyas sus danzas? ¿Cómo iba a bailarlas, si no?

Nacen de su música ya completas, gestos e indumentaria. Como las siente en las notas que, para el público unas veces, para sí mismas las más, deja caer en su pasión en respuesta a su alma.

Y cuanto *menos bailado* el baile, mejor. *La Mariposa*, en su primera fase, es realmente la oruga que avanza arrastrándose y serpenteando, sin sospechar siquiera su fuerza para volar. En las *Gymnopédies*, la danza, en cuando a movimiento, se anula hasta aparecer actitud estable. Y es, entonces, en un brevísimo espacio de un escenario, el desarrollarse de un friso panatenaico. Es, en una sala de espectáculos de nuestro monótono Occidente, el deslumbrar de la serena flexibilidad de los efebos que, allá, en la Hélade, al pie de los montes «coronados de violetas» y frente al mar de los mitos heroicos, realizaban en su cuerpo esa euritmia que, según los griegos, acercaban los hombres a los dioses…

[«Thamara Swirskaya: el alma de la música», *Nuevo Mundo*, Madrid, 16 de enero de 1925, pp. 16-17.]

CONVERSACIONES

LA SEÑORA VIUDA DE FE

Hace poco tiempo que la mujer española «trabaja». Claro es que siempre ha habido en España mujeres que han trabajado; pero, fuera de las artistas y, naturalmente, de las que ejercen oficios, la mujer española no participaba de lo que pudiéramos llamar «la vida activa». Las excepciones no cuentan, y, en general, la mujer española limitaba su actividad a los quehaceres de su casa, y, cuando necesitaba, como se dice vulgarmente, «ganarse la vida», se resignaba —a la fuerza— a empleos subalternos o a ejercer esa casi miseria que se llama labor femenina.

De unos años a esta parte todo ha cambiado. Ya no solo ninguna mujer considera vergonzoso satisfacer por sí misma sus necesidades, sino que muchas mujeres «que no lo necesitan» quieren, según el ejemplo dado por sus hermanas extranjeras, obtener, con su libertad material, la verdadera independencia, y muchas consideran más vergonzoso vivir a costa de un hermano o de cualquier pariente que ejercer una profesión o sujetarse a un empleo.

Muchas son en España las mujeres que hoy día son empleadas de comercio, mecanógrafas, etcétera. Bastantes son también las que acuden a universidades, facultades y escuelas superiores; pero raras son todavía las que son «jefes», las que se atreven a sustituir al hombre, dirigiendo grandes empresas.

Uno de los negocios que, por circunstancias especiales, disfrutan hoy día de mayor «actualidad» es seguramente el negocio de los libros, y nos ha parecido interesante consultar acerca de su trabajo a la mujer que dirige una de las principales casas de librería y de edición en España.

—Hasta la muerte de mi marido, ocurrida hace dos años, yo no me ocupaba absolutamente de nada —empieza por decirnos la señora de Fe.

—¿No sentía usted interés por el negocio de su esposo?

—Al contrario, muchísimo. Pero ya sabe usted lo que es España, las ideas que tenemos aquí. Cada vez que yo intenté ponerme un poco al corriente, mi marido me contestaba que yo tenía bastante con la casa y nuestros cuatro hijos. Y, naturalmente, desistí.

—Entonces, ¿cómo se determinó usted a tomar la dirección de la casa?

—Pues impulsada por la necesidad. A la fuerza. Yo sola podía ocuparme de ella; abandonarla en manos extranjeras hubiera sido abandonarla por completo. Y esto era imposible; y así, de la noche a la mañana, sin haberme jamás ocupado de estas cosas, sin entender de ellas una palabra, ocupé, no solo de nombre, sino efectivamente, el puesto dejado por mi marido.

—¿Los comienzos serían muy duros?

—Atroces —me contestó rápidamente—. Más atroces que lo que se pueda nadie figurar. Además, tuve grandes desengaños con los que me rodeaban, y así es que me encontré sola, absolutamente sola, metida en líos que para mí eran indescifrables.

—¿Y…?

—Y ¡qué le iba a hacer! Yo me había metido en la cabeza salir adelante; no dejar decaer la casa en lo más mínimo. Me metí en los libros, en las cuentas, en todo el trajín que supone un negocio de librería y una casa editorial, y no paré hasta comprender todo lo que yo quería; todo lo que había que comprender y que para mí era incomprensible. Ahora, ya está todo resuelto; pero trabajo sí me ha costado.

El hijo, un muchacho de diecinueve años, que ya secunda activamente a su madre, mira a esta con devoción. Nosotros nos figuramos cuál ha debido ser la energía, el empeño de esta mujer que, sin preparación alguna, ha tenido que transformarse, de repente, de mujer mundana y ociosa en directora de una empresa comercial. A nuestra admirativa simpatía ella responde con frases de negación y de modestia: trabajó, pero era natural; no hizo nada extraordinario… Pero su hijo, con el ademán, la interrumpe y protesta.

—Y ahora, ¿está usted satisfecha?

—Satisfechísima. Cuando me di bien cuenta de las cosas, tuve que barrer mucho, es verdad. Había mucho malo, ya sabe usted lo que es la gente cuando se encuentra frente a una mujer sola. Pero había también mucho bueno y ahora tengo la alegría de ver la cosa tan o más próspera que en tiempos de mi marido.

—¿Sigue usted ocupándose activamente de ella?

—Constantemente. Todo pasa por mis manos y no se hace nada sin mi aprobación. No dejo pasar ni un solo día sin ir a mis dos tiendas, la de la Puerta del Sol y la de la calle Mesonero Romanos. Y en verano, estando en El Escorial, vengo un día sí y otro no a Madrid. Me puse al frente de la casa porque hubiera sido para mí una pena dejarla caer, y porque tengo un hijo y tres hijas, por los que la tenía que conservar en su buena marcha; y hasta que pueda dejar entera responsabilidad a mi hijo, yo soy quien lo hace todo.

—En las actuales circunstancias, ¿tropezaría usted, además de las dificultades primeras, con dificultades dependientes del momento?

—La exportación, claro está, se ha reducido mucho. Antes Alemania consumía una cantidad fabulosa de libros españoles. Ahora solamente exportamos, lo que se dice exportar, a América del Sur.

—¿Y el negocio editorial?

—Para nosotros es secundario. Nuestra casa es, ante todo, librería; siempre el negocio propiamente librero fue nuestro principal objeto, y la casa madre, que está en Sevilla, es una de las librerías más antiguas de España.

—Pero cuando editan ustedes alguna obra, ¿tiene usted un gerente, alguien de confianza que elige, que decide?

—Nadie, absolutamente. Las obras que nos traen yo soy quien las leo. Las examino todas. Esto casi es lo más difícil; hace falta un tacto, un tino especial, ¿verdad?

¡Ya lo creo! Y la compadezco sinceramente por tener que leer todo lo que le llevan; y, sobre todo, me asusta esa terrible responsabilidad suya de tener que decidir lo que merece o no la gloria de la impresión. Ella lleva tranquilamente su carga.

—Al principio —me dice— todo me aterraba; pero hoy, a fuerza de luchar, ya lo veo todo con serenidad. Será intuición, también suerte; hasta ahora nada de lo que he emprendido me ha salido mal.

Sonreímos todos, y ella, graciosamente, añade:

—Verdad es que estoy muy bien secundada, tengo un personal admirable.

—Una última pregunta: ¿tiene usted alguien interesado en el negocio? ¿Sus empleados…?

—No; como ya le dije, yo estoy sola, no hay otra dirección que la mía, y mis empleados no están interesados en la casa. Como yo, aun sin ocuparme para nada de negocios, he vivido siete años en París, tenía ideas bastante modernas y me hubiera gustado aplicarlas aquí. Hubiera querido hacer, respecto a mi personal, lo que hacen las grandes casas extranjeras respecto al suyo. Pero aquí esos sistemas de interés en el beneficio, pensiones o retiros, etc., son, desgraciadamente, imposibles. Soy españolísima; pero, aunque bien me cuesta, tengo que reconocer que los adelantos y las cosas prácticas no son fáciles de implantar en mi país. Sin embargo, tal vez un día…

La señora viuda de Fe, para nosotros, es mucho más que una mujer que ha trabajado y trabaja valientemente por conservar el renombre de una empresa; es un ejemplo, un ejemplo de lo que, con voluntad e inteligencia, puede, en cualquier sitio que se encuentre, hacer una mujer.

Entre las más interesantes de las muchas mujeres que trabajan hoy día en España, está para nosotros esta mujer que, sin abandonar en nada su feminidad, ha sabido ser, tan admirablemente, «mujer de negocios», mujer activa y fuerte. Y no deja de tener gracia que, precisamente en Madrid, donde para tantos la mujer que trabaja es aún cosa extraña, sea donde esté una de las poquísimas mujeres editoras y libreras que habrá por el mundo.

[«La vida y las mujeres. Las mujeres directoras de grandes empresas comerciales. La señora viuda de Fe nos dice cómo sucedió a su marido», *El Día*, Madrid, 13 de enero de 1917, p. 1.]

GLORIA KELLER

Si hasta hoy día España no ha producido músicos de primer orden —un [Isaac] Albéniz o un [Enrique] Granados, por muy grandes que sean, no se pueden comparar con los maestros «clásicos»—, ha producido, sin embargo, intérpretes eminentes; sin hablar de [Pablo] Sarasate, y limitándonos a los actuales, ¿no es España la patria de [Pau] Casals —el primer violoncelista que haya habido— y del pianista [Ricardo] Viñes? Joaquín Nin, el intérprete «puro» de la música «pura», siendo cubano, es casi español; y españolas son, por fin, dos de las mujeres que más celebridad han alcanzado como intérpretes de música: la pianista Teresa Carreño y la arpista Gloria Keller.

Teresa Carreño vive en el extranjero y viene muy de tarde en tarde a su país; pero Gloria Keller vive aquí, en Madrid; es una de las pocas «virtuosistas» que aquí tenemos, y por eso me ha parecido interesante saber cuál era su vida y cómo su vida era tan callada y tan recóndita.

—Sí —me dice—, ya no me muevo casi. Y casi ni «aparezco».

—¿Cómo es ese vivir tan recogido? ¿No siente la nostalgia de los conciertos?

—Sí, mucho me gustaría volver a dar conciertos, al menos dar algunos. Pero esto es imposible por ahora. Tropiezo con dos grandes dificultades: primero, el acompañamiento, y segundo, el local. Los que me podrían acompañar «bien» tienen ya sus ocupaciones o no se resignan a un papel secundario, y hacerme acompañar por un pianista «de cartel», ¡figúrese…! Luego, para dar un concierto aquí, en Madrid, tendría yo misma que alquilar un teatro; ya sabe usted lo que son los conciertos en Madrid cuando son de uno o de dos instrumentos y cuando no se es extranjero: la sala medio vacía.

—Para oírla a usted no sería así.

—¿Usted cree? —me responde la gran artista, sonriendo incrédulamente—. Por si acaso, no me quiero exponer a ello. Doy conciertos en provincias, en Portugal; conciertos contratados. ¡Pero aquí…! —y un gesto de pánico y de resignación acompaña esta frase.

—Aquí —protesto yo— se la admira a usted mucho; ¿no lo sabe usted?

—Sí, el público ha sido siempre muy bueno conmigo. Demasiado; yo no me merezco tanto; mi único mérito fue el estudiar; eso sí, estudiar muchísimo.

—¿A qué edad empezó usted la música?

—¡Oh! —dice Gloria, riéndose—. No me acuerdo. Mire usted, en esta fotografía tengo cuatro años y ya estoy tocando el piano.

—¿El piano?

—Sí; empecé primero el piano; el arpa la empecé solo a los once años, con [Lola] Bernis y [Vicenta] Tormo.

—¿De manera que estudió usted las dos carreras a un tiempo?

—Las cuatro; tengo mis premios, con sobresaliente, de piano, de arpa, de canto y de declamación.

—¿Y —pregunto con algo de asombro— cómo fue el decidirse más bien por el arpa?

—Pues muy sencillamente: la voz se me estropeó por usarla demasiado pronto. De chiquilla ya tenía una voz de verdadera tiple, y a los nueve años maravillé a [Julián] Gayarre cantándole el vals de *Dinorah*. Mi tío materno, el gran cantante [Luchino] Visconti, se entusiasmaba conmigo; yo también me entusiasmaba cantando, hasta… hasta que me quedé sin voz. Pero mi gran afición era el teatro; aprendí declamación con Teodora Lamadrid y con [Antonio] Vico, y tuve el premio al mismo tiempo que María Guerrero y Conchita Ruiz. Me gustaba tanto el declamar, me «entregaba» tan completamente al hacerlo que enfermé, y el médico me lo prohibió en absoluto. Fue para mí un gran dolor. Desde entonces me consagré solo al arpa y al piano.

—¿Los cultiva usted lo mismo uno que otro?

—No; siempre he dado la preferencia al arpa. Doy lecciones de arpa y de piano; pero conciertos, solo de arpa.

—¿Cuándo dio usted su primer concierto?

—A los siete años; estrené en Palacio el piano de la Reina doña María Cristina.

—¿Y su primer concierto de arpa?

—A los catorce. Es decir, no fue concierto propiamente dicho: fue la primera vez que toqué en público. Para mi concurso de declamación me escribieron un monólogo en el que tenía que tocar el arpa. Esto era solo un momento, una cosa episódica; pero fue uno de mis mayores triunfos.

—¿Cuál ha sido su mayor éxito?

—No sé —me contesta después de un rato de reflexión—. Le voy a parecer inmodesta; pero, la verdad, siempre que he tocado en público he tenido éxitos muy grandes.

Yo pienso en los versos que le dedicó Rubén Darío:

Con dedos de rosa hieres
todas las cuerdas del arpa…

Me subleva que una artista tan grande —casi diría tan única— permanezca casi en la sombra, después de haber brillado tanto.

—¿Cómo se resigna usted a esto, Gloria? —le pregunto.

—¡Resignarme…! Hay días en que me dan ganas de tirar las partituras por la ventana. Pero ¡a la fuerza! Me han ofrecido, y me ofrecen, situaciones magníficas; de los Estados Unidos me llamaron constantemente; pero… mis padres son ya muy ancianos, yo no los puedo dejar y no los puedo tampoco llevar conmigo. ¡Qué se le va a hacer! Aquí doy algunos *recitals* en conciertos particulares; toco en Palacio. Pero esto, por gusto; yo no he aceptado nunca nada, ni dinero ni obsequios de los soberanos.

—La reina Amelia también la quiere mucho, ¿verdad?

—Mucho —y Gloria Keller me enseña un diploma nombrándola arpista de cámara de la ex reina de Portugal.

—¿Y el Conservatorio?

—¡Ah! ¡El Conservatorio! Como solo hay unas diez discípulas de arpa, basta con la clase de [Vicenta] Tormo. Pensaban crearme una clase; pero ¿para qué? O mejor dicho, ¿para quién? Ahora soy profesora de piano; pero «interina»; dicen que van a poner mi clase —la de *repentizaje*— a oposición. No sé si me presentaré; las cosas inútiles… —una sonrisa de desencanto completa la frase.

—¿Y las lecciones?

—Las tengo buenísimas, eso sí. Además, dos veces por semana doy clases gratis. Y de conciertos, cada vez que se quiere, estoy dispuesta a tocar en una iglesia o para los pobres.

Llaman; son las discípulas de la clase gratuita. Y nos vamos pensando en lo estrictamente justo que sería que Gloria Keller —una de las más grandes arpistas del mundo, admirada devotamente en el mundo entero— tuviese aquí, en su patria, una cátedra, o facilidades para dar conciertos; algo, en fin, que la permitiese ser, para nuestro mayor provecho, ella misma en su plenitud.

[«La vida y las mujeres. Las artistas españolas. Nuestra entrevista con Gloria Keller», *El Día*, Madrid, 15 de febrero de 1917, p. 3.]

CONDESA DE ROMANONES

—Interviú, no —empieza por decirme la condesa de Romanones—. Nunca he concedido interviús a nadie. Eso, de ninguna manera. Ahora, si se trata de los sanatorios antituberculosos, todo cuando usted quiera, y con mucho gusto. Mi mayor deseo es que estas obras tengan la mayor publicidad posible.

—Ya la tienen, y por eso mismo, porque el público se interesa por ello, es necesario hablarle de esto, enterarle…

—Sí, sí, que se entere; que no solo se interese por esta obra, sino que le tome cariño. Yo quisiera que los días de verano, los domingos, la gente que se va al campo se dirigiera a veces hacia nuestros sanatorios; así, viendo de cerca, juzgaría, y seguramente se apasionaría por ello como nos apasionamos nosotras.

—Usted, condesa, es el alma de ello.

—Nada de eso —me interrumpe mi interlocutora—. El alma, quien verdaderamente ha dado vida en España a la lucha contra la tuberculosis, ha sido la Reina. De ella viene la iniciativa, ella es presidenta del Patronato, y no solo presidenta honoraria, sino efectiva.

—Pero a usted, ¿cómo se le ocurrió entregarse en cuerpo y alma, como se entrega, a esta obra?

—Eso es toda una historia, una historia «involuntaria». Yo no me había ocupado nunca de estas cosas, ni entendía nada de ellas tampoco. La que, según los deseos de la Reina, se ocupaba de todo, y con una competencia insuperable, era la señora de Benavente, la esposa del doctor. Cuando ella, por sus años y sus quebrantos, hubo de abandonarlo, nos encontramos muy desamparados, en un apuro atroz, y así, casi sin saber cómo, porque había que nombrar a alguien, me encontré vicepresidenta del Patronato de la lucha contra la tuberculosis. Pero crea usted que esto me ha costado muchas fatigas y muchos malos ratos.

—¿Es usted sola para ocuparse de esto?

—¡Quia! Sin hablar de la Reina, que, se lo repito, es a quien se debe todo, hay una Junta de damas que trabaja con la mayor abnegación. Le agradeceré particularmente que diga cuánto se debe a la labor de la duquesa de la Victoria, tesorera del sanatorio de Húmera.

—¿Es Húmera el único sanatorio que funciona?

—Hasta ahora, sí; pero en mayo se inaugurará el de Valdelatas, mucho más amplio que el de Húmera.

—¿Cuántos enfermos recibe este?

—Veinte; no hay sitio para más. Indistintamente, hombres y mujeres. Cada cama está dotada por miembros de la familia real y por particulares con una dote anual de 1000 pesetas, precio estricto de la alimentación del enfermo. Ahora habrá que dotar Valdelatas; por eso quisiera yo que el público viese de cerca nuestra obra. ¡No sabe usted con cuánto trabajo se elevan nuestras obras! Y dígalo usted en *El Día* —insiste la condesa de Romanones—; para ir a Valdelatas hay tranvía de vapor, que deja al pie mismo del sanatorio.

—¿Cómo fue el elegir el sitio?

—Eso es lo que más trabajo costó; pero ya ve usted, los terrenos, lo mismo en Húmera que en Valdelatas, han sido cedidos gratuitamente.

—¿Reciben ustedes muchas donaciones?

—Aparte de los terrenos, todo, absolutamente todo, se debe a la Fiesta de la Flor. El primer año recaudamos 28000 duros; los años sucesivos, algo menos. Pero tenemos un protector que nunca se alabará bastante: don Pedro de Villar —hoy conde de Maudes, pues el Rey le ha otorgado este título—, que nos ha dado ya 38000 duros.

—¿Los beneficios de la Fiesta de la Flor se invierten, pues, íntegramente en estos sanatorios?

—Íntegramente. Es decir, íntegramente en la construcción y en la manutención de los enfermos. Los enfermos disfrutan de todos los adelantos posibles en higiene; pero no nos permitimos el más ligero extraordinario. Hasta la tartana de Húmera ha sido gasto aparte. Y es que tenemos que ser económicos a la fuerza. Aparte de Húmera, que ya está en marcha, y Valdelatas, que lo estará pronto, tenemos los dispensarios y las colonias de niños que enviamos a veranear. A estos, además de la estancia en un puerto de mar, se les regala un equipo completo, que utilizan luego durante varios años.

—¿Qué resultado obtienen ustedes?

—¡Oh, admirable! Todos los enfermos que han estado en Húmera, entrando en el primer período de la tuberculosis, han salido completamente sanos; y tenemos también algunas curas de enfermos que entraron en un período ya bastante avanzado.

— ¿Y los dispensarios?

—Naturalmente, no son tan eficaces. El más importante es el de la Prosperidad, que es donativo de la duquesa de Canalejas. No se pueden realizar allí curas tan completas como en los sanatorios; pero los enfermos tienen al menos dos comidas diarias sanas y abundantes, y durante el día respiran aire puro.

—¿Quién dirige la marcha de esto?

—Primeramente, la Reina, que se entera de todo; luego, de la organización y de los pormenores, la Junta de damas y el Patronato. Y, por fin, los médicos, hacia quienes le ruego haga público mi agradecimiento: el doctor Verdes Montenegro, para Húmera; el doctor Codina, para Valdelatas, y el doctor Palacios Olmedo, director efectivo de los dispensarios.

Al despedirme le digo a la condesa de Romanones toda la admiración que siento por esta magnífica obra de caridad que ella, tan abnegada e inteligente, lleva a cabo. Pero ella me interrumpe; no quiere que se hable de ella, solo de su obra. Y sus últimas palabras son para recomendarme que diga mucho, mucho todo el bien que esta obra hace, y todo el bien que podría hacer todavía.

[«La vida y las mujeres. La condesa de Romanones», *El Día*, Madrid, 24 de febrero de 1917, p. 1.]

NARCISA FREIXAS

En la planta baja de la Biblioteca Nacional; sección de estudios históricos; unas voces de niños que cantan alegremente, un coro infantil. Entramos. En la comodidad de un salón muy grande, en torno de un piano, unos ochenta niños y niñas cantan siguiendo atentamente las indicaciones de la batuta, que agita una señora de cierta edad. Esta señora unas veces aprueba, otras reprende, e incansablemente hace repetir tal o cual frase que «no sale bien». Los niños —niños humildes, y muchos de ellos niños muy pobres— cantan casi en éxtasis; sus caras de golfillos callejeros están transfiguradas; se aplican, y esto es visible, gozan. Tienen todos ellos un aire de dulzura, de bondad, que no tienen nunca en otra parte, y cuando termina la lección piden y suplican que se prolongue. Porque esto que parece una fiesta es una lección; es el curso que, «gratuitamente», la ilustre compositora catalana Narcisa Freixas ha venido a dar a los niños de las escuelas públicas de Madrid.

Cuando, bien a pesar suyo, los niños se han ido, conducidos por sus maestros respectivos, nos acercamos a quien tan abnegadamente acaba de proporcionales una hora de «recreo civilizado». Ella, muy sencillamente, responde a nuestra admiración.

—Este curso —nos dice— se debe al doctor Cortezo, que conoció mi obra en Barcelona, y quiso que iniciara una semejante en Madrid. A instancias suyas vine a dar una conferencia al Ateneo, y el ministro me rogó que diese durante dos meses un curso en el que se enseñara aquí mi método de canto infantil.

—¿Su obra…?

—Mi obra, la obra de toda mi vida, es la «Asociación de Cultura musical popular», que yo he fundado y sigo dirigiendo. Tiene por objeto el enseñar a los niños de las escuelas públicas el solfeo, la teoría y canciones, principalmente canciones populares. La asistencia a estas clases, que se dan mañana y tarde, después de las horas de colegio, es enteramente gratuita, y tengo también un curso para obreras. En estas clases se forman coros que, además de su utilidad propia —proporcionar a las obreras y a los niños pobres una distracción sana que eleva su espíritu—, dan conciertos en los Centros Benéficos: la cárcel, los hospitales, las casas de caridad, los patronatos de obreros y, en una palabra, en todos los sitios que lo soliciten. Para estos conciertos contamos además con el apoyo de todos los grandes artistas de Barcelona y muchas señoritas de la aristocracia vienen también a reforzar los coros. Igualmente, cuando lo desean, vamos a dar conciertos en casa de los enfermos impedidos, paralíticos, etc. Entonces, naturalmente, vamos tan solo un número reducido. Siempre, nuestra obra es absolutamente gratuita; no admitimos ni un refresco. Cuando se trata de una casa pobre que no tiene piano, llevamos instrumentos de cuerda.

—Ya sabemos qué resultados admirables obtiene usted en Barcelona. ¿Y en Madrid?

—Mire usted, de Madrid casi no puedo hablar. ¿Qué quiere usted que haga en dos meses? A mi curso asisten niños de unas diez escuelas; además, por mi propia iniciativa, me he ofrecido a dar lecciones en aquellas escuelas que no tenían facilidades para venir hasta la biblioteca; sí, hago un curso en el grupo escolar de la calle de Bailén, y otro en las escuelas del Ave María. Los maestros que me confían a sus alumnos se han entusiasmado con mi obra y seguramente harán lo posible por seguirla. Pero ¿qué es esto? España es el país más atrasado de Europa; respecto a la enseñanza del canto en las escuelas, más valdría que no lo enseñaran, pues hacen gritar a los niños, sin ton ni son, cualquier pieza sin preocuparse de la música ni de las palabras. En Madrid he tenido una acogida cariñosísima; después de mi conferencia del Ateneo he recibido unas demostraciones de admiración que me han conmovido; los únicos sitios que no me han secundado han sido las escuelas que ya tienen profesores de música; temían estos el aire puro y fresco que renovaría su rutinaria enseñanza, hecha sin cariño y sin comprensión. Y, sin embargo, ya es tiempo de que, en las escuelas de España, como en las del resto de Europa, los niños, en lugar de desgañitarse, aprendan, por medio del canto, «a sentir». Esto lo han comprendido en seguida los maestros que espontáneamente han respondido a mi ofrecimiento; mucho les agradezco esta comprensión y esta confianza; para mí, la mejor recompensa de mi trabajo.

—¿Y la parte puramente caritativa de su obra?

—Aquí, con los niños que ya he preparado, he dado concierto en el hospicio y en la escuela de la Florida. También he dado uno en la Escuela Superior de Magisterio. Mi mayor anhelo sería que se creara aquí una asociación semejante a la que yo tengo en Barcelona. Entonces mi viaje a Madrid habría verdaderamente cumplido su objeto.

—Ya es mucho lo que ha hecho usted.

—Sí; es mucho lo que he conseguido; pero es necesario conseguir mucho más. Aquí he hecho algo; en Barcelona puedo decir que realmente hago obra útil. Verdad es también que llevo ya nueve años con esta obra.

—¿Cómo se le ocurrió a usted empezar esta obra?

—Siempre la música me había interesado, y siempre me había preocupado la instrucción musical de los niños. Admiraba profundamente cómo se practica esta instrucción en el extranjero, sobre todo en Alemania, y me daba pena ver lo que pasaba aquí. Sin embargo, yo no me hubiera nunca ocupado de nada; pero perdí a mi única hija, y, para distraerme de mi dolor, mi familia y mis amigos me aconsejaron que me ocupase «activamente» de lo que tanto me interesaba. Yo quería trabajar por la cultura musical de los niños y de los pobres, y quería también llevar a los enfermos el consuelo precioso de la música. Encontré un local y me ofrecí a varios profesores de las escuelas públicas para dar lecciones de canto a los niños que quisieran. En poco tiempo vinieron niños de todas las escuelas de Barcelona, y hubo necesidad de tomar varios profesores para secundarme. Formé entonces una Junta de damas y una Asociación; cada socio da un tanto al mes, desde una peseta hasta un duro al mes, según quieren. Y esto permite pagar a los profesores y dar la enseñanza completamente gratuita.

—¿La obra prosperó rápidamente?

—¡Oh! Muy rápidamente. Además, se fue agrandando. Después de añadirle el coro de obreras, le añadí una «Biblioteca infantil circulante», también gratuita. Con esto me pasó algo muy divertido y también muy lastimoso. Pero esto no debe usted contarlo.

—Se lo prometo —aseguré yo, hipócritamente.

—Pues bien: el ministerio de Instrucción Pública me ofreció libros y me envió nada menos que 80 kilos, de los cuales solo sirvieron doce volúmenes. El resto lo componían obras como los *Aranceles de Aduanas*, *Recolección del trigo*, etc.

Nos reímos las dos.

—Ahora —pregunto—, dígame algo de sus composiciones.

—He compuesto cinco obras teatrales (óperas, cuadros líricos), representadas con gran éxito. Pero, para mí, lo principal son mis *Canciones infantiles* y mis *Cantos* y mis *Danzas populares*. Mi libro de *Canciones infantiles* —que fue premiado en los Juegos Florales del Orfeo Catalá— se ha traducido a varios idiomas y lleva ya diez ediciones. La Reina me felicitó por él y me envió un retratito de los Infantitos, diciéndome que les haría aprender mis *Cançons*. Ahora preparo un álbum de *Danzas artísticas*. Pero, para mí, lo importante es lo que se refiere a los niños. Ya tengo terminado un libro de piezas infantiles para piano. He hecho un concurso para premiar a los niños que mejor recitasen las *Consejas populares*, y otro para premiar obras para un teatro para niños que yo he fundado. El jurado de este último lo componían Benavente, Rusiñol, Maragall y Torrendell. Siempre he tenido grandes éxitos con la obra que he emprendido, y para la última Exposición Internacional del Arte del Libro, en Leipzig, me nombraron delegada para la sección española de la mujer. Pero lo que quiero que sepa y lo que quiero que diga es cuántas satisfacciones tengo con mi obra y cuánto deseo que en Madrid se difunda como en Barcelona. Yo estoy dispuesta a hacer lo que se me diga para ello.

Ya lo sabemos, y es necesario que todo el mundo lo sepa. Que se sepa todo el mérito de esta mujer que consagra toda su vida a elevar y distraer a los pobres y a los pequeños; los niños, las obreras y los impedidos.

Todos los que la conocen y conocen su obra admiran a doña Narcisa Freixas. ¿Por qué esta admiración no se concreta en un público homenaje? Al doctor Cortezo, a quien debemos agradecer la venida a Madrid de la ilustre compositora y bienhechora catalana, nos dirigimos para que pida, con toda su autoridad, para Narcisa Freixas la cruz de Alfonso XII. Sería una vergüenza que la tenga —¿por qué, Dios mío?— el tenor [Tito] Schipa y no la tuviera quien tanto hace por su patria.

[«La vida y las mujeres. La obra de doña Narcisa Freixas», *El Día*, Madrid, 17 de marzo de 1917, p. 1.]

JOSEFINA BLANCO DE VALLE-INCLÁN

Un saloncito en el último piso de una casa en una calle apartada y silenciosa. El saloncito, íntimo, sería severo sin la nota alegre y muy moderna de unos cortinones de tonos violentos. Pocos muebles; grandes butacones, una biblioteca baja, una mesa despacho; nada accidental, y, en todo, un gran recogimiento y una gran reflexión.

Encima de la mesa y de la biblioteca hay cacharros con flores; en una esquina, una lámpara de ancha pantalla. Un vaciado de *La bella de las manos*, una muchacha de Romero de Torres, y el retrato de Valle-Inclán, por Anselmo Miguel Nieto, definen «el sabor» de la habitación.

Hemos venido a visitar a Josefina Blanco de Valle-Inclán. Ser mujer de hombre célebre es papel peligroso; hay que poderlo ser todo y hay que aparentar no ser nada. ¿Qué ridículo mayor que el de la mujer que quiere aprovechar para sí la gloria del marido? Y, por el contrario, ¿qué mayor traba para la obra de un escritor o de un artista que la que, por incomprensión, encuentra en su mismo hogar?

En el extranjero, casi siempre, la mujer peca en demasía; bien cerca de nosotros está el recuerdo de aquel gran escritor cuya mujer, por afán de ser a toda costa y siempre «compañera del hombre célebre», le puso en el ridículo más espantoso; aquí en España, en general, la mujer peca por demasiado poco, y contadas son las españolas «compañeras» de su marido. Pero las que lo son, lo son deliciosamente, con un tacto, una delicadeza y una medida incomparables; y, entre todas las «compañeras», la que mejor merece este título es quizá la mujer de D. Ramón del Valle-Inclán.

Su primera cualidad es la sencillez; sencillamente fue, en el teatro, una gran artista; sencillamente comparte la gloria de su marido, y sencillamente, con una sencillez más difícil que todos los talentos, es la guardiana, la «protectora íntima» de esta gloria.

—Yo creo —empieza diciéndonos— que la mujer de un escritor debe ser así, algo gris. Vamos, que no debe figurar para nada. Y, además, yo ¡soy tan insignificante! ¿No le parece que debíamos hablar como dos buenas amigas, sin pensar para nada en el público?

—Es que al público —aseguro yo— le interesará muchísimo lo que hablemos. Usted es, ante todo, la mujer de su marido; pero, además, es usted Josefina Blanco, la «ingenua» mimada por el público.

—Lo he sido —me contesta con cierta melancolía—. Ya no soy nada.

—Algún día volverá a serlo.

—¡Quia! Nunca más. Se acabó.

—¿Por...?

—Sencillamente porque no tendría empleo. Para las «ingenuas» ya no sirvo; por mi figura no podría representar grandes papeles, y, la verdad, condenarme a las características...

—Claro que no. Pero usted haría hoy las «ingenuas» como antes de casarse. Primero, que es usted siempre la misma, y, luego, su voz no es para otra cosa.

Y es que la voz de Josefina Blanco tiene una musicalidad solo comparable a la de esa otra gran «ingenua»: Catalina Bárcena.

—No crea, características ya las he dicho. En la última obra que estrené de los Quintero hacía ese papel. Ser «una característica» no quisiera; pero caracterizarme, a veces, me gustaba mucho.

—Tendrá usted que volver a tener ese gusto.

—No; eso, de seguro que no. Bien es verdad que lo siento, y que no voy casi nunca al teatro porque me da mucha pena; pero, además de que no tendría empleo y de que, no estando en una compañía fija, no me gustaría andar en *tournées* por provincias, ahora tengo que ocuparme de mi casa, de mi niña, y ya tengo bastante así. Y también tengo mi trabajo particular: soy el corrector de pruebas de mi marido.

—Entonces, ¿usted conoce siempre las obras de Valle-Inclán antes de que se publiquen?

—Siempre; pues no solo corrijo las pruebas, y esto lo puede usted decir, que, si hay erratas, mía es la culpa, sino que muchas veces mi marido lee los trozos que va escribiendo.

—¿Cuál es la obra de su marido que usted prefiere?

—*Romance de lobos* —me responde sin vacilar—. Y después, *La marquesa Rosalinda*. Pero yo no puedo juzgar esto, porque a mí todo lo que mi marido escribe, solo porque lo escribe él, me parece que está tal como debía estar.

—¿Tendrá usted orgullo cuando ve que lo alaban?

—Orgullo, precisamente, no; una gran alegría sí. Y, por el contrario, cuando leo algún artículo en que lo atacan, ¡me llevo un disgusto! Él se queda tan tranquilo y no le da importancia; pero yo me paso ocho días indignada contra el que escribió eso.

—Entonces, cuando los estrenos, ¿pasará usted mal rato?

—Atroz; materialmente no vivo. El teatro de mi marido no es para el gran público, ¿verdad? Y, además del público, los artistas tampoco entienden las obras a gusto de él; yo misma prefería estrenar cualquier obra que no una de mi marido; ponía en ello todo mi afán, y, sin embargo, yo sentía que no era lo que él hubiera deseado. Era un tormento horrible.

—¿Y cuando Valle-Inclán da conferencias?

—Asisto siempre, y siempre me emociono.

—¿Y cuando aclaman?

—¡Figúrese!… —y Josefina Blanco, la que fue una gran actriz, ovacionada ella también por el público, pronuncia esta única palabra casi con unción.

—Cuénteme —insisto yo—, ¿qué vida hace?

—Una vida muy sencilla, muy vulgar. La mitad del año la paso en Galicia; aquí salgo muy poco. No hago, en absoluto, vida en sociedad; corrijo pruebas, me ocupo de mi hija, leo mucho, y también rezo mucho, porque soy muy religiosa.

—¿Cuál es su autor preferido?

—[Lev] Tolstói; me entusiasma. Ahora estoy leyendo a Alfred de Vigny, que me interesa mucho.

—Pero ¿solo con la corrección de pruebas tendrá usted bastante que hacer, porque Valle-Inclán trabaja mucho, verdad?

—Mucho, y como tiene una gran facilidad, a medida que escribe, sin esperar a que esté terminada la obra, ya la manda a la imprenta. Y hasta se le ha ocurrido numerar las cuartillas antes de escribir; rara vez rompe alguna.

—Y la niña, ¿conoce la obra de su padre?

—En parte, sí; para que se esté quieta muchas veces mi marido le lee versos; así es que con nueve años distingue si esto es de Rubén o de *La marquesa Rosalinda*. Y no hay que engañarla; una vez, Ramón, sin acordarse de que era la niña la que estaba ahí, se puso a leer *La lámpara maravillosa*. La niña se agitaba, estaba inquieta; por fin, dice: «Espera un poco; en seguida vuelvo». Se levanta, mira las cuartillas que quedaban por leer y, ya desde la puerta, dice, enfadada: «¡Ah, granuja! ¿Conque me querías leer todo eso, eh?».

Reímos la ocurrencia, y Josefina Blanco sigue hablándome de su hija y de la vida íntima, de trabajo tranquilo y sereno, que lleva en casa. Me enseña telas maravillosas que Valle-Inclán trajo de México y que mandó venir de las Indias.

Y el retrato de Anselmo Miguel Nieto, ese estupendo retrato que, además de ser la mejor obra de su autor, es uno de los retratos más «completos» del arte moderno, preside con aspecto elevado y reflexivo a toda la elevación y a toda la reflexión del ambiente.

[«La vida y las mujeres. Josefina Blanco de Valle-Inclán», *El Día*, Madrid, 23 de abril de 1917, p. 3.]

MARÍA DE LOS ÁNGELES MANCISIDOR

Entramos en el Hospital Provincial; hemos cruzado galerías y galerías, en las que se abrían salas y salas; cuando llegamos al pequeño locutorio que precede al departamento de detenidas tenemos ya la impresión de toda la tristeza que encierra esta sola palabra: hospital. Ahora, frente a esta reja, la impresión de tristeza se acentúa considerablemente, y a pesar de la tranquilidad del lugar —si no hubiera esta reja diríamos de su apacibilidad—, nos sentimos sobrecogidos.

Una mujer cose sentada en una sillita baja; a sus pies juega un niño; la escena es de intimidad, de hogar casi; pero hay esa reja que lo domina todo, y tenemos que hacer un gran esfuerzo para hablar con desenvoltura.

Alguien llama: «¡Angelina!». Se abre una puerta, y tras la reja aparece la figura arrogante de María de los Ángeles Mancisidor. Es guapa, muy guapa. Tiene el talle flojo, las ropas sin coquetería, pero la cabeza interesantísima; las facciones casi perfectas, el pelo cubriéndole a medias la frente en una onda oscura, los ojos y la boca expresivos, inteligentes. Nos presentamos, y primero se niega, afable, pero rotundamente, a toda idea de interviú. No quiere decir nada, no tiene que decir nada tampoco. Hasta ahora, del público como de la prensa, solo ha recibido insultos. No, no quiere hablar; quizá más tarde…

Hace unos años vimos en París a los guardias tener que proteger contra la muchedumbre a *madame* Poeckés, acusada de la muerte de su marido; pensamos que el público es idéntico en todas partes; pero, antes de un juicio convincente, nadie tiene derecho a condenar, y todo acusado tiene derecho a defenderse y a ser respetado.

Poco a poco logramos inspirar confianza a María de los Ángeles Mancisidor; la convencemos de la utilidad de que hable, de que se *haga atmósfera*. Y, por fin, tranquilamente primero, exaltada después, habla:

—Sí, es verdad, hay que hacer atmósfera. Hasta ahora nadie ha venido hacia mí, y yo he tenido que soportar el peso de todo. Yo aquí no tengo a nadie, ni familia ni amigas. Vivía muy recluida en mi casa, y así se ha podido decir y fantasear cuanto se ha querido. Me han tratado muy mal, muy mal; me representan como una mujer excepcional, ¡qué sé yo!, como un Barba Azul capaz de cortar un sinfín de cabezas. Y tengo ganas de que venga el juicio para que puedan ver a esta fiera que dicen que soy.

—¿Siente usted inquietud por el resultado final?

—No, inquietud, no. No pueden condenarme, no pueden. Las circunstancias han estado contra mí, como pueden estar contra cualquiera; pero eso no basta. Yo no quiero conmover a nadie, ni ser absuelta por lástima. Quiero ser absuelta por justicia, como me corresponde.

Estas frases son pronunciadas con una gran energía. María de los Ángeles se detiene un instante, y luego, con gran amargura, prosigue:

—Mire usted, podía traer a mis hijos, para el juicio sería un gran efecto; me lo han aconsejado, pero no quiero. Prefiero que no vengan, que no tengan más tarde el recuerdo de haber visto a su madre tras una reja. ¡No, que no vengan! Sé que están bien, están con mis padres; ¡y ha habido hasta quien ha dicho que no los quería! ¡No querer yo a mis hijitos! ¿Qué mayor cariño que ese: privarme de verlos?

El asunto es dolorosísimo; a pesar de sus esfuerzos por permanecer serena, María de los Ángeles Mancisidor tiene los ojos llenos de lágrimas.

—Tenga esperanza; pronto los verá, porque pruebas concretas no ha habido, ¿verdad?

—¿Qué más prueba quiere usted que el que se diga: ahí hay arsénico, y sacan el cadáver y, efectivamente, le encuentran el arsénico dentro?

Pero las cosas no son siempre como primero parecen. Se ha dicho que yo tenía un talento extraordinario; nada de eso, soy una mujer vulgar; pero tampoco soy tan bruta para envenenar a alguien y luego quedarme aquí tan tranquila, expuesta a ganarme de un momento a otro treinta años de presidio. Mire que treinta años de presidio son una cosa muy seria. De haber yo hecho eso hubiera puesto tierra de por medio, o al menos, en dos años, me hubiera apercibido a alguna defensa. Me parece que eso se le ocurre a una pared.

Y tras una pausa:

—Yo tengo un carácter muy violento; si en un arranque de genio yo hubiera pensado matar a alguien, lo hubiera hecho de frente, y no de esa manera tan baja y tan cochina. ¡Y arsénico! No soy una sabia, como han dicho también los que me cargan con todas las maldades; pero, por poco que uno sepa, no emplea un veneno como ese. ¡Aunque no fuera más que lo poco de Química que tuve que estudiar para ser maestra! Y matar, ¿para qué? ¿Qué necesidad tenía yo de ello? Éramos amantes, y nadie nos estorbaba; mi pobre marido… que Dios le haya perdonado, pero era un… *desgraciado* —María de los Ángeles ha buscado la palabra largamente; se ve en ella el deseo de no injuriar—. Un desgraciado; además estaba muy enfermo, ya Dios se lo llevaba solo; ¿a qué iba yo a cometer esa estupidez, a qué? ¿Quién concibe eso?

La exaltación ha crecido progresivamente. Ahora la voz, el gesto son nerviosos, y María de los Ángeles se para un momento antes de suspirar:

—¡Ay! ¡Si yo hubiera sabido que él era quien me había entregado, jamás me hubiera acusado yo misma como lo hice!
—¿Estaba usted muy enamorada de su segundo marido?

—¿Enamorada, dice usted? Estaba loca, completamente loca por él, y lo he estado hasta hace pocos meses, hasta que he visto todo lo bajo que había sido conmigo.

—Entonces, cuando la arrestaron, ¿usted no sabía quién la había denunciado?

—¡Yo que iba a saber! Desde hacía algún tiempo mi marido me decía que mi primera suegra me investigaba por saber cómo había muerto su hijo, que quizá nos acusarían. ¡Ah, me preparaban bien, sí! Así es que, cuando me arrestaron, yo, por cariño, quise para mí todas las culpas. Pensé que, antes de sufrir dos, más valía que sufriera uno, y por salvarle a él, a quien yo adoraba, me acusé yo sola. ¿Y en qué cabeza cabe que una mujer, capaz de hacer eso por cariño, pueda ser capaz de asesinar a alguien, y de asesinarlo inútilmente?

—¿Y su marido ahora qué dice? ¿Le ha visto usted desde entonces?

—Le he visto una sola vez, un minuto, que pasó por delante de mí, pero sin hablarnos. Me escribe, eso sí, que está arrepentido de lo que me ha hecho; a mí, que he sido siempre tan buena con él. Como que yo le he sacado a pulso, y dice que ahora se arrepiente.

María de los Ángeles tiene una sonrisa algo escéptica.

—Si la absuelven, ¿volverá usted a vivir con él?

—Eso no lo sé. Es decir, sí lo sé, pero no puedo decirlo ahora. Y dicen que dijo él mismo que obró sugestionado por mí, y eso es lo que se cree todo el mundo. Pero ¿cómo es posible que crean que una mujer que sugestiona a un hombre hasta hacerle cometer un crimen no sirve para dominarle en cosas pequeñas? Sí, mi marido tiene un carácter débil, es verdad; pero no conmigo, y fácil es probarlo. En el tiempo en que hemos estado casados ni comía ni vivía conmigo. En casa no hacía más que dormir. Sí, estaba dominado; pero no por mí, por su madre. En casa de su madre hacía su vida; allí tenía su gabinete, en el que yo no podía ni poner los pies. Ni dinero siquiera conseguía yo de él, y la prueba es que estaba preparando unas oposiciones para poder vivir y hacer vivir a mis hijos con mi trabajo. ¿Cómo se comprende que un hombre se deje dominar en un acto tremendo y no se deje dominar en cosas sin importancia? Y yo, por cariño, por salvarle… ¡Si yo hubiera sabido…!

—¿De la familia de él no viene nadie a verla?

—Nadie; su abogado únicamente, Valero Martín, se ocupa de mí. Tres veces vino un hermano, pero estuvo tan inconveniente que preferí el darle con la puerta en las narices que contestarle una grosería.

Llevamos largo rato hablando. María de los Ángeles se excita, y está enferma, no se la debe fatigar. Antes de irnos le preguntamos si desea algo.

—No, de comer no, gracias. No como casi nada. Libros, sí; aunque a veces no puedo ni fijarme en lo que leo, me gusta leer. Ahora he leído *Resurrección*, de [Lev] Tolstói, que me trajo Valero Martín. Lo que sí quisiera es poder leer los periódicos de cuando me arrestaron; en la cárcel no me lo permiten, y yo quiero enterarme, saber exactamente lo que piensan de mí.

Y las últimas palabras de la entrevista son para dolerse de que, sin conocerla, se la juzgue tan mal, y para protestar con toda energía de su inocencia.

[«Una conversación con María de los Ángeles Mancisidor», *El Día*, Madrid, 8 de julio de 1917, p. 3.]

VIRGINIA GONZÁLEZ

Una habitación aguardillada, pero clara, llena de sol; en el centro, una mesa cubierta con un tapete bordado; un armario de luna, una planta, una lámpara, butacas de paja, una mecedora, cortinones blancos recogidos con lazos; he aquí la famosa guardilla, el «antro», aquel sitio lóbrego e infecto en donde, al decir de las gentes, y de algunos de mis compañeros con demasiada imaginación, se *cazó* el comité directivo de la última huelga.

Virginia González y Juana Sanabria me hacen gentilmente los honores de la casa.

—Véalo todo. Aquí, la alcoba, y aquí, este segundo cuarto, que está aún tal como lo dejó la Policía…

En el suelo, revueltos, colchones, papeles, trastos…

—¡Ay! —suspira Juana Sanabria—. Yo hubiera querido que usted encontrase todo muy arregladito. Pero, ya ve, no hemos tenido aún tiempo de volver a ponerlo todo en orden.

¿Y la tinaja? —pregunto yo.

—¡Ah! La famosa tinaja tras la cual yo me ocultaba. Venga usted a verla.

Y riéndose a carcajadas, Virginia González me conduce a la cocina y me enseña una tinajita pequeña, incapaz de ocultar a un niño de tres años.

—Ya ve usted, y así es todo lo que cuentan.

—Verdad es que usted no se parece al tipo que uno se figura.

Es Virginia González una mujer de unos cuarenta años, de ademán sencillo. Su cara refleja una gran energía y una gran bondad.

—No sabe nadie lo buena que es —me dice Juana Sanabria—. Ahora está aquí conmigo para que yo no me quede sola, ya que mi marido sigue preso. Ningún dolor, sea de quien fuere, la deja indiferente. Y ella, que parece tan decidida, muchas veces llora por cualquier cosa mala o injusta que les suceda a otros.

—Yo, si siento estas cosas —dice entonces Virginia—, es por esta pobrecita, que se encuentra de repente metida en estos jaleos. No es como yo, que ya estoy preparada para todo, después de veinte años que llevo luchando y sufriendo.

—¿Ha sufrido usted mucho?

—Mucho. Pero he tenido también grandes satisfacciones. En mis sufrimientos hay siempre un goce muy grande. Sí, eso es: un goce. Yo no me sé explicar. He recorrido toda España haciendo propaganda, *mitineando*, como digo yo; en muchos sitios he encontrado a gentes que me han atacado lo más bajamente que podían, gentes que con gusto me hubieran visto no ya fusilada, sino quemada viva. En los pueblos, los curas hablaban contra mí desde el púlpito… Bueno; pero, frente a eso, yo veía muchedumbres enteras, y mujeres, y ancianos y todo, que venían hacia mí con adoración, que me escuchaban como si fuese un milagro. Sí —añade Virginia—, estoy contenta; he sufrido mucho; pero cien vidas que yo tuviese las daría las ciento por los de abajo.

Habla sin exaltarse, sin hacer gestos. En su voz hay una gran firmeza, y estas últimas palabras las ha pronunciado con una emoción que en vano quería disimular. No hay en ella nada del energúmeno, de la «petrolense» que algunos creen; pero pocas personas dan tal impresión de serenidad y de fe en sí mismas.

—¿No es usted nerviosa?

—Lo soy atrozmente. Pero me domino. Los nervios, para cuando se está sola; sobre todo, frente a alguien que se ponga soberbio me presento fría, tranquila, y eso por mucha borrasca que lleve dentro. Yo creo que ese es el único modo de aplastar a los soberbios: crecerse ante ellos. Por lo demás, yo he hecho mi sacrificio completo, y, como mis actos los hago siempre con toda mi fe puesta en ellos, estoy siempre tranquila.

—¿Y usted? —preguntamos a Juana Sanabria, que antes, al hablar de su marido, no había podido contener las lágrimas. Juana Sanabria, una mujer joven, de aspecto dulce, sonríe para contestar:

—Yo también. Hay que tener conformidad.

Y las dos mujeres cambian una larga mirada. Se las siente muy unidas en una misma idea.

—¿Cómo se hizo usted socialista? —preguntamos a Virginia.

Ella se ríe.

—Pues como todos. Eso no tiene nada de particular.

—Tiene de particular —insistimos— el que es usted mujer, y que aquí, en España, y más cuando usted empezó, las mujeres no solían ocuparse de estas cosas.

—Entonces, ¿quiere usted que le cuente mi historia? ¡Si yo no tengo historia! Mi vida, a pesar de todo lo que se ha dicho, es de lo más vulgar. Yo soy sencillamente una obrera; tengo el oficio de guarnecedora, y toda mi vida, desde los nueve años, he trabajado en fábricas y talleres: para engañar el hambre. De chica, sí, era bastante rebelde: las injusticias sobre todo me sublevaban, y le decía siempre a mi madre: «Quiero ser mayor, ¡para ser libre!». Entonces me creía que las personas mayores eran libres. A los dieciocho años me casé con un hombre —mejor dicho, con un chiquillo como yo— de ideas avanzadas. Y él me fue enseñando. ¡Quién sabe! Quizás casada con un católico yo hubiese resultado una mística.

—¿Ha leído usted mucho?

—Mucho, no, aunque me gusta mucho leer. Pero no he tenido tiempo.

—¿Qué autores prefiere?

—No puedo decir porque he leído poco. Me entusiasma [Émile] Zola. También he leído con entusiasmo *La vida de Jesús*, de [Ernest] Renan, y *Las mentiras convencionales de nuestra civilización*, de [Max] Nordau.

—¿Ha viajado usted mucho?

—Fuera de España, estuve en Buenos Aires, adonde me fui emigrada. Allí conocí a muchas socialistas rusas. ¡Qué cultas y qué buenas son! ¡Y todas tan monas! Los hay que creen que todas las mujeres que se ocupan de esto son todas feas y viejas; pues las rusas casi todas son jóvenes y guapas.

Y Virginia González, de aspecto tan sencillo, me repite con entusiasmo que las socialistas rusas van *monísimas*.

—¿Qué piensa usted de Rusia?

—Pues… nada. Yo creo que no se debe opinar de lo que no se está enterado. Para hablar de Rusia en estos momentos habría de estar allí.

—¿Y no siente usted nunca haber emprendido esta ruta?

—Nunca. Yo lo único que tengo en la vida es el partido y mi hijo. Tengo un hijo de veintitrés años, y de eso sí, de eso le hablaré todo lo que quiera. Mi hijo es muy inteligente; está en París, es mecánico, y, claro, también trabaja con nosotros, y vale mucho. Pero esto lo digo sin pasión de madre, considerando a mi hijo como a un compañero. Aunque —añade luego, riéndose— como madre tengo mucho orgullo.

—¿Y como mujer?

—Ninguno. Si yo resalto más que otras es únicamente porque tengo más facilidad para expresarme. Pero yo no hago nada de extraordinario.

—En general, ¿se siente usted rodeada de cariño?

—¡Oh, no sabe usted cuánto! Ahora mismo, en estos días, he recibido un sinfín de visitas y de tarjetas. Y las primeras en venir a verme fueron las hijas y las nietas de [Nicolás] Salmerón.

—En la cárcel, ¿qué tal la trataron?

—Muy bien. El director es todo un caballero, y nadie me ha faltado a la consideración. Verdad es que yo nunca he dado lugar para ello.

—En resumen, ¿está usted tranquila respecto al consejo de guerra de mañana?

—Ya lo ve usted. Además, mi vida no puede ser más clara. Por mucho que busquen, no podrán encontrar ni un pelo donde hincar el diente.

Y, al despedirnos, Virginia González, con su voz igual y serena, y su mirada franca, repetía, bromeando:

—No, no me fusilarán.

[«La vida y las mujeres. Una visita a Virginia González», *El Día*, Madrid, 1 de octubre de 1917, p. 1.]

FERNANDA MELGAREJO DE VALARINO

Desde hace algún tiempo, lo que algo difusamente suele llamarse «la opinión pública» está atraída en Madrid por el nombre de una mujer, mejor dicho, de una muchacha. Fernanda Melgarejo de Valarino despierta enormemente la curiosidad… Y, en verdad, no es para menos. Por todos sitios se repite y se comenta el anuncio del próximo estreno en el teatro de la Comedia de su obra *Papillon*, obra que ha sido traducida del francés por el mismísimo [Jacinto] Benavente. No sucede a menudo el que una muchacha escriba para el teatro; pero, en fin, puede darse el caso. Lo que no se había visto todavía era una muchacha escribiendo para el teatro y haciéndolo bien, tan bien que uno de los más ilustres dramaturgos no vacila en servirle galantemente de introductor.

Se ha dicho y escrito mucho sobre la señorita De Valarino; queríamos saber ahora lo que ella misma decía y pensaba en estos días tan solemnes de *l'avant-première*, días que para un autor son algo como la noche «en capilla» del reo condenado a muerte.

La señorita De Valarino nos recibe alegre, cordial… y nos habla del próximo estreno sin el menor asomo de emoción. Nos extrañamos, y ella, en castellano primero, en francés después, para mayor facilidad de la conversación, nos explica:

—¡Si es que no siento emoción alguna! Estoy absolutamente tranquila, absolutamente, y siento que lo estaré también la noche del estreno. ¿Por qué no?

—Entonces, ¿confía usted en el éxito?

—¡Oh, el éxito! Nadie puede confiar en él.

—Tú, sí —afirma categóricamente Agustín de Figueroa, que asiste a nuestra conversación—. Tu obra es soberbia.

—Eso lo dicen siempre los amigos —contesta Fernanda riendo.

Luego añade:

—Benavente, sí. Él está entusiasmado con *Papillon*; la prueba es que lo ha traducido. Y él se ha ocupado de encontrar teatro a mi obra; en fin, de todo. Además, Benavente ha leído todas mis producciones y todas le gustan.

—¿Tiene usted ya muchas obras? —preguntamos con cierta sorpresa.

—Unas diez —nos responde nuestra interlocutora con la mayor naturalidad—. De ellas, *Papillon* es la menos transcendental; es tan solo una comedia ligera; ligera en el sentido de alegre, de entretenida. Es muy alegre, pero muy *convenable*. En ese sentido, no se le podrá reprochar nada; ¿verdad, Agustín?

—Lo que se dice nada —asiente Agustín irónicamente.

—¡Ah! ¿Te ríes de mí? —le dice Fernanda haciéndose la enfadada—. Pues vas a ver: ahora cuento horrores de ti.

—¡No, por Dios! —suplica Agustín de Figueroa, y se oculta la cara con el pañuelo.

—Lo dicho —prosigue Fernanda implacable. Y dirigiéndose a nosotros—: Pues verá usted: este señor ama enormemente la literatura, y como ama tanto la literatura, Literatura con mayúscula…

—Calla, ¡por Dios! —implora de nuevo Agustín de Figueroa.

—Bueno; ya estás bastante colorado. Ahora en serio. Agustín, que ama todo lo que se relaciona con la literatura, leyó mi *Y Herodías lloró*, se apasionó por ella y la tradujo admirablemente al español, y esta obra se representará, sin duda, muy pronto en Madrid.

—Parece usted hablar de esta obra con especial cariño…

—No lo crea —protesta la señorita De Valarino—. Quiero a todas mis obras por igual. Ahora, que en esta he hecho quizás obra más personal, pues mi modo de enfocar los caracteres de Herodías y de Salomé es enteramente original y se aparta por completo de la visión dada hasta aquí por los novelistas y dramaturgos.

—¿Le interesa la Antigüedad?

—La Antigüedad me ha atraído siempre. A juicio de muchos, mi obra más fuerte es *Néron l'histrion*, escrita expresamente para el gran trágico [Édouard] de Max, y que, a no ser por la guerra, se hubiera ya representado en París. Y por fin, a la Antigüedad debo mi personalidad de autora. Lo que más he leído, y eso desde siempre, han sido los clásicos antiguos; Ovidio, Plutarco y Suetonio son mis autores predilectos. Cuando empecé a escribir pensé naturalmente en ellos; por ellos pensé en Nerón, cuya personalidad, «no como todo el mundo», me impresionaba singularmente, y así nació *Néron l'histrion*.

—Pero ¿cómo fue el precisarse su vocación literaria?

—¡Oh, vocación! —duda ella—. Yo no sé si fue vocación. Me aburría, me aburría mucho, y para distraerme me puse a escribir. Esto es todo.

—Pero —insistimos— ¿cómo fue el escribir para el teatro?

—Es que nunca he escrito para otra cosa. No se me ocurriría. Ni tampoco sabría. Para el teatro todo lo que se quiera; pero lo que es novelas, crónicas… jamás podría.

—Bueno. Ahora basta de interrogatorio. Usted va a ser muy buena y me va a contar solita muchas cosas muy interesantes.

—¡Ay! No, no, no —protesta Fernanda con terror—. Sígame preguntando. Yo no sé nada, ni me ha sucedido nunca nada. Además, como yo no encuentro nada realmente interesante, me parece que nada de lo que yo pueda decir le interesa a nadie tampoco.

—Y se equivoca usted grandemente. Vamos a ver: alguna anécdota, alguna aventura.

—Ni anécdotas ni aventuras.

—Sin embargo, en tus viajes… —dice Agustín de Figueroa, viniendo en nuestra ayuda.

—Tino, eres insoportable. He viajado mucho, pero sin nada de extraordinario. Siempre llevo una vida muy retirada. No me gusta la vida de sociedad, y me agrada mucho dar paseos por el campo. Aquí me paseo todos los días por las afueras. Dirá usted que soy muy rara…

—Nada de eso. Diré que tiene usted una gran personalidad. ¿Y los deportes?

—¡Oh! Eso me entusiasma —asegura Fernanda con vehemencia.

—¿Cuál prefiere?

—Todos —nos contesta sin vacilar—. Y los he practicado todos: *yachting* [vela], automóvil, equitación… Yo vivo generalmente en Niza, y antes de la guerra tomaba parte en todas las regatas allí celebradas. Ahora —prosigue con pena— ya no hay regatas, y he tenido que abandonar mi deporte favorito. Pero me queda la esgrima, que me apasiona.

—¿Y las artes?

—He pintado, toco algo al piano, como todo el mundo. Para mí las artes se condensan todas en el arte dramático. Ahora no me preocupo de otra cosa. Por supuesto, porque en ello encuentro mi mayor distracción. Si el escribir para el teatro me fatigase lo más mínimo, lo mandaba todo a paseo.

—Una pregunta, para terminar, pero la respuesta ha de ser sincera: ¿dónde preferiría usted debutar como autora: en Francia o aquí?

—La verdad, yo amo a Francia por encima de todo, y nada me haría negar mi cariño; *ma chère France!* Pero no olvido que mi padre era español, ni que llevo un apellido español. Mire usted si quiero a España que me he hecho retratar de gitana, pero de gitana española.

Y Fernanda Melgarejo de Valarino nos enseña una hermosa fotografía que la representa con un pañuelo atado a la cabeza, acentuando la belleza de sus rasgos. Comparamos atentamente el modelo y el retrato y advertimos, hundida bajo el peinado, a modo de casco fantástico, que le da una apariencia tan personalmente original de muy moderna Gorgona, la extraordinaria energía de la expresión de Fernanda de Valarino.

—Es usted muy enérgica, ¿verdad?

—Eso dicen —contesta ella sonriéndose—. Efectivamente; cuando se me mete una cosa en la cabeza no me la quitan fácilmente. Me llamo Fernanda. Cuando escribo a mi amigos firmo simplemente «Fer», y ellos dicen que eso «me pinta»; que «Fer» (hierro) es mi palabra característica, pues soy como el hierro y en mis obras flagelo duramente, como si flagelase con hierro también.

—Un hierro muy duro, pero muy bondadoso —concluimos nosotros.

Y recordamos, además de la encantadora amabilidad con que Fernanda Melgarejo de Valarino disculpó la molestia de la interviú, el rasgo tan delicado que le hace entregar íntegro el producto del estreno de *Papillon* a la condesa de Romanones para ayuda de los Sanatorios de pobres tuberculosos.

[«Una escritora original», *El Día*, Madrid, 22 de octubre de 1917, p. 3.]

REGINA LAMO

Sentada frente a nosotros, doña Regina Lamo de O'Neill nos explica, como si fuese un sesudo economista, su proyecto de Banco de Crédito Obrero. Nosotros escuchamos, con una extrañeza que no intentamos disimular, las palabras de esta mujer joven, guapa, elegante que, con la dulzura de su acento medio andaluz y medio americano, y ayudándose con la expresión de sus grandes ojos negros y con el gesto de su fina mano enguantada, define, en términos precisos, el porqué tan sumamente serio y «antimundano» de su viaje a Madrid y de su audiencia con la Reina. Entre explicación y explicación, advierte nuestra extrañeza:

—¿Qué le asombra a usted? —nos pregunta, algo inquieta.

—Me asombra el ver a una «señora», y a una «señora» española, andaluza, por ende, dedicarse a estas cuestiones.

—Sí; verdad es que aquí las mujeres, sobre todo en la burguesía y en las clases altas, son muy indiferentes. Pero no es nuestra culpa; es la culpa de nuestra educación de harén. A mí, desde pequeña, mis padres me enseñaron a leer, a estudiar, y, desde que me ha sido posible, me ha preocupado aprovechar para los demás lo que había aprendido, como lo hacen fuera de aquí infinidad de mujeres. Y, como yo he ido viendo que lo que más debe preocupar son las cuestiones obreras, he querido hacer por las obreras españolas, que son indudablemente las más explotadas, algo de lo que se hace en otros países para impedir la explotación. ¿No le parece que así debe ser?

—Me parece muy natural; pero, dado nuestro ambiente, esta naturalidad, en una mujer «de mundo», me parece también admirable.

—¡Ay!, nada de eso —protesta riendo mi interlocutora—. ¡Si viera cuántas alegrías me proporciona esta obra que he emprendido!

—¿Está usted bien secundada?

—¡Pchs!… La verdad, tropiezo con muchas dificultades. Quien más guerra me hacen son esas juntas de señoras que se las dan de caritativas y solo quieren hipotecar las conciencias. Yo, sí, soy religiosa, y rezo, y mis hijas rezan; pero creo que cada cual debe pensar lo que le parece, y no admito que a las obreras, para protegerlas en sus derechos, se les imponga ninguna religión. Yo, en mi casa, tendré santos; pero en la Federación no dejo entrar ni uno. La libertad de conciencia ante todo. Por eso me llaman radical, y no solo no me ayudan, sino que hacen lo posible por entorpecer mis planes. Por otro lado, los de la Casa del Pueblo, etc., también son fanáticos a su manera; esos quisieran que yo no admitiera a ninguna obrera religiosa, y a mí me parece tan malo un fanatismo como el otro. Pero ¡no importa! —asegura Regina de O'Neill valientemente—. Yo voy adelante. Quiero que las obreras españolas dejen de ser explotadas, sin distinción de partido ni de religión, y lo conseguiré. ¡Ya lo creo que sí!

—Ya ha conseguido usted mucho con la Federación, ¿verdad?

—Enormemente. Pero el principal mérito de esto le corresponde a la fundadora, María Cañellas. Yo ahora he venido como vocal delegada del Real Protectorado de la Federación Sindical de Obreras de Barcelona, y he venido para hablar con la Reina, que nos ofreció ser protectora de honor y ayudarnos en cuanto necesitáramos. Y quiero tratar, con su ayuda, de constituir, según iniciativa mía, un Banco de Crédito para las obreras.

—¿La idea es de usted?

—Mía es la idea de fundar este Banco; primero, en Barcelona, que es donde mejor se pueden organizar las cuestiones obreras, donde, gracias a la Federación, más facilidades he de obtener; pero esta idea la he tomado de los Bancos populares de Crédito que, fundados por Schulze-Delitzsch, funcionan en Alemania desde mediados del siglo pasado y que son una de las mejores cosas hechas para los obreros. Ahora, que yo me limito a aplicar esta idea a las obreras, pues aquí, mal o bien, los obreros, gracias a sus sindicatos, se van defendiendo, mientras que las obreras se encuentran indefensas ante la explotación.

—¿En qué consiste ese Banco?

—Es algo sencillísimo. Verá usted: tarde o temprano no hay obrera que no recurra al usurero, o por lo menos, al Monte de Piedad. Esto significa la ruina para siempre. Del usurero huelga decir nada; el Monte de Piedad ya se sabe lo que es para los pobres: nunca llegar a sacar lo que metieron; pues bien, el Banco de Crédito, tal como funciona en Alemania, suprime de un golpe todo esto: les hace a los obreros —en mi proyecto, a las obreras— usureras de sí mismas, las convierte en sus propias banqueras.

—¿Cómo esto?

—Facilísimamente. Forma parte del Banco toda obrera, sindicada o no, que paga una cuota de entrada de tres pesetas (en Alemania, 3,75 marcos) y una cuota mensual de 0,25. Estas cantidades constituyen el fondo social, cuyos intereses se van siempre acumulando. En cuanto la obrera tiene impuestas 50 pesetas (en Alemania, 60 marcos; pero, dados los salarios de aquí, he querido hacer la suma más accesible) es accionista, y puede, siempre que quiere, pedir un préstamo, aun muy superior a su acción, o a sus acciones. Para este préstamo ha de pagar un interés anual de 8 por 100. A primera vista parece demasiado, ¿verdad? Pero es que este interés, yendo a aumentar el capital, le es devuelto, en forma de dividendos, que se reparten a fin de año entre todas las accionistas. Y así las obreras no solo están libres del usurero o de quedarse sin camisa, sino que se convierten en sus propias banqueras. La única garantía exigida es la honradez en el trabajo. ¿Qué le parece?

—Me parece que esta es una de las pocas obras verdaderamente filantrópicas que existen.

—¡Como que en Alemania da unos resultados admirables! Y yo no he de parar hasta fundar el Banco; lo fundo, ¡aunque sea con 2000 pesetas! Pero me han de ayudar. Tengo promesa formal de varias personas pudientes que, entusiasmadas por mi idea, me han prometido, sin interés alguno, sumas importantes para engrosar el capital primero. Ya he dado, acerca de esto, conferencias en Manresa, Tarrasa, Sabadell y San Andrés de Palomar, ¡y no sabe usted con qué entusiasmo las obreras acogen el proyecto! Las de nuestra Junta me prestan además el apoyo de toda su influencia.

—¿Las de su Junta…? —preguntamos intrigados.

—Sí; en nuestra Federación, las obreras presidentas de los Sindicatos son, por derecho natural, vocales de la Junta Protectora. Tienen voz y voto, y sus indicaciones son siempre preferentemente escuchadas. Aparte de esto, ellas, en sus Sindicatos, arreglan sus asuntos como mejor les conviene. La Junta no se ocupa más que de las escuelas profesionales, de la Bolsa de Trabajo, etc. Ya son, en Barcelona solo, 1200 las obreras de la Federación, y ya hemos obtenido que muchos fabricantes y establecimientos importantes —entre ellos El Siglo, que tantas obreras emplea— se atengan a nucstras advertencias respecto a la disminución de las horas y el aumento de salarios. En cuanto nuestra Federación se extendiera y generalizara por España, se habría acabado la explotación del trabajo de la mujer. Pero el Banco es independiente de esto, y, así como yo no consentiría que para los préstamos se ocupara uno de cuestiones de religión o de partido, no se ocuparía uno tampoco de si la obrera formaba parte de la Federación o no. Sí, sí, mejor para ella y nada más.

Otro día hablaremos detenidamente de esa grandiosa obra de la Federación Sindical de Obreras de Barcelona. Por hoy, contentémonos con exponer este proyecto del Banco de Crédito para obreras, obra que ayudaría poderosamente a la elevación material de la obrera española, y por la cual lucha y trabaja una mujer que, por su posición, se encuentra alejada de los problemas sociales; pero que sabe que no hay obra más útil, frente a tanta obra ñoña de proselitismo estrecho, que la que consiste en redimir de la explotación a las obreras, sin ocuparse de si estas obreras piensan o no conforme piensa ella.

[«La vida y las mujeres. Doña Regina L. de O'Neill y la Federación sindical de obreras de Barcelona», *El Día*, Madrid, 27 de febrero de 1918, p. 3.]

MARÍA DE MAEZTU

Como queremos cumplir nuestra promesa hecha a María de Maeztu, espero al hablar de ella, en particular, no dar al relato de nuestra entrevista el carácter acostumbrado de las interviús más o menos ligeras y más o menos de bombo; nos contentaremos con transcribir lo más fielmente posible las ideas que tuvo la bondad de exponernos acerca del devenir intelectual de la mujer española.

Todo el que aquí viva en comunidad espiritual —por lejana y superficial que esta sea— con el ambiente que vibra en su derredor ha de sentir fatalmente lo que pudiéramos llamar el florecimiento intelectual que nuestras mujeres, mejor dicho, nuestras muchachas, experimentan en la actualidad. Empezó este movimiento hace unos diez o quince años; hoy su desarrollo es ya bastante amplio para poder ser concretado y definido en sus orígenes y resultados; adquiridos o probables. Era, pues, altamente interesante el saber lo que acerca de este movimiento pensaba una mujer que, como María de Maeztu, no solo ha contribuido activamente a fomentarlo, sino que hoy, por su situación de directora del grupo de señoritas de la Residencia de Estudiantes, se encuentra como ninguna en posición de engrandecimiento y de conocer sus orientaciones.

—Lo que primero hay que exponer —nos dice en seguida—, porque es nuestro factor más importante, es la materia con que contamos para el desarrollo intelectual femenino en España, esta materia de la mujer española que es única en el mundo. Sí —afirma enérgicamente nuestra interlocutora—, única: no me cansaré nunca de repetirlo. Y ya que soy yo, por mis orígenes, medio inglesa, lo puedo decir con más fuerza que otras: la mujer española que nos ocupa, es decir, la muchacha que estudia, la muchacha de la clase media modesta, es mil veces superior a la mujer inglesa, francesa, alemana y norteamericana. No es apología; hablo tan solo por el resultado de mi experiencia, una experiencia directa, insustituible, que dimana de mi continuada convivencia desde hace tres años con setenta muchachas de dieciocho a veinticinco años, es decir, de la edad en que más fuertemente se afirman las virtudes o las frivolidades. Pues bien, yo, que he viajado bastante, que he convivido con mujeres estudiantes de otros países antes de estar aquí viviendo con ellas, no podía imaginarme siquiera la cantidad de virtudes, la fuerza de resistencia, la entereza, en una palabra, de nuestras muchachas. Con esta materia se puede llegar a todo.

—Entonces, ¿usted cree que respecto al desarrollo intelectual femenino podemos aspirar a tanto como Francia, Alemania, Norteamérica o Inglaterra?

—A muchísimo más. Le repito y le afirmo que ningún país cuenta con una materia tan hermosa, tan estupenda como la que contamos con nuestras muchachas de la clase media modesta, muy modesta. La sociedad rica viene a ser la misma en todas partes; la mujer del pueblo, trabajadora también, es desde siempre en sus trabajos, poco más o menos, igual al hombre. Pero nuestras muchachas, estas chicas humildes que, a la fuerza de sacrificios, ¡y qué sacrificios!, quieren elevarse intelectualmente, oponen a todo una cantidad de virtudes únicas en el mundo. Ningún país, ni en Europa ni en América, cuenta para su progreso con un factor tan admirable.

— ¿Será acaso porque estas muchachas españolas se encuentran frente a problemas ya resueltos para las de los otros países?

—Indudablemente, en ello participa mucho esa condición a que han sido relegadas hasta hace poco. Esa sumisión al padre y al hermano, esa pasividad que yo siempre he aborrecido tanto les ha ido dando, siglo tras siglo, una entereza moral, una serenidad interior gracias a las cuales, hoy que les ha llegado el turno de tener conciencia de sí mismas y de afirmarse, son un pedazo intacto de la raza con toda su entereza y, lo repito una vez más, todas sus virtudes. Cuando algún hombre me dice: «Entonces, ¿usted cree que podrían ir al Congreso; que podrían desempeñar cargos?», «¡Ya lo creo!», respondo yo. Si aquí lo corrompido son ustedes, ustedes, estropeados por una vida pública y política sin sentido y sin ideales. ¡Pero ellas! ¡Estas muchachas capaces de todos los sacrificios, como yo lo he visto y lo veo todos los días! A ellas les pueden ustedes confiar cualquier cosa, cualquier cargo. Se entregan demasiado a su deber para no cumplirlo como nadie.

—Entonces, ¿usted cree que la mujer puede intelectualmente aspirar a cuanto aspira el hombre?

—Esta ya es otra cosa. Hace unos años, cuando yo escribía, daba conferencias y enseñaba, pero no tan directamente como ahora, yo le hubiera contestado sin vacilar: sí. ¿Por qué razón no iba una mujer a poder ser inventora o filósofa? Ahora, ya adquirida esta experiencia directa, digo: ¿quién sabe? Probablemente no. Y esto no contradice mis afirmaciones anteriores: tenemos en nuestras muchachas de la clase media modesta una materia única para realizar todo cuanto se pueda realizar de grande; pero, por su misma condición de mujer, por razones fisiológicas universales e invariables, esta materia se ha de encontrar siempre, para las empresas magnas, en un plano inferior. La vida afectiva de la mujer la absorbe demasiado para permitirle ciertas creaciones en que el hombre se olvida de todo, salvo de su creación. Un sabio, un gran artista, podrá dar a su vida afectiva una violencia que no le dará una mujer: es una violencia de instantes; pasados estos instantes, podrá ser únicamente sabio o inventor. Mientras que, para la mujer, la vida afectiva lo llena todo; en todos sus instantes, una mujer quiere igualmente a su marido y a sus hijos, y esto, naturalmente, ha de restar a sus trabajos cierta dosis necesaria de actividad.

—Y considerando el problema de un modo más inmediato, más práctico, si se quiere, estas muchachas que hoy trabajan para su beneficio propio, pero también con vistas a un beneficio general ¿usted cree que el día de mañana, obtenida la realización de su vida afectiva, se circunscribirían a ella?

—Yo creo que no. Quizás sea excesivamente optimista; pero el optimismo es una condición *sine qua non* de los educadores. Primero que, por su condición modesta, estas muchachas se casan generalmente con hombres de condición igualmente modesta; intelectuales que, además del beneficio económico o que reporta al hogar la actividad espiritual de la mujer, aprendan en esta actividad su fuerza de elevación. Segundo que, en cuanto a las internas de la Residencia se refiere, yo no me canso de mostrarles continuamente la deuda que, por su propia cultura, han contraído con la cultura en general. «Aun suponiendo —les digo incesantemente— que hayáis venido a la Ciencia con el único propósito de una liberación económica inmediata, tenéis el deber, ya que os beneficiáis de la Ciencia, de pagarle estos beneficios.» Y, créame usted, en educación, el ejemplo directo y la enseñanza directa lo hacen todo; ellas ven que yo, que soy profesora, en lugar de trabajar en cualquier escuela superior tres horas diarias, trabajo aquí, por el mismo sueldo, doce, catorce y dieciséis horas. No necesito decírselo: para cualquier muchacha de sensibilidad mediana el ejemplo fructifica solo. ¿Muchachas que, una vez encontrado el marido que las mantenga, se olviden de su actividad intelectual? Estas no pueden ser más que aquellas que, usando de la ciencia, no participaban de ella. De aquí varias se han casado y ninguna abandonó por ello su carrera; y ahí está el mérito de los directores y profesores: enseñarles el camino, hacerles ver los modos posibles de su perfeccionamiento. La ciencia verdadera, no la superficial o de segunda mano, no puede ser nunca únicamente un medio de ganarse la vida: es una aspiración continua y una necesidad. Y esté usted segura de que, si hasta ahora las mujeres españolas no prosiguieron su desarrollo intelectual, la culpa no fue de ellas, sino de los métodos de enseñanza y de sus profesores.

—¿Y usted cree que hay hoy muchos ejemplos directos como el de usted?

—No hablemos de mí —contesta María de Maeztu—, hablemos de la Residencia.

—La Residencia, en la parte que nos ocupa —interrumpimos nosotros—, es usted.

—No, no; hay la Junta, hay… Bueno, claro es que a mí me dejan en entera libertad y que hago lo que quiero. Salvo pedir dinero —añade sonriendo—, porque ¿a qué lo voy a pedir si sé que no lo hay? Y mire otro ejemplo de lo que valen estas muchachas. En un principio aquí no había ni muebles. Se dijo: el 1.º de octubre de 1915 inauguramos, y el 1.º de octubre no estaba aún nada preparado, pero yo estaba aquí y aquí estaban las primeras internas. Pues bien: a esas muchachas a quienes yo ni siquiera conocía, que no tenían ningún motivo para apreciarme, pues yo aún no había hecho nada por ellas, no les había aún dado este pobre caudal de mis ideas, que es lo único que pueden agradecerme luego, a estas muchachas yo les he pedido desde el primer día toda clase de sacrificios materiales, y usted no sabe con qué entusiasmo, con qué buena voluntad no solo me han ayudado, sino que hasta me han animado. Todas diciéndome: «No se apure por nosotras; lo que usted quiera, lo que se pueda», y dormían en la sala de cualquier modo. Luego tuve aún a veces ciertas dificultades materiales: aquí vivimos como una gran familia; las enteraba de ellas y en seguida, sin vacilar: «Pues nos arreglaremos como podamos». Créame, esto no existe más que aquí, en España. Fíjese que esto no es un colegio, que estas internas vienen a vivir a la Residencia poco más o menos que como a una fonda, mientras siguen sus cursos en la Universidad, la Facultad de Medicina, la Escuela Superior del Magisterio, etc. Yo, aparte, claro está, de cierta dirección moral, no debo hacer más que guiarlas en sus estudios. Pues, si a veces veo en ellas algo que me disgusta, se lo digo, y ahí tiene usted a esa muchacha que me escucha, promete corregirse con una entrega de todo su ser verdaderamente emocionante. Otras me dirían: «Bueno, ¿y usted qué se ha creído? Yo no estoy para sermones». Son admirables, no puedo dejar de repetirlo.

—Y volviendo a nuestra pregunta: ¿cree usted que la obra que usted realiza será secundada por otras?

—Yo, al menos, procuro que esta obra prosiga su desarrollo aun fuera de mí. En España, todos somos un poco Felipe II; yo trabajo para que, si mañana me coge, por ejemplo, un automóvil, la obra no sufra por ello. Ahora que, respecto a obras similares, ¡como aquí tenemos el defecto de copiar del extranjero! Y para la cultura de la mujer, como para todo, hay que tener en cuenta, antes que el ejemplo de otro país, las condiciones de nuestra raza y de nuestro ambiente.

—Una última pregunta: estas muchachas venidas a Madrid con el fin de seguir una carrera, antes de abandonar su familia y su pueblo, ¿no tuvieron que luchar?

—Relativamente, poco o nada. Eso hace quince años, cuando yo empecé. Pero ya van comprendiendo los padres españoles que no hay derecho a sacrificarse por los estudios de los hijos y a dejar a las hijas, cuando no tienen fortuna, completamente desamparadas en la vida. Yo veo esto una injusticia flagrante que ya no existe en el extranjero, y que aquí también tiende a desaparecer. Aquí, de las setenta internas, diez de ellas disfrutan de cierta holgura económica; las otras cursan sus carreras a costa de inmensos sacrificios, lo mismo que sus hermanos; sus padres han comprendido que tanto como estos lo han de necesitar.

María de Maeztu no quiere que se hable de ella: le manifestaremos, pues, únicamente nuestro sincero agradecimiento por la exposición de sus valiosas opiniones.

———
[«La vida y las mujeres. Una conversación con María de Maeztu», *El Día*, Madrid, 2 de abril de 1918, p. 3.]

SEÑORA DE LLURIA

Es inútil presentar a nuestros lectores, aun con breves frases, a la que fue marquesa de Ayerbe y es hoy señora de Lluria. Frecuentemente, la prensa española se ha ocupado de esta mujer que, perteneciendo a la sociedad más aristocrática, dedica todos sus afanes a las cuestiones sociales y feministas. Ahora hace precisamente pocos días, en una carta que enviaron a varios diarios de la corte, el doctor y la señora de Lluria manifestaban haberse separado definitivamente de la Casa del Pueblo; sin embargo, sabemos que sus ideas socialistas no han variado. ¿Cuáles fueron entonces los móviles que les impulsaron a separarse tan ostensiblemente de una agrupación de la que habían entrado a formar parte con tanta resonancia?

Sonriéndonos desde el fondo de un gran butacón rojo que hace resaltar la espléndida hermosura de su figura, toda vestida de blanco, la señora de Lluria, un poco triste, nos responde:

—La cosa es muy sencilla; me salí del partido porque se salió mi marido, así como había entrado yo porque entró él. Vivimos muy unidos y completamente identificados.

—Bueno, pero ¿alguna causa habrá habido para que así, tan de repente…?

La señora de Lluria nos interrumpe:

—No, de repente, no; nada de eso. Y hacía tiempo que deseábamos hacerlo. En agosto del año pasado estábamos a punto de realizarlo, cuando estalló la huelga. Allí, en nuestro castillo de Galicia, la Guardia Civil, so pretexto de que debíamos tener oculto a un señor que luego apareció en Bilbao, nos vinieron a dar el rato. Un rato largo y nada agradable. Sabían que éramos socialistas y que estábamos afiliados a la Casa del Pueblo. ¡Qué sé yo lo que se creyeron de nosotros! Y separarse entonces podía haber pasado por miedo, por eso seguimos unos meses más.

—Pero —insistimos— ¿por qué deseaban separarse de la Casa del Pueblo?

—Pues porque era inútil que formásemos parte de ella. Yo, por ejemplo, al entrar, y usted no sabe con qué entusiasmo, no entré, ni mucho menos, por hacer algo «sonado», sino porque creía que de este modo podría ser más útil. Mi deseo era reconciliar a la señora con la obrera. Aquí, las señoras se creen que un socialista es una especie de bandido, que no sabe más que echar bombas, y cuyo único objeto es prender fuego a todas las iglesias; las obreras, a su vez, y a menudo con razón, tienen recelo de las señoras. Yo quería que desapareciesen estos prejuicios, que las señoras fuesen útiles a las obreras y que las obreras comprendiesen que las señoras podían servirles para libertarlas, para mejorar su situación. Pero pronto hube de convencerme de que aquello es una capillita muy cerrada, más fanática y más cerrada que cualquier agrupación aristocrática. Allí siempre se vio en mí únicamente a «la señora», a la enemiga, de quien se debe desconfiar; y yo creo hoy, más firmemente que nunca, que los problemas obreros no se pueden resolver bien más que por iniciativas de gentes cultas y enteradas. Mi marido dice que aquí no se sabe lo que es el socialismo, ni lo que es el feminismo, y mire usted que todos los ingenieros extranjeros que vienen a España dicen que no hay obrero tan inteligente como el español, y yo le aseguro a usted que no hay mujer que valga lo que vale la española. Pero nos falta el espíritu de asociación, y por eso, cuando termine la guerra, las mujeres españolas estaremos a la cola.

—Y el problema feminista —interrumpe el señor Lluria, que acaba de penetrar en la estancia— no es más que un problema económico.

—Mi marido es aún más feminista que yo —dice, riéndose, la señora de Lluria—. Y él cree que, para redimir a la mujer de la situación tan inferior en que se encuentra en España, no hay más que redimirla económicamente.

—A usted, ¿qué mujer le preocupa más, la obrera o la de la clase media?

—La de la clase media, porque está más esclavizada. La mujer que trae un jornal a casa es siempre más libre que la que no sabe cómo ganarse el pan. Pero aquí todavía son muchos los que creen que una mujer no puede ocupar su espíritu y ser buena madre. Yo siempre he trabajado intelectualmente, y eso no me ha privado de educar yo misma a mis cincos hijos, y de ocuparme después de mi casa. Pero lo más triste aquí, en España, es la señorita de la clase media, que está obligada a casarse sea como sea para vivir.

—Luego —dice el señor—, en un país en que no hay divorcio, el hombre tiene la culpa de todo lo que haga la mujer, y es muy raro, es rarísimo, el caso de una mujer que se haya casado por cariño y que tenga un marido que sepa guiarla y comprenderla, y que a pesar de esto falte a sus deberes.

—Y luego —añade la señora de Lluria—, cuando ocurre alguna desgracia, son las mujeres, ellas mismas, las que se indignan contra la mujer. Pero si en un país sin divorcio la mujer tiene derecho a todo. Yo sé, y en la más alta sociedad, de casos verdaderamente monstruosos por parte del marido, que se las da de guapo. Y la mujer lo tiene que sufrir todo, incluso que la dejen sin un céntimo, y tiene que cuidar todavía, si por fin se separa, de que con alguna calumnia no le arrebaten a sus hijos. A las alumnas del Centro Iberoamericano siempre les decía yo: «Por Dios, no consideren el matrimonio como la única carrera posible. Sepan ser independientes sin necesidad del matrimonio».

—¿Cómo fundó usted el Centro?

—Aquí había una Sociedad Iberoamericana que me ofreció ser presidenta de un grupo femenino. Pronto vi que al aceptar este cargo me había equivocado completamente. Yo quería que el grupo fuese, sobre todo, de cultura femenina, mientras que los de la Sociedad pensaban, ante todo, en fiestas y en diversiones. Dimití y tuve la suerte de que la Junta en pleno se viniese conmigo, y entonces, ayudada por estas señoras, creé el Centro Iberoamericano de Cultura Popular Femenina. Al morir mi tío, el marqués de la Vega de Armijo, que fue quien me educó y a quien debo todas mis aficiones de estudio y muchas de mis ideas, legó al Centro su biblioteca. Y nadie podrá imaginarse la abnegación del profesorado, de todas esas mujeres acudiendo diariamente a dar clase, sin remuneración alguna. Solo con esas profesoras puede verse lo que vale la mujer española y de cuánto es capaz.

—Entonces, ¿usted cree en el porvenir del feminismo español?

—¡Ya lo creo! Mire, solo este Centro no se figura uno qué resultados más hermosos ha dado; son ya muchas las muchachas de la clase media que, gracias a él, saben ser independientes. Muchas veces me ha ocurrido estar en un hotel, dar mi nombre, y ver adelantarse hacia mí a la tenedora de libros o la mecanógrafa o alguna empleada cualquiera, y decirme: «¡Señora de Lluria, yo salgo de su Escuela!». Eso es para mí una alegría inmensa. Luego, sobre el modelo de este Centro, se fundó la Escuela del Hogar.

—Y usted, ahora, ¿qué piensa hacer?

—No lo sé. Vengo del campo, en donde he estado ocho años, y por muy buenos propósitos que haga una en el campo, se adormila una. Tengo primero que volver a entrar en contacto con la vida civilizada. No se ría, es exacto. Luego estaré a la disposición de quien necesite de mí para cualquier obra que esté de acuerdo con mis ideas. Estoy, desde luego, dispuesta a hacer algo, sobre todo, algo en pro de la mujer. ¡Si pudiera crearse en España un Consejo Nacional de Mujeres igual que en Francia, que en Inglaterra, que en la Argentina o que en los Estados Unidos! Así se resolvería pronto la emancipación económica de la mujer. Pero yo creo que para eso necesitaríamos algún impulso de fuera, algo que moviese estas energías latentes que no sabemos utilizar. Yo creo que lo que repugna en España del feminismo es lo que tiene de anglosajón y que es absolutamente opuesto al carácter de la mujer latina. Por eso, para el progreso feminista de España, yo cuento sobre todo con el feminismo tal como se va desarrollando y dulcificando en Italia, en Portugal, en Francia, sobre todo, en donde tantos progresos ha hecho desde la guerra.

—Y ¿no teme usted que, recibiendo el impulso de fuera, el feminismo no se convierta en arma de propaganda política, que al menos muchos lo tomen así?

—Todo eso acaba con la guerra, créame. El feminismo, que fue anglosajón en sus principios, se ha hecho latino al llegar a Francia. Yo cuento también con Italia, con Portugal; aquí no nos ocupamos bastante de Portugal, en donde hay grandes deseos de abrir paso al progreso. Y yo creo que un feminismo latino tiene necesariamente que llegar a ser el nuestro. Y mejor si el impulso puede salir de España misma. Yo, por mi parte, estoy dispuesta a hacer cuanto pueda para ello.

La conversación prosigue, inteligente y delicada, en ese ambiente de hogar en que el marido y la mujer sienten y piensan lo mismo, con los mismos deseos, uno para el otro, de elevación intelectual.

———

[«La vida y las mujeres. Una conversación con la señora de Lluria», *El Día*, Madrid, 22 de julio de 1918, p. 1.]

TRINIDAD ARROYO DE MÁRQUEZ

¿Quién negará que doña Trinidad Arroyo de Márquez sea hoy una de las personalidades femeninas más interesantes y sugestivas de España? Sin vanas agitaciones, sin estrépito, tranquilamente, con una audacia y una tenacidad extraordinarias, consiguió, hace ya cerca de veinte años, una cosa que parecía a muchos un absurdo y a todos un imposible: obtener el título de doctora en Medicina. Hoy día es aún la única doctora dedicada a la especialidad como oculista que tenemos en España, y una de las muy pocas que hay por el mundo; pero… ¡entonces! ¿Os figuráis, en la España de veinticinco años atrás, y en la España provinciana, por ende, a esa muchacha que estudiaba «como un hombre»? Ningún discurso, ningún acto puede tener más transcendencia para los profesos de la causa feminista que el ejemplo de la doctora Arroyo de Márquez, tan sabia, tan modesta, tan enérgica y que, siendo un gran nombre en la ciencia, quiere aparecer ante todo como una mujer de su hogar, como una «buena esposa».

Son las ocho de la tarde; acaba de irse el último paciente.

En la penumbra de la sala, amplia y fresca, la doctora, con su traje claro de verano, con su figura gentil y extraordinariamente joven, con el brillo de su risa franca y honrada, parece una burguesa recién casada, dispuesta a hacernos los honores de su casa. Y casi se nos antoja una incoherencia el celebrar con ella una interviú, una interviú «seria».

¡Qué lejos estamos de las doctoras con traje masculino y gafas azules, pesadilla ingenua de los que no ven a la mujer más que haciendo calceta!

—Empecemos por el principio. ¿Cómo se le ocurrió a usted estudiar?

—Pues no lo sé. Cuando yo era pequeña, oí un día alabar entusiastamente a un chico que había obtenido no sé cuántos premios en su carrera; toda mi familia, todos los amigos de mi casa hablaban de aquel chico. «Bueno, ¿y qué ha hecho ese chico para causar tanto asombro?», decía yo. «Estudiar mucho», contestaban mis padres. «Pues eso lo hago yo también.» «¿Tú ibas a ser capaz de estudiar así?» Y se reían. Y que no lo haces, y que ¡por qué has de hacerlo…! Y yo, que tengo mucho amor propio. Y así fue. Y empecé a estudiar en el Instituto de Palencia.

—¿Como los chicos?

—Como los chicos, y con ellos, claro está.

—¡Armaría usted una revolución!

—Por lo menos, me tomaban por algo raro. Y, además, todo el mundo creía que iba a perder la delicadeza femenina. Ahora, que a mí no me preocupaba en lo más mínimo esa opinión sin fundamento.

—Pero ¿tendría usted dificultades, aunque no fuese más que por parte de sus condiscípulos…?

—De todo había. Pero yo soy muy tenaz y muy serena. Ahora, que dificultades oficiales, muchas. Es más, cuando hube terminado el bachillerato, no querían que estudiase carrera universitaria. Pero yo no desmayé. ¿Por qué no podría yo llegar hasta doctorarme, lo mismo que mis condiscípulos, si lo mismo había de poder practicar? Hasta que, por fin, D. José Canalejas dio un decreto especial para mí.

—Y usted ¿no se azoró nunca en sus exámenes?

—Azorarme, no precisamente. Pero en el doctorado pasé mal rato. Tanto más cuanto que el Tribunal me amontonó todas las dificultades posibles. Pero, por fin, me dieron sobresaliente, y por unanimidad.

Y la doctora sonríe al decir esto, como si no tuviese importancia.

—¿Le gusta su profesión?

—Enormemente. Cada día más. Yo ahora ejerzo únicamente por gusto, porque ¿habrá algo más a propósito para una mujer que el curar los ojos, con la paciencia y la delicadeza que hacen falta para esto?

—Y usted curó también en el Asilo de Vallehermoso, ¿verdad?

La sonrisa, que hasta ahora iluminaba las palabras de nuestra interlocutora, desaparece bruscamente. Y su misma voz cambia para decirnos:

—No me hable usted de Vallehermoso. Es un asunto muy desagradable… Usted no sabe lo que yo llevo allí sufrido…

—Usted perdone —replicamos nosotros—. Yo lo sé muy bien, y porque yo también llevo allí sufrido mucho, quiero que hablemos hoy de eso.

—Es que no se puede decir; no hay palabras. Y luego, los que habrán de secundar nuestra labor desinteresada…

—Sí —interrumpimos nosotros—; luego la dejan a una sola. También lo sé, porque yo, el día que fui con los señores de la Junta a comprobar los hechos por mí denunciados, me encontré con que las mismas monjas que la víspera me demostraban esos hechos, clamando contra cielo y tierra, tuvieron la… pongamos tranquilidad de negarlos y de decir que ellas no habían dicho nada; que, al contrario, estaban agradecidísimas a la Junta por lo que hacía. Y verdad es que lo pueden estar; lo único que allí está decente, y en lo único que hasta ahora la nueva Junta ha empleado dinero, ha sido en arreglar admirablemente el pabellón de las hermanas.

—Eso no estaría mal —dice la doctora—: antes merece aplauso, pero siempre que la mejora fuese acompañada de otras que la salud de los niños exige imperiosamente, y, entre ellas, como la más urgente, la de que haya un lecho para cada niño y no tengan que dormir dos o más en uno, como ocurre a veces.

—En efecto, y para demostrármelo, una de las hermanas interrogó ante mí a las celadoras de los dormitorios. Al día siguiente lo negó, y, por si acaso no lo negaba, uno de los señores de la Junta dijo antes que esa monja estaba tísica (¿?) histérica, y qué sé yo, y que no se le podía dar crédito. Luego, el hijo de ese señor, que es médico de allí, y que fue el gran testigo que me presentaron, me dijo que «todo lo más» dormirían dos a dos unos cuarenta niños. Como también dijo primero que allí no había tuberculosos ni sifilíticos, y luego que los que había no eran de contagio. Y esto, cuando yo misma había visto niños con las úlceras de la sífilis, niños que, según palabras de la hermana enfermera, tenían el pus que se caía a veces hasta el suelo. Y por eso, doctora, porque antes creía que es que no había recursos, etc., y porque ahora estoy convencida de que Vallehermoso es una vergüenza para todos los que en ello intervienen, y porque es un cargo de conciencia callar lo que se debe decir, se lo ruego a usted me hable de Vallehermoso con toda sinceridad y con todo valor.

—Por mi parte —contesta sin vacilar la doctora— voy a decirle a usted lo más importante en que yo he intervenido. Ante todo, debo decir a usted que yo fui solicitada y creí un deber de humanidad el acceder a lo que tan amablemente se me pedía por el entonces gobernador civil Sr. Roselló, que nos honraba con su confianza como cliente. Lo hice, además, con entusiasmo —y, desde luego, desinteresadamente—, con la idea de prestar un servicio a los pobres niños…, pues de esto se trataba, según el Sr. Roselló: de acabar con una epidemia de afección ocular contagiosa que invadía a un gran número de la población asilada en el Asilo de Vallehermoso. Al efecto, al día siguiente, hicimos una visita el señor gobernador, mi esposo y yo, y, a decir verdad, la impresión que nos hizo no pudo ser más desastrosa. Muchos niños que visiblemente tenían marcada en su cara las huellas del mal, y otros muchos que no lo parecían, tenían unos tracoma y otros conjuntivitis llamadas foliculares que, si no tan graves como la primera, son de importancia, sin embargo, por su contagiosidad y por las molestias que originan. De paso, observamos ya otras cuantas cosas: los escasos lavabos existentes no funcionaban; no existían toallas más que en la proporción de ¡una por cada diez niños!, ocurriendo eso mismo con los vasos metálicos usados para beber aguar; el número de asilados era, desde luego, muy superior al número de camas, lo que obligaba —como antes he dicho— a que durmiesen dos en cada una, sin hacer selección, desde luego, entre sanos y enfermos; las condiciones higiénicas, en suma, eran deplorables, y la promiscuidad facilitaba, como es de suponer, la transmisión de unos a otros de toda clase de infecciones. ¡Ah!, se me olvidaba un dato importantísimo: el enfermero y el chico encargado de arreglar las camas de los niños ¡eran tracomatosos! No sin grandes esfuerzos, pues los directores se oponían, pude lograr que salieran de allí, pues me alegaban la, para ellos, razón de que habían sido contagiados en el establecimiento.

—Por eso, sin duda —interrumpimos nosotras—, todavía duerme allí, en el dormitorio en que duermen las niñas que entran sanas, una celadora con los ojos enfermos.

—En fin, posteriormente, y a costa de muchos esfuerzos, conseguí, de acuerdo con un arquitecto cuyo nombre siento no recordar, que se hiciese el pabellón oftálmico que usted conoce, y que está bastante bien acondicionado, con la salida de consulta en que se hacen actualmente las curas… Y empezó mi labor por lo más urgente: curar los ojos. En poco tiempo, los niños mejoraron bastante, a pesar de la resistencia pasiva con que, lejos de ayudarme, se me dificultaba mi labor. A las niñas no se las obligaba a bajar a la cura, y así se dio alguna vez el lamentable espectáculo —presenciado por algún individuo de la Junta— de presentárseme una enferma ¡por primera vez y con la córnea ya perforada! Lo cual indicaba que durante días o semanas antes existía allí un proceso que había pasado, cuando menos, inadvertido.

—¿Cómo se le presentaban a usted los niños?

—Muy sucios, sin moquero, y esto hube de decirlo en un pleno ante las señoras de la Junta, las cuales enviaron inmediatamente muchas docenas de pañuelos…; pero que a la segunda semana habían desaparecido, puesto que ya los niños volvían sin ellos.

—¿Cómo eso?

—No lo sé. Solo sé que ya no había que lavarlos ni plancharlos… Me quejé, y empecé a comprender que yo allí molestaba…, recibí anónimos groseros, etc. Y ¿a qué seguir? Poco a poco fui desilusionándome, pues yo había ido allí con la idea de terminar con la enfermedad, curando a los enfermos y evitando que los sanos la padeciesen: pero recaían de nuevo algunos y los sanos se contagiaban de los otros. Mi labor, por otra parte, materialmente penosa, pues, dada la distancia y los muchos enfermos, y aun ayudada por el practicante de mi marido, D. Antonio Gallego, me distraía mucho tiempo, dos o tres horas diarias…

—Advierto a usted —interrumpe el doctor Márquez, que ha penetrado hace un rato en la estancia y que asentía por gesto a las palabras de su esposa— que mi mujer se ha negado siempre a asistir a domicilio a los enfermos de posición que reclamaban su asistencia retribuida, y comprenderá usted mejor el mérito de su acción. Y agregue usted además que, por ejercer el trabajo casi a la intemperie, adquirió una ciática que la imposibilitó para asistir durante algún tiempo.

—Bueno, eso no importa —dice ella—, eso era lo de menos; lo peor era no poder lograr el propósito antes dicho… Y en esto que, habiendo dejado de ser gobernador el Sr. Roselló, y ocupando este cargo D. Abilio Calderón, este, que tomó también con gran interés los asuntos de Vallehermoso, hubo de girar una visita a este establecimiento, y, enterado de la labor verdaderamente agobiante que yo realizaba, determinó nombrar dos médicos auxiliares, retribuidos como era justo —aunque yo nunca lo estuve, pues fue esta mi primera condición— para que turnasen en dicho servicio (pues para ambos había labor), dejándome a mí como inspectora del servicio oftalmológico. Yo agradecí que se me relevase de la obligación que me había impuesto, y que, repito, me iba resultando ya penosa, no tanto por el trabajo material, sino porque llegué a convencerme de que, mientras las condiciones higiénicas y de asistencia de los asilados no cambiasen, no se podría agotar la epidemia, como era mi ideal… Por otra parte, los médicos nombrados eran aptos y celosos, constándome que continuaban mi labor, aunque sospecho que también los mismos «obstáculos tradicionales», los mismos «intereses creados» entorpecerán su gestión haciendo que esta, aunque desde luego útil, no sea todo lo eficaz que debiera ser. En fin, ¿quiere usted que hablemos de otra cosa?

—Sí —interrumpe de nuevo el doctor—, aunque no sin que yo haga notar la siguiente circunstancia: que mi mujer ha estado durante nueve meses ejecutando una labor altruista y humanitaria, y que, aunque nosotros no nos pagamos de estas cosas, pues nos basta la satisfacción interior de haber obrado bien, parece que se inició la idea de un álbum que, según nos dijeron varias personalidades que en él habían firmado, estaba destinado a mostrar la gratitud por la obra realizada. Ahora bien: dicho álbum ignoramos por qué motivos no ha llegado a las manos de mi mujer. Y quién sabe —añade riéndose— si todavía habrá quien quiera exigirle alguna responsabilidad… En fin, lo que yo le digo, repitiendo la frase conocida: ¿querías tener la satisfacción de hacer el bien, y además la de que te lo agradecieran? Esto ya es demasiado.

—A menos que la dejasen hacer el bien, según sus deseos —contestamos nosotros.

Hablamos aún mucho de este triste caso. Nosotros, después de la escena que tuvimos que sostener el otro día, no sabemos cómo expresar nuestra admiración por estos dos seres verdaderamente caritativos y superiores, que dicen con serenidad lo que saben y lo que les dicta la conciencia. Y charlando, llegamos al salón, en donde están expuestos los planos de ese sanatorio que pronto han de inaugurar y en el que —me anuncia alegremente la doctora— tendrá ella una clínica para poder curar gratuitamente y en paz a todos los pobres que lo deseen.

[«La vida y las mujeres. Una conversación con la doctora Arroyo de Márquez», *El Día*, Madrid, 26 de julio de 1918, p. 1.]

ARTE Y LITERATURA

UNA OBRA DE LEYENDA: SELMA LAGERLÖF

Estos días, desde la Nochebuena hasta Reyes, son días de leyenda; días —los únicos días del año— en que la leyenda está en todo, en todos los actos y en todos los momentos, y parece dominarlo todo con sus gestos verídicos e irreales. La leyenda, fuerte o ingenua, pero siempre tradicional e inapelable, es, en estos días de misterio y de maravilla, dueña del mundo, y el mundo entero la escucha y se atiene a sus imposiciones; pero, con ser en estos días todas las tierras sus devotas, hay unas tierras que han recibido y guardan preferentemente todas las palabras que la leyenda les dictó: las tierras en que la nieve ahoga los ruidos externos son las fervorosas de los gestos que se transmiten silenciosamente.

La Navidad y los Reyes son fiestas del Norte. El misterio de Belén no se percibe entre el jolgorio de las panderetas, y el cortejo de los Magos, para sentir todo el misterio, iba recogido y callado. Los villancicos que se acompañan con zambombas y con panderos no pueden tener el fervor de los cánticos que —como una oración— suben alrededor del pino iluminado. Las fiestas de estas dos semanas se disfrutan en el Mediodía; pero se sienten solo en las tierras del Norte.

Y es que en el Norte estos días no son un florecimiento de la leyenda; son un recrudecimiento de todas las leyendas que viven todo el año.

La leyenda sencilla y pequeña —no por eso menos maravillosa— es la que compone los cuentos de los niños. [Charles] Perrault, [Hans Christian] Andersen y los hermanos Grimm, al recoger y al idear sus cuentos, dieron vida real a lo que solo tenía vida impalpable; los gestos de sus personajes nos acompañan; pues ¿quién negaría que estos gestos existen?

Junto a la leyenda de fe que domina estos días, giran todas las leyendas del año; así, en las tierras de nieve en que se siente todo el año el poder de las aventuras misteriosas, estos días son como una encarnación de todos los símbolos y de todas las fuerzas.

Cuando todo el mundo, bien resguardado en la casa cubierta de nieve, sentía los pasos de la leyenda que rondaba, nadie se había aún atrevido a hacer de la leyenda una vida compañera de la vida física y material. Los hermanos Grimm, Andersen y Perrault supieron aprisionar ciertos gestos de la leyenda; pero ¿quién aprisionaría todos sus gestos y todas sus palabras? ¿Quién haría, de todas las leyendas de las tierras de nieve, una leyenda única y real, un nuevo misterio que pudiese vibrar junto al sagrado misterio de estos días?

Y fue una mujer la que supo recoger en sus dos manos, para ofrecerlos, ya no tan solo a los pequeños, sino a todos los hombres de su patria, los misterios que, a trozos, incompletos y ya casi perdidos, estos hombres escuchaban.

Para el alma escandinava, Selma Lagerlöf es el valor único: todo el espíritu. Para simbolizar su raza, para presentarla fuerte y completa ante el resto del mundo, no ha intentado crear alegorías. Calladamente, durante años y años, ha escuchado, por todos los rincones de su tierra silenciosa, lo que decían las ramas de los bosques, y los árboles muertos echados a tierra, y el agua helada de los *fjords* [fiordos], y los fuegos de los leñadores, y también lo que dicen los pájaros, que —como todo el mundo sabe— son muchas veces anunciadores de misterios secretos. Durante años y años, con una paciencia incansable y un amor cada día más amplio, Selma Lagerlöf ha ido haciendo su monumento; pues es un monumento esta obra que contiene y ensalza todo el espíritu de un pueblo. Y cuando ha tenido bien presente todas sus leyendas, las ha concretado como un nuevo misterio, y ha escrito *Los lazos invisibles* y *La leyenda de Gösta Berling*. Y, como eran verdaderamente estos pequeños libros la obra madre de toda una raza, adquirieron enseguida tal vida que el ejemplo de su leyenda se puso en práctica; como en los cuentos y en las leyendas maravillosas, el bien al fin tuvo su recompensa, y a Selma Lagerlöf, la humilde institutriz de un pueblecito de Suecia, se le dio —como a un príncipe de las Letras— el Premio Nobel.

En estos días en que el encanto de la leyenda nos subyuga, no se puede pensar en ninguna obra que no parezca artificial, demasiado falsa o demasiado verdadera. La obra de Selma Lagerlöf es la única que nos puede satisfacer, la única que nos da, con su sabor de fuerza misteriosa, un sentimiento de realidad.

No es real, pero contiene una realidad superior, y, sobre todo, está como ninguna dentro de la realidad de estos días. Ahora sentimos todo que lo que no vemos, lo que no podemos ver ni sentir. Y ahora, en estos días, que para nosotros son únicos, es cuando más presente podemos tener los misterios que en otras tierras son de todo el año. La obra de Selma Lagerlöf, con su leyenda, que contiene todo el espíritu de un pueblo, y por esto, todo el sentimiento de la unidad del mundo, es para nosotros un nuevo pino iluminado: un «árbol de Noel», de una esencia superior, y su leyenda se añade excelsamente a las leyendas que cada uno llevamos en nuestro interior.

[«La vida y las mujeres. Una obra de leyenda: Selma Lagerlöf», *El Día*, Madrid, 2 de enero de 1917, p. 6.]

UNA OBRA DE PIEDAD: SÉVERINE

Entre la multitud de mujeres escritoras que hay actualmente, la que tiene alrededor de su obra la mejor atmósfera —la atmósfera que podríamos llamar más «respetable»— es seguramente Séverine [Caroline Rémy de Guebhard].

No es la de la obra más fuerte, y en Francia mismo la escritora que firma «Jean Bertheroy» [Berthe Jeanne Le Barillier] tiene un valor literario y artístico muchísimo más considerable. Pero ninguna mujer, en ningún país del mundo y en ninguna época, ha hecho una obra tan absolutamente hermosa, es decir, tan pura y tan elevada como Séverine. Literariamente puede ser mediocre, vulgar; y es que la obra de Séverine no es una obra literaria: es una obra «de piedad», y así está aparte y por encima de todas las obras literarias femeninas.

Sin libros que ofrezcan largos trabajos espirituales, sin obras «grandes» que se impongan a la consideración del público, Séverine tiene una de las obras más considerables de la literatura moderna. Periodista, colaboradora o redactora de *Le Figaro*, de *Le Journal*, de *L'Écho de Paris*, de *L'Éclair*, de *Le Gaulois*; conferenciante, habiendo hablado en todos los congresos y todas las reuniones importantes del socialismo de veinte años a esta parte, no hay escritor que haya tenido más influencia directa.

Sin meterse en política —sin caer, sobre todo, en el ridículo del feminismo—, ha hecho progresar, como pocos políticos lo han hecho, el movimiento obrero. Y toda su vida puede resumirse de este modo: una lucha constante, sin tregua, en favor de los humildes y de los postergados.

Así como defendió a Dreyfus, arrostrando valientemente todas las injurias y todas las bajezas que esta defensa comportaba, así ha defendido siempre la causa que le pareció ser la del «Bien». Esta es su divisa: «Hacer el bien, hacer una obra de piedad». Y esto, por encima de cualquier obstáculo y antes de cualquier ideal. Y el convencimiento de su obra es tal, el respeto que impone tiene tal fuerza que sor Cándida, la admirable fundadora de los sanatorios franceses para niños pobres, se dirigió sin vacilar a Séverine para que la ayudase en su obra de misericordia. Bien sabía la religiosa que cumplía su ideal en nombre de Dios, que la escritora revolucionaria se uniría a ella en nombre «de la Piedad». Y la defensora del socialismo y de la enseñanza laica, cuando lanzó sus proclamas, junto con sor Cándida, dijo sencillamente: «Somos dos mujeres que queremos el Bien».

¡Querer el Bien! Nunca ha pensado en otra obra más que en esa; ninguna otra obra le hubiera parecido posible, ni, sobre todo, digna. Su obra no se puede comparar más que a la de [Lev] Tolstói.

En otra esfera, ha sido el mismo ideal: «la Piedad», la piedad que ella misma llamó «el mal bendito de los que son dichosos, al despertar punzante de su conciencia el sentido doloroso que les une a la masa de los miserables y de los que padecen».

La piedad primero y siempre. La piedad que la guio hacia los arrabales de París, que la hizo bajar a las minas para clamar luego en infinidad de artículos y de conferencias el sufrimiento imposible de los que «padecen» la vida, y para exigir —hasta conseguirlo— el alivio que ella veía posible, pero que nadie se cuidaba de realizar; la piedad que la hizo —a ella, librepensadora— escribir la oración fúnebre del cardenal Manning, «el amigo de los pobres»; la piedad, por fin, que la hizo alentar al juez Magnaud cuando todos se reían de la obra «fraternal» que este iniciaba.

Hoy Séverine vive retirada en su propiedad de Pierrefonds, a la que han acudido en busca de consejos todos los que, sin distinción de raza, de religión o de origen, se han preocupado de los humildes y de los pobres. Séverine no puede permanecer inactiva; como tantas otras mujeres de hoy procurará, sin duda, aliviar el dolor físico que, por los heridos, se impone actualmente para las mujeres de las naciones beligerantes, antes que ningún otro problema.

Y precisamente ahora, cuando su obra no puede tener otra eficacia que la del ejemplo, es bueno recordarla; la misma sensación que daba la figura de Tolstói a los que se volvían hacia él cuando los tristes momentos de las agitaciones revolucionarias rusas la da hoy Séverine a los que rememoran su obra. Hoy día, Séverine, la eterna agitadora, es la más alta y la más noble representación de la paz.

[«La vida y las mujeres. Una obra de piedad: Séverine», *El Día*, Madrid, 5 de enero de 1917, p. 4.]

A PROPÓSITO DE *CASA DE MUÑECAS*

Las representaciones en Madrid de *Casa de muñecas* sobrepasan, en mucho, la importancia de un acontecimiento teatral. Lo importante aquí no es que se represente —¡por fin!— la magnífica obra de Ibsen; lo importante es *que se haya podido representar.*

El teatro de Ibsen es, indiscutiblemente, el más trascendental de los tiempos modernos, y es gran lástima —y hasta gran vergüenza— que no esté más divulgado en España; la única obra de Ibsen «corriente» en España son *Los espectros*, y esto porque [José] Tallaví comprendió que podía hacer en ella la creación más portentosa de su arte. Pero, aunque se representaran de un golpe media docena de obras de Ibsen —aun las más atrevidas—, eso no tendría, respecto a nuestra moral y a nuestros sentimientos, la importancia que tiene el que se represente *Casa de muñecas*, y que sea en [el teatro] Eslava donde se represente.

Eslava es precisamente el teatro que podíamos imaginarnos menos ibseniano, menos a propósito para escuchar en él las ideas de Ibsen. Es el teatro que nos figurábamos como el más tranquilo, el más «moral usual», en una palabra, el teatro burgués por excelencia. Eslava y Lara aparecían como el teatro de las niñas casaderas que asisten a los vermús con su mamá y con el novio.

Se escucha una función en donde todo acaba bien y en donde la virtud es infaliblemente recompensada, y, si es día de «juerga», se toma un chocolate, y a casita, con la tranquilidad de la diversión honesta y de la digestión no turbada por ningún problema incongruente.

Este era el programa consagrado desde que huyeron del pasadizo las alegres pantorrillas de las operetas; Eslava era el compañero de Lara —un compañero más lujoso y de mejor gusto—. Y es en Eslava, ante el público de Eslava, donde

Nora se atreve a declarar que antes que nada *es un ser humano*. ¿Cuál de las niñas casaderas o jamonas respetables que van a Eslava pensó jamás semejante cosa?

Muchos empresarios, muchas actrices han tenido atrevimientos —vamos, lo que aquí se llama así—, y pronto tuvieron que abandonar sus intenciones de «arte grande»; pero un atrevimiento como el que significan las actuales representaciones de *Casa de muñecas*, eso no lo había tenido nadie en España.

En España, como en todas partes —y hasta más que en otras partes—, se puede representar impunemente una obra «verde»; se anuncia previamente la tonalidad, y éxito seguro; la dificultad está en representar una obra «libre»; es decir, una obra en contra de los prejuicios y de la moral corriente. Cierto es que el terreno venía preparándose; esta última temporada de Eslava ha sido un constante esfuerzo hacia un teatro más artístico y más noble que el que acostumbramos en este bendito Madrid del chiste y de la comedia familiar; pero una cosa es representar, con todo el arte que se quiera, *La dama de las camelias*, o las comedias —hoy inocentes en idea— de Shakespeare, y otra cosa es servir, «en crudo», una obra de Ibsen al público que hay en el mundo más opuesto a Ibsen.

¿Entusiasmo? No tanto; pero aceptación, sí. Estas muchachitas que al casarse no han pensado nunca en el «ser moral» de su novio, esas señoras que no saben nada del «ser moral» de su marido admiten como cosa natural que Nora se separe de su marido cuando se siente distinta a él moralmente. Lo único *que no se traga* es el abandono de los hijos; pero esto no hay que reprocharlo al ambiente de aquí; cuando las representaciones de *Casa de muñecas* en el Residenztheater, de Berlín, Ibsen se vio obligado a modificar el desenlace; al momento de marcharse, Nora es conducida por su marido a la puerta del cuarto de los niños, y allí cae de rodillas, vencida por su amor maternal. En 1906 se representaba *Casa de muñecas* en el Burgtheater, de Viena; la actriz que hacía el papel de Nora no pudo, a pesar de sus esfuerzos, abrir la puerta por la que tenía que irse de su casa, se apoyó en ella, como si le faltara la energía necesaria para empujarla, y permaneció así hasta que cayó el telón. Y este desenlace imprevisto fue el que se siguió haciendo en las demás representaciones.

Ni en Viena ni en Berlín asustan las obras «libres»; allí se representa continuamente el repertorio entero de Ibsen, y, a pesar de la comprensión que hay respecto a las ideas de las obras teatrales, el abandono por Nora de sus hijos no dejó de parecer demasiado «liberado». Y es que Nora, la creación más femenina de Ibsen, aparece en el último instante con la celebridad algo abstracta de casi todos los personajes ibsenianos.

Pero la significación de la obra no está en que Nora abandone o no a sus hijos; está en que se recobre a sí misma y se oponga, frente a su marido, como un *ser humano*; un ser humano que piensa y siente por sí mismo y quiere juzgar, según su propio sentimiento, dónde está lo justo y dónde está la razón. En una de las representaciones de *Casa de muñecas*, en Eslava, una voz, «una voz de hombre», gritó «¡Muy bien!» cuando Nora contesta a su marido que antes que esposa y que madre es un ser humano, al mismo grado que él, o que al menos quiere intentar serlo. Y en ningún momento ha habido en el público la menor protesta, la menor molestia siquiera, y no olvidemos que se trata del público del Eslava. Esto es más significativo y más trascendental que todos los comentarios acerca de «los derechos» de la mujer. Es prematuro hablar aquí de feminismo en acción; pero al público menos educado para ello le parecerá natural que la mujer, antes que nada, quiera vivir según su conciencia. Martínez Sierra es un gran feminista; ya hablaremos con el detenimiento que se merece de su última obra sobre el feminismo; pero que no lo dude: su mayor triunfo será el haber impuesto a Nora en Madrid.

Margarita Xirgu me confesó no atreverse a dar *Salomé* al abono de la Princesa. ¡Cuánto más atrevida que la libertad exterior de la heroína de Wilde es la libertad fuerte y profunda de la heroína ibseniana! Puede decirse que una transformación tan grande como la de Nora la ha tenido el público que la aplaude; que toda la insuperable emoción de Catalina Bárcena no puede hacer olvidar que es una mujer *libertada* quien la produce.

—————

[«La vida y las mujeres. A propósito de *Casa de muñecas*», *El Día*, Madrid, 10 de mayo de 1917, p. 3.]

LAS BAILARINAS RUSAS

Para Manuel Bujados y Pedro Antequera Azpiri.

Tienen el triple prestigio de lo exótico, de lo inaudito y de la belleza. A todas ellas, aun a las que no ofrecen ninguna especial sensación de arte o de hermosura, se las ve con la aureola de arte y de hermosura incomparables, y sabemos que entre ellas las hay que son *occidentales*, que varias de ellas solo son comparsas, que muchas de ellas, al salir del teatro, se convierten en burguesitas neutras y vulgares. Lo sabemos, pero lo queremos ignorar. El prestigio del conjunto recae particularmente sobre cada una de ellas, ese prestigio que al decir «Bailes rusos» nos hace pensar, más que en un espectáculo, en una vida grandiosamente fantástica, en la que nada es imposible y en la que todo se puede esperar.

En el teatro, bajo la sugestión directa, vemos sobre todo *las estrellas*; luego, a la salida, en el recuerdo, se funden todas en una sola aureola que hace de cada pensamiento hacia ellas una apoteosis.

Fuego, llamas, oros, alas… Esta es, pasado el espectáculo, la sensación impuesta por los «Bailes rusos», y, con ella, de nada han de servir los recuerdos preciosos que señalan tal gesto demasiado intencionado o tal tono demasiado espeso.

Fuego: cerrando los ojos vemos un deslumbrar continuo de rojos, de azules, de verdes, de morados y de amarillos como rojos. Vemos hasta chorros espesos de sangre incendiada. Sin embargo, las degollaciones de *Scheherazade* dejaron intactas las carnes pálidas del harem.

Llamas: algo que sube, que baja, que gira. ¿Acaso brincos? No; llamas verdaderas que danzan, en nuestros párpados bajos, como no danzan más que las llamas… o las danzarinas rusas.

Oros: un rutilar de pedrerías, de brocados, de tejidos y desnudeces de orgía babilónica, que tenemos, junto a la palabra *ballet* (porque el viejo *ballet* no cuenta) dentro de la cabeza, y que nos hace desear la visión de los bailes rusos como hemos deseado de chicos la imposible visión de lo que nos contaban *Las mil y una noches*. Después de un baile, seguimos con el mismo deseo y la misma convicción para el otro. A ratos, el oro brilla tanto que nos obliga a cerrar los ojos, como si fuera el oro viviente del sol. ¿El sol que llevamos siempre ignorado y siempre deseado en nosotros? Sí, acaso sea eso, porque, en los deslumbramientos más fuertes, las bailarinas rusas tienen gasas sin el menor hilo de oro ni la más pequeña gema. ¡Nosotros, que para pensar en ellas hemos descendido a lo más fantástico de nuestros recuerdos, así como Sadkó bajó a lo más fantástico del fondo del mar!

Alas: contra toda razón se llama un *ballet Mariposas*. ¡Qué pretensión en ese exclusivismo! Si las mariposas están lo mismo en todos los *ballets*; la prueba es que todos los gestos de todos los *ballets*, aun esos gestos que permanecen echados en tierra largo tiempo, se nos aparecen con alas. No alas pegadas ingenuamente en el corpiño de las bailarinas, sino alas verdaderas, alas que forman toda la bailarina, todo el baile, y que al caer el telón hacen de cada espectador un *Pierrot* abandonado, desconcertado y lamentablemente asentado en la tierra.

[Vaslav] Nijinsky es un prodigio, y [Adolph] Bolm era una maravilla, y [Saschko] Gawriloff es delicioso, y [Léonide] Massine encanta. Sí; pero los bailes rusos los hacen las bailarinas. ¿Que son unas intérpretes? ¡Quia! El compositor, el coreógrafo son accidentales; las alas solo cuentan, y si [Ígor] Stravinski es un genio, mejor para él. (No, si hablo en serio, y no hay nada más serio y más humano y más antiterrestre que las alas, sean las de los pájaros o las de [Lidia] Lopokova.)

Para bailar, no hay que pisar tierra; la Lopokova, todo el tiempo que está en escena, está en el aire; por eso no parece una mujer ni, como dicen las cursis, una muñeca o un *bibelot*. No parece, no puede parecer nada: es inmaterial.

El «Carnaval», con la tragedia de Pierrot y sus viñetas de romanticismo, hace entrar la puerilidad de los *ballets* blancos en el círculo de los *ballets* libertados de la arbitrariedad de la ópera. «Las mariposas» tienen, además de Pierrot, el cortejo fúnebre de las alas rotas; pero «Las sílfides», con su ritmo tan fácil (y ven, y ven… y adiós, y adiós…), son únicamente un centro de mesa para todas esas señoras que se extasían con ellas pensando en adornarlas con violetas y lazos de color de rosa.

[Lubov] Tchernicheva nos trae la definición concreta de estos bailes: es eslava, es serpentina, es hierática, es armoniosa, y sabe iluminar el campamento de un guerrero medio salvaje con un fulgor único de pedrerías y de riquezas ausentes.

Hermosas, siempre, aunque no lo sean; aladas, siempre, aunque permanezcan rígidas e inmóviles; son todas las bailarinas rusas una sola fantasía, un solo deslumbrar, un solo vuelo. Sin razonarlas, sin saber si su fantasía fue ideada por un artista de quien son instrumentos, ni si su vuelo fue estudio durante largos años, o si son realmente lo que son, las guardamos en nuestro recuerdo para mirarlas en las horas en que volvemos a mirar lo fantástico y lo imposible, visto o soñado, no importa.

[«La vida y las mujeres. Las bailarinas rusas», *El Día*, Madrid, 13 de junio de 1917, p. 1.]

EL LIBRO DE UNA MUJER FRANCESA: MARCELLE CAPY

Entre toda esa literatura bajamente folletinesca y ridículamente «chauvinista» que produce la guerra hay, de vez en cuando —muy de tarde en tarde—, alguna obra equilibrada, sincera, fuerte, vibrante y cuyo apasionamiento no está hecho de ignorancia y de procacidad. Las mujeres son siempre las más exaltadas; pocas son las que se dominan y se saben preservar de la corriente; por eso es doblemente hermosa y doblemente grande la obra de una mujer que, en medio del ambiente más lógicamente apasionado que hoy existe, siente, piensa y escribe con todo su dolor, pero guardándose de la exaltación, que hace ciegos y sordos a tantos y tantos espíritus que creíamos claros y serenos.

El título del libro de *madame* Marcelle Capy es ya casi sublime y responde al título del último libro de Romain Rolland *[Más allá de la contienda]*, su introductor. *Une voix de femme dans la mêlée (Una voz de mujer en medio de la contienda)*: una voz de mujer que, por encima de la algarabía de las pasiones desencadenadas, se alza tranquila y razonable para gritar lo que las pasiones desencadenadas tienen de criminal, de bajo, y, sobre todo, de horriblemente, de «inimaginablemente doloroso».

No, la guerra no es una tragedia heroica y bella; frente a los que la alaban sin conocerla o sin quererla conocer, una mujer que ha ido a verla de cerca quiere contar lo que la guerra es en realidad. El libro de Marcelle Capy es más heroico que muchos gestos fanfarrones; hay que representarse lo que es hoy el ambiente francés, con su miedo a la verdad, con su forzada exaltación, con su odio a todo el que razona, con su entusiasmo por las grandilocuentes vacuidades de los [Maurice] Barrès, para comprender toda la significación de *Une voix de femme dans la mêlée*. La mitad de la obra la borró la censura, y solamente después de la guerra sabremos lo que decían esas páginas demasiado serenas, «peligrosamente serenas»; pero ¡la otra mitad…!

Marcelle Capy no ha querido hacer una proclama pacifista ni ha querido ir contra la suerte de su patria: ha querido únicamente, con la sencillez de los que tienen la seguridad de sus palabras, decir lo que, en realidad, es un país en guerra; ha querido que se sepa, como ella lo sabe, que la guerra no la componen solamente los partes de victorias, y que, cuando estos partes existen, es a costa de tales dolores que su triunfo no puede ser triunfo más que para los que no reflexionan.

Franceses, alemanes, ¿qué más da? Viéndolo desde más allá de la realidad inmediata —«por encima de la contienda», como lo vio Romain Rolland—, solo se ven huérfanos, miseria, poblaciones arrasadas, hombres que se fueron fuertes y que no vuelven o vuelven ciegos, amputados, tísicos… ¿Que son los pormenores, los detalles? ¡Quia! Esto es la guerra «de verdad», la que muchos no quieren que se vea. Nos falta la mitad del libro de Marcelle Capy; en las primeras páginas de lo que nos queda se queja del miedo a la verdad, y también de la estupidez que disfraza a la verdad; quiere a toda fuerza presentar el horror con tonos de alegría y cree salvarlo todo con insultos y chistes. «Sí, la guerra existe. Habría que ser ciego, sordo y mudo para ignorarlo. Pero ¿es que porque hay guerra es necesario ser tonto y llevar anteojeras? ¿Es que porque hay guerra es necesario romper con la encantadora tradición del espíritu francés, moderado, cortante, finamente profanador? ¿Es necesario, porque hay guerra, cantar oraciones, bramar injurias, andar a cuatro patas y pacer hierba? ¿Es que hay que admirarlo todo con la beatitud de la vaca que ve pasar un tren, y es que no se permite otra broma que la de golpearse la panza blasfemando contra los *boches*?»

Y luego Marcelle Capy añade: «Los soldados que están en las trincheras, sujetos a la labor más tremenda que existe, no se han vuelto unos brutos. Han permanecido hombres, hombres que sufren, que aman, que comprenden. Es esa humanidad dolorosa y leal la que se escarnece en el interior con las frases pomposas y los cuplés picarescos». Marcelle Capy nos cuenta que uno de esos «peludos» tan ridículamente glorificados le decía que ellos, los que la prensa representa como llenos de contento por su vida actual, tenían, al leer los periódicos, la sensación de ser olvidados por la patria a quien dan su vida. Sí, se hacen matar y quieren cumplir honradamente el deber impuesto; pero, ¡por Dios!, que no se repita continuamente que no hay alegría mayor que la de las trincheras, que se comprenda su inmenso sacrificio y su inmenso dolor…

La patria, el honor, el sacrificio… Marcelle Capy nos dice el valor exacto que hoy día tienen estas palabras tan sonoras y tan manoseadas; nos dice lo que arrastran consigo cuando son pronunciadas en uno de esos discursos oficiales «que levantan la Cámara» o cuando son escritas en una de esas crónicas inflamadas que los académicos franceses prodigan tan generosamente… desde el confortable sillón de su confortable despacho. ¡Con qué odio Marcelle Capy vitupera a esos cómodos patriotas!

Ella, tan llena de amor hacia todos, tan misericordiosa, tan ecuánime siempre, no encuentra frases bastante despreciativas para hablarnos de los que llama «los grotescos», «trompeteros del heroísmo»: Jean Richepin o «el aristocrático Maurice Barrès, que asegura que el hombre que muere a los veinte años es un príncipe». Y es más que indignación, es burla lo que Marcelle Capy tiene por esos defensores de Francia y de la civilización.

Es muy francesa Marcelle Capy, y ama apasionadamente a Francia, y sufre por «la tontería de los que la deshonran». Recuerda un artículo de Remy de Gourmont en el que el célebre crítico se quejaba amargamente de lo poco conocidas que son en Francia las literaturas latinas, griegas y hasta francesas medievales, mientras que en Alemania existen ediciones esmeradas y económicas de los autores latinos, griegos y franceses, aun de los más secundarios; y Marcelle Capy asegura que «son unos tristes personajes los que proclaman la superioridad de la civilización latina sobre la cultura alemana cuando no conocen ninguna de las dos».

«Los grotescos»… Varios capítulos del libro de Marcelle Capy llevan este título, y nos dicen la vergüenza de esas mujeres que, contra todas las leyes de la naturaleza, «empujan» a la matanza, y la vergüenza de esas fábulas ridículas que circulan y que todo el mundo cree. «¿Estamos en París o en el pueblo más atrasado de Europa?» Y la vergüenza de esas enfermeras que creen que «basta con pasear el *frou-frou* de sus faldas entre las camillas», y que «basta con verter una lágrima de enternecimiento cuando un desgraciado gime y necesitaría urgentemente que se le sonriera».

Porque es francesa de corazón, Marcelle Capy sufre por ver su patria tan rebajada. Sentir hoy serenamente vale más que todos los heroísmos; pero decir luego sus sentimientos como y donde los dice esta muchacha de poco más de veinte años, eso es signo de todas las admiraciones. Para sentir y hablar así, Marcelle Capy ha tenido que ver otra cosa que a «los grotescos», que a los que «hablan de Francia con trémoles en la voz y deshonran, y son el puñado de matamoscas y de cobardes que inspiran un asco irresistible a aquellos que, aun siendo franceses, no se complacen ni en el papel de caníbal, ni en el de delator, ni en el de demagogo»; ha tenido que ver, como ella misma dice, a «los que se baten», «los que lloran», «los que salvan», a todos los que pagan con duelos y miserias las frases sonoras y los gestos gallardos; y, lo mismo que Marcelle Capy, no debemos callar el martirio de estos.

Primero, los que se baten. «Son hombres sencillamente y consideran a sus adversarios como hombres.» Todos esos cuplés de café cantante, todos esos cuentos de periódico en que aparecen «peludos» que solo piensan en comerse crudos a los *boches* son un aspecto muy triste de la mentalidad francesa actual. Como lo son los chistes y las caricaturas acerca del enemigo que huye y se muere de hambre. A toda esta tontería, Marcelle Capy opone algunos ejemplos de «peludos» de verdad, algunas anécdotas sencillas y no ideadas por un periodista o por un académico delirantes. Nos cuenta las marchas y las llegadas de los trenes militares, las despedidas, los lamentables e interminables convoyes de heridos. No preguntéis a los que vuelven del frente por los accidentes de la lucha. «¿Qué saben ellos? Se han batido; balas han penetrado en sus carnes. Han conocido los hospitales, las operaciones dolorosas, los insomnios. Han vivido la guerra. Y cuando pronuncian estas palabras, "la guerra", su voz se ahoga. Hablan de ella quedo, con el rostro grave. Saben lo tremenda que es; más terrible que todo cuando un cerebro de hombre pueda imaginarse.»

Un soldado cuenta: «Estaba herido. La sangre corría y sentía desgarrarse mis carnes. Me caí tras un seto. A mi alrededor las balas hacían *clac, clac* sin cesar. No me he movido. Me he quedado así no sé cuánto tiempo. Luego, en un momento de calma, me fui arrastrando hacia adelante».

Un automóvil de ambulancia se detiene ante un hospital; bajan tres camillas con tres soldados heridos. «El uno tiene la pierna presa en un aparato; los vendajes, apresuradamente hechos, están manchados de sangre. El segundo está también herido en las piernas. ¡Bien mal está el tercero! Una manta cubre su pecho enfermo. ¡Sus pies, descalzos, la sobrepasan y los dedos se contraen por el sufrimiento! La cabeza, lívida, cae sin fuerzas. Entre los labios, lívidos, brillan los dientes; y en esa imagen del dolor solo viven los ojos, ojos de angustia, en los que las visiones trágicas han puesto un sello de espanto.» Detenidamente, Marcelle Capy cuenta la escena, la impresión de la muchedumbre. «Por fin, una mujer rompe el silencio: ¡Se van con salud y así es como vuelven!» Entonces otra mujer, una obrera de pelo gris, responde con los ojos secos: «También el mío se fue con salud. Y solo ha vuelto la medalla».

La censura ha borrado mucho del libro de Marcelle Capy. ¿Qué nos diría la sinceridad de esta mujer serena, cuando ha podido publicar esto?: «En un pueblo de los Pirineos había dos compañías de coloniales; entre ellos, negros de la Reunión, de Guadalupe, de Madagascar. Uno de esos negros dio una fuerte lección a los blancos *civilizadores*. A los paisanos que les aconsejaban que incendiaran o destruyeran todo si entraban en Alemania, uno de ellos respondió: "He dejado en mi patria a mi madre, y a mi mujer y a mi hijo. ¡Que su recuerdo me guarde de esas cosas malditas!"».

Los que lloran. Marcelle Capy ha podido leer algunas cartas escritas a sus maridos por las «furias austro-*boches*». Todas las mujeres, sean de donde sean, escriben lo mismo al hombre que está en la guerra, sea este su padre, su hijo, su amante o su marido. «Tienen todas almas de madres; es el instinto el que grita; ante la carne de su carne pisoteada, el mismo llanto se eleva de las entrañas de todas las mujeres.»

Porque es mujer, Marcelle Capy ha recogido mejor que ningún otro escritor ese dolor universal. Se ha fijado en ese obrero viejo que salía de la alcaldía, en donde fríamente le habían anunciado la muerte de su único hijo; se ha fijado en esos grupos casi locos que llegan de los pueblos evacuados; se ha fijado en lo que representa en un hogar la ausencia prolongada del hombre; se ha fijado en la desesperación de esas madres que no tienen más remedio que enviar a alguno de sus hijos a un establecimiento de caridad. Ya pueden los académicos y los periodistas decir, como [André] Lichtenberger en «La Guerra Social» (4 de junio de 1915), que «el sacrificio de uno o de dos millones de almas y de inimaginables destrucciones es cosa pasajera desde el punto de vista de la especie». Para una madre a quien matan su hijo, para una familia a la que arrasan el campo y el hogar, para un hombre joven que se queda ciego no hay frases que valgan.

«Los que salvan.» El capítulo empieza con un llamamiento a la verdad, a la verdad que sola puede salvar mostrando todo cuando es horrible. «Hay que suavizar el gran dolor de los infortunios y desterrar la ignorancia, que permite trágicos errores. Así como lo escribía un soldado que redactaba su carta al son del cañón, a menos de cien metros de las trincheras alemanas: "Con la inteligencia y con el corazón es con lo que se ganan las mejores victorias. La pluma matará al fusil".» Esto lo ha escrito un soldado; Marcelle Capy piensa «en todos los que no han renegado de su humanidad». Junto a los que, por subirse a un fácil pedestal, empujan a los demás a la miseria, y junto a los que, por ignorancia, se dejan arrastrar, están aquellos que han sabido sacar de la catástrofe una lección de amor y de piedad. Y Marcelle Capy nos dice la obra admirable de las «sopas populares», de las «colonias para niños» y, sobre todo, la obra, nunca bastante admirada, de Suiza. En 1871 George Sand escribía: «Odio la sangre vertida y desecho esta tesis de hacer el mal para conseguir el bien, de matar para crear. No y no. Maldigamos a los que cavan osarios. La vida no sale de ahí. Es esto un error histórico del que debemos desprendernos. El mal engendra el mal». Actualmente, en un ambiente mucho más horrible que el de 1871, otra mujer ha sabido recoger estas palabras, maldecir el mal y alabar tan solo la obra de los que van en contra o a un lado de la contienda.

Una voz de mujer en medio de la contienda tiene, aun a pesar del pánico de la censura, muchas páginas interesantísimas. Los capítulos titulados «Tiempos de guerra» nos cuentan con una sencillez deliciosa escenas «vividas», escenas del campo, de la calle, y todas vuelven a lo mismo: a una aspiración, a la verdad.

Pero hay en el libro de Marcelle Capy unos capítulos que merecen mención especial: «Los muertos». Nos hablan, entre otros muertos gloriosos, de aquellos que han consagrado toda su vida a la paz, a la bondad, al mejoramiento de la vida: Léon Bonneff, muerto en el hospital de Toul, cuya existencia fue un continuo apostolado en favor del obrero; [Jean] Jaurès, que en los momentos que precedieron a la guerra fue «la suprema esperanza del pueblo». Con un entusiasmo infinito, Marcelle Capy nos habla de estos dos hombres, de su obra, «de lo que pudiera haber sido».

De lo que será. «Odiamos todo lo que mata: la guerra, la explotación, la miseria, la enfermedad. Sabemos que hay hombres geniales que han trabajado durante años luchando contra la muerte, buscando con paciencia infinita el remedio que retrasara, así fuese un segundo, la última mueca del moribundo. Sabemos que aún hoy hombres de ciencia y de corazón trabajan por salvar a la pobre sustancia organizada herida por el hierro. Sabemos que junto a la lucha que mata está la lucha que salva, y que esta es la que es obra humana, obra de civilización, la obra que se debe admirar. Porque, a pesar de todas las pedanterías literarias, en el destino de los hombres está el amar por encima de todo la gran dulzura de la vida.» La censura ha cortado el párrafo. ¡No importa! El libro de

Marcelle Capy vibra intensamente, a pesar de sus mutilaciones; vibra porque está más alto que lo inmediato, porque viene del fondo mismo de la razón y de la vida, y porque nos trae la esperanza de todo lo que significa de lógica, de bondad y de amor «antes que nada».

[«La vida y las mujeres. El libro de una mujer francesa», *El Día*, Madrid, 24 de junio de 1917, p. 1; «La vida y las mujeres. El libro de una mujer francesa II», *El Día*, Madrid, 28 de junio de 1917, p. 4.]

EL ÚLTIMO LIBRO DE COLETTE WILLY

De todas, de todas las escritoras del mundo entero, Colette Willy o, como firma ella misma desde su divorcio, «Colette», a secas, es seguramente la más querida. Sí, esa es la palabra justa: querida. Otras, como Selma Lagerlöf, como Rachilde, pueden ser más admiradas, más intelectualmente consideradas; pero con Colette el lector se siente más confiado, la admiración hacia ella, con ser muy grande, es más familiar, y así su obra se hace más tierna, entra más en nosotros. Un libro de Colette se nos impone; de él no se dirá ese «¡Admirable!» o ese «¡Brutal!», que significan el aplastamiento comprensivo o fingido del lector subyugado; pero se dirá o, mejor dicho, se pensará: «¡Qué bien! ¡Qué verdadero!», y se guardará cariñosamente, entre los recuerdos favoritos, el recuerdo de esa página que Colette pareció —infaliblemente— haber escrito expresamente por y para nosotros. «¡Qué verdadero! ¡Qué bien!»

Colette no es una escritora; es una mujer que escribe. Esto se ha dicho mucho desde *El retiro sentimental* y *La vagabunda*, desde que salieron a la luz esas páginas que aparecían como un imposible más allá de todas las sinceridades y de todos los pudores. Páginas agridulces, de risa mojada y de ironía disimuladora, esa *blague* que quiere sostenerse por encima de todos los acontecimientos, lo que los franceses llaman gráficamente, de una manera intraducible, *porter beau*, y que a veces, en ciertos trozos más necesariamente francos, cae, se deshace y termina con unos sollozos de nervios desatados ahogados entre los cojines de un diván bohemio. Sollozos, es verdad, prontamente terminados por el final discreto del capítulo o por un incidente que lo mismo puede ser grotescamente el ladrar de un perro que una carta imprevista e importantísima.

¡Nervios y *blague* de Colette! Ellos exaltaron su sensibilidad hasta la hiperestesia y, en unión de su muy real y muy original talento, crearon esos rasgos de agudeza psicológica, de afán de disección moral, de análisis y confesiones sin piedad y sin careta. ¿Sinceridad? Tal vez… y a veces. Pero también un deseo exacerbado de mostrar esa sinceridad, de ostentar su crudeza: «¿Ven ustedes? Así soy yo, así somos nosotras, de verdad, sin afeites y sin actitudes, y así soy yo, y solo yo tengo el valor de mostrarme…».

Las gentes pudibundas y timoratas, *les bégueules*, las que se ponen un doble velo y los que se alzan el cuello del abrigo cuando no quieren parecer ellos gritaron al cinismo y a la desvergüenza. Aplaudieron demasiado fuerte los que buscaban y creían haber encontrado, ¡por fin!, una justificación al talento. Ni unos ni otros. Y se quedaron con Colette, en justo medio, todos los que sentían la obra sincera, a pesar de ciertas actitudes de sinceridad, y que querían a esta sinceridad por lo que encerraba de pasión, de vida «verdadera», de comprensión y de libertad. Y Colette, ya separada de esos libertinajes necios de la colaboración con Willy, pudo ser la escritora «impresionista» y vibrante soñada inútilmente por los Goncourt.

Era una obra muy seria la obra de esta mujercita que iba poniendo su vida en sus cuartillas, su vida grande y mezquina, y ruin y hermosa, ¡la vida, en fin! Y de los Goncourt a la Colette iba toda la distancia de ellos, que quisieron, por anticipado, ser artistas —*l'écriture artiste*, tan famosa y muerta ya—, a ella, que no pretendió nunca ser nada, que no quiso serlo, aunque quizá en su fondo interior viviese con ese único deseo, y que recibía la palabra justa, la frase gráfica, sin llamarla ni pensarla, al mismo tiempo que su sensación. Y Colette, igual que «una mujer que escribe», fue una artista que anotaba lo que sentía como tal, y sus libros, que no son libros de literato —o por lo menos, que no lo parecen, y ahí está su mayor fuerza—, salieron llenos de imágenes, de observaciones y de comparaciones de poeta originalísimo y vibrante.

Poeta libertada de la esclavitud de la poesía; comprensiva libertada de los prejuicios *a priori*; sensible ahondando en todos los sentimentalismos y en todos los matices, Colette fue, en toda su obra caprichosa, la escritora refinada por excelencia y sabiendo dominar todos los refinamientos. De un salto —en su primera página— se colocó por encima de todo, capaz de sentirlo todo y de describirlo todo con el mismo *je-m'en-fichisme* tan grande como una filosofía. Así pareció, por ser esto la razón misma de su obra, que no podría nunca caer. Arriba o en ninguna parte. Desde la guerra callaba. Y pensamos los que la queríamos: más vale así; quiere guardarse intacta. De pronto, aparece de nuevo y con un libro «de circunstancias», un libro que se llama dramáticamente *Les heures longues (Las horas largas)*, y que por su solo anuncio vino como una esperanza a juntarse en nuestro cariño con los contados libros «de circunstancias» que se han puesto más alto que los vaivenes mezquinos de estas circunstancias.

Nosotros, que, para no tener ya más el dolor de ver los pies de barro de los dioses —hay dioses pequeños, dioses familiares, que son los más queridos—, no leemos ya ningún nuevo libro de autor predilecto, compramos, con la seguridad de un triunfo, el nuevo libro «de guerra» de Colette.

Al principio de esta guerra, Séverine, en un artículo sensacional, recordó la frase de Flaubert, en 1871: «Lo peor de esta guerra es que va uno a zozobrar en un mar de tontería».

Abrimos al azar el nuevo libro de Colette: «En Ozeville visitamos la casa de un propietario recientemente vuelto al hogar. El oficial alemán que vivió aquí se llevó, fiel a la tradición, dos relojes de pared y un equipo femenino completo. Abrió, también con dinamita, la caja de caudales». Oficiales que estáis en la guerra, que hacéis esfuerzos sobrehumanos por no caeros de cansancio cuando no lo debéis, que apenas si podéis con vuestro cuerpo, con vuestros pies martirizados; soldados que, por no poder con nada más que con la carga obligatoria, con vuestro fusil y vuestro saco, que no debéis soltar, no os lleváis a veces ni siquiera un recuerdo de casa, alemanes o franceses, ¡qué importa!, los veo cargando todavía con relojes de pared y con ropas de mujer y llevándolas ¿adónde?, ¿a las trincheras? Y esto ya no lo ha escrito un periodista pagado para ello; lo ha escrito una mujer que, «antes», se había colocado por encima de ese mar que recordaba Séverine.

Pero veamos otro capítulo: una condesa rusa —¡y qué triste ese afán, «nuevo» en Colette, de ostentar sus amistades con personajes, con aristócratas!— cuenta el *five o'clock* al que fue invitada hace unos años por la familia imperial de Alemania: «Querida, ¡qué espectáculo el de esa familia! ¡La Emperatriz, de tul naranja, con plumas de color naranja en la cabeza! Y cuando me fue a dar la mano, ¿qué es eso que veo encima de esa gruesa "pata" de cabritilla blanca? ¡Pespuntes de color naranja, querida, para recordar el traje y las plumas! ¡Desde ese momento sentí que esas gentes eran capaces de todo! ¡Pespuntes de color naranja…! Y ese Kronprinz, su hijo, ¿es que es un hombre completamente ordinario? Gasta corbata blanca con el esmoquin, y alrededor del cuello tiene, para colgar el reloj, una cadena hecha con cabellos. ¡Con cabellos, querida, como la veo a usted ahora! ¡Qué instintos!».

Colette, Colette, tan superior, tan «sensata», sobre todo, ¿no habéis pensado, para los adentros de vuestro equilibrio, que en llegando a cierto mundo los hábitos son universales? ¿No habéis pensado en la distinción innata de la muy alemana y muy amada de vosotros Reina de Bélgica? ¿No habéis pensado, sobre todo, en que tan cursis como los pespuntes de color naranja de los guantes de la Emperatriz son las indumentarias de casi todas las princesas del mundo, que casi siempre visten peor que sus doncellas, y que a pesar de ello son princesas de pies a cabeza? ¿No habéis recordado tampoco las alabanzas entusiastas que toda la prensa francesa dispensaba al Kronprinz cuando este, en las ultraelegantes regatas de Kiel, bailaba algún «boston» con alguna señorita francesa, hija de cualquier chocolatero enriquecido? ¿Y no habéis pensado, ¡oh, sensata Colette!, que todo esto, la elegancia, el esmoquin y las plumas, no tienen ninguna, absolutamente ninguna importancia? ¿Y que, mucho más triste que ver a la Emperatriz alemana ataviada sin gusto es verla a usted, a la Colette superior y libertada, caer en la vulgaridad irremediable de los demás escritores franceses que creen, porque ignoran, que el *chic* y el *esprit* de Francia significan algo en la civilización?

Colette, «la mujer que escribe», al caer, muestra toda la feminidad de su talento, que antes aparecía solo como un distintivo psicológico; mejor dicho, muestra la «pobreza femenina», que su talento ocultaba hasta ahora. Ya no es Colette, anula su personalidad ante la personalidad dominante del cerebro masculino que piensa junto a ella; Colette se nos aparece, en los momentos en que más alta podía estar —¡qué elevación, la elevación «comparativa» de una Séverine, de una Marcelle Capy!—, como la dócil esposa del redactor jefe del «chauvinista» *Journal*. Su obra, la que podía haber sido su mayor timbre de gloria, no es «humana»; no ha sabido ser siquiera racional, francesa; es patriotera como cualquier artículo de fondo escrito por su segundo y muy vulgar marido. Entonces, ¿la Colette de antes? ¿Es que guardaba, en su sensibilidad y su alteza de miras, la huella del cinismo, filósofo al fin y al cabo, y de la sensibilidad del Willy que firmaba Gauthier-Villars sus adoraciones a Bayreuth? ¡Quién sabe…! Pero es lástima…

Y ya que *Las horas largas* no han respondido a nuestra esperanza de humanidad consciente, busquemos en la estrechez de su espíritu lo que significan como documento de momento y de racionalidad. Hay frases como esta, reveladora, a pesar de los párrafos patrioteros, de todo un estado de ánimo: «Venimos de un país en donde la duración de la guerra nos hizo creer que era pecado el desear, el reír, el abrazar y el olvidar…». Y hay esta página, de una tristeza horrible por todo lo que revela de estrechez, de brutalidad colectiva, de pasos dados hacia atrás, de alejamiento del espíritu universal. Han chocado un auto particular y uno de alquiler: «Mezclada entre los curiosos, oí que el propietario del automóvil, un extranjero de habla algo lenta, era censurado por todos gracias al mecánico del taxi, quien, vehemente y rabioso y con el pico bien afilado, le había tratado ya, preventivamente, de torpe, de embustero y de "espía". Al oír la palabra espía, tres mujeres elegantes "prendieron fuego". Una de ellas apuntó al extranjero con su sombrilla, como si esta fuese un aguijón, y vociferó: "¿Qué viene a hacer aquí, en lugar de quedarse en su tierra?". Las voces de la muchedumbre, como un eco borrascoso, repitieron: "… viene a hacer aquí… ¡quedarse en su tierra!". Animada, la señora descargó la serie de las verdades primeras: "Primero, si no hubiera tantos extranjeros en París, no habría tantos

automóviles por las calles". Y las voces de la muchedumbre dijeron… […]».
Luego resulta que el señor era italiano, y no pasa nada. Pero ¿no es triste ver
a Colette contar «con naturalidad» esa escena, ya clásica en Francia, y por eso
mismo más baja? ¡El espía!

Es un incidente de la calle, no es nada; pero Colette es alguien, y tampoco
pensaba hacer acto trascendental aquel estudiante alemán de que nos habla
Baroja en *Juventud, egolatría,* que escribía hace poco que «aun cuando cada
minuto le hacía recordar que estaban en guerra, y en tierra enemiga, continuaba
fiel a la convicción de que la tercera antinomia kantiana era más importante que
toda la guerra mundial». ¡Pobre Colette, que después de alzarse sobre sí misma
ha caído sin poder alzarse sobre su ambiente!

Pero hay en *Las horas largas* capítulos de feminidad exquisita, aquellos en
que la autora, viajando por Italia, se maravilla del sitio que ocupan los niños,
de la gloria que son los niños, y que ella, madre francesa, descubre enternecida.
«Díganme en Francia un hotel en donde el niño triunfe como aquí y forme
parte de la vida común… ¿Será acaso necesario que durante la guerra y después
enviemos a Francia algunas jóvenes esposas de este fecundo país para que ense-
ñen al avaro matrimonio francés cómo se acoge la llegada de un hijo?».

Y hay también imágenes como esta que describe un viejo jardinero: «Parecía,
por todo su cuerpo y toda su cara, una raíz expresiva»; imágenes hermosas, únicas, que nos recuerdan a la Colette única y nos hacen sentir aún más *terre-à-terre*
su sensibilidad, que pensábamos, en todo momento, alta y dominadora.

[«La vida y las mujeres. El último libro de Colette Willy», *El Día,* Madrid, 3 de febrero
de 1918, p. 3; «La vida y las mujeres. El último libro de Colette Willy II», *El Día,*
Madrid, 6 de febrero de 1918, p. 3.]

MADAME CURIE VIENE A MADRID

El día 15 de octubre, a las tres de la tarde, en la sesión general del Congreso de Medicina, que tendrá lugar en el Teatro Real, pronunciarán dos conferencias el doctor Roux, actual director del Instituto Pasteur de París, y *madame* Curie. Así lo anuncian las revistas de medicina y, aunque nadie ignora quién es *madame* Curie, tendremos, seguramente, con motivo de su visita, un derroche de informaciones, interviús y crónicas de todas las clases acerca de esta mujer ilustre; la más ilustre, quizá, de cuantas existen.

No sabemos aún lo que podrán ser estos comentarios; mas —salvo, naturalmente, los que traten de la personalidad científica de esta sabia, y este es uno de los rarísimos casos en donde la palabra «sabia» se impone— creemos poder asegurar de antemano que serán muy pobres. Porque *madame* Curie es lo más opuesto que pueda darse a la «publicidad». Y, en cuanto al aspecto exterior de la conferencia en el Teatro Real, será, seguramente, parecido al de sus cursos de la Sorbona; esos cursos, que fueron los más sencillos, los más concurridos y los más trascendentales de cuantos se explicaban por entonces en el Collège de France.

Era en 1911, Curie ya había muerto y su viuda llevaba sola el peso de la celebridad de los dos. Encontrándonos en París, quisimos tributar a la descubridora del radio el homenaje de nuestra silenciosa admiración. Se discutía apasionadamente, por aquellos días, la posibilidad de la elección de *madame* Curie como miembro de la Academia de Ciencias francesa. Se hablaba mucho también de un incidente ruidoso en el que su nombre estaba mezclado: un periodista sin escrúpulos, para lanzar una noticia sensacional, había publicado la supuesta boda de *madame* Curie; ella, siempre tan distante, tan lejana a todo el bullicio del París superficial, ella, que hubiera quizá despreciado un insulto, no pudo tolerar el menor ataque al culto que profesaba a la gloriosa memoria del que había sido, en el sentido más estrecho y absoluto de la palabra, su compañero. Exigió una rectificación, y el osado hubo de publicar una carta reconociendo su mentira y pidiendo humildemente perdón. Por todas estas razones que, claro está, no son nada junto a la razón primera de su valor científico, el curso de *madame* Curie fue, durante un tiempo, un curso «de moda». Pero esto duró poco; apenas dos o tres lecciones. Las *snobinette*, que se embelesaban oyendo la amable filosofía de Bergson, encontraron decididamente demasiado áspera la ciencia profunda y «a secas» de *madame* Curie. Y el día que asistimos a este curso, no había en la sala más que señores muy serios y muy calvos, estudiantes aplicados y muchas de esas mujeres sin edad precisa, que se pasaban todo el curso tomando notas y que parecían absorber literalmente las palabras de la profesora.

Esta era igual a ellas. Más bien menuda, joven aún, o mejor dicho todavía no vieja, con el pelo echado hacia atrás y recogido en un moño cualquiera, vestida casi pobremente, con traje de lana negra: *madame* Curie, en su curso de la Sorbona, parecía una estudiante rusa que hubiese ocupado por una vez el puesto del profesor. Entraba y nadie se daba cuenta de ello. Tan tímida, tan «borrosa» como era, y ya había dibujado varias figuras en la pizarra cuando se advertía su presencia. Se la aplaudía; ella se volvía entonces hacia el auditorio, saludaba con una sonrisa triste, y limpiaba cuidadosamente unas manchas de tiza que tenía en la blusa. Luego, con la vista baja o vuelta hacia la pizarra, explicaba su curso, sencillamente, sin declamar ni hacer gestos, con una voz monótona y bien timbrada, sin corregirse, sin vacilar jamás. Se la oía distintamente a pesar de que no hablaba muy alto, y se la sentía muy penetrada de sus palabras. «Llena» absolutamente del tema que desarrollaba. Su acento extranjero la hacía aún más distante de su ambiente, de todo lo que la rodeaba, y parecía, en verdad, una mujer que «recitase» sus pensamientos interiores sin cuidarse de los que estaban delante. El curso, que empezaba puntualmente a la una y media, duraba, a veces, hasta las tres, y era este curso, tan sencillamente explicado a gentes de apariencia sencilla, uno de los cursos más célebres del mundo: el curso explicado por *madame* Curie sobre la radioactividad.

Madame Curie es polaca. Su nombre de soltera es Maria Skłodowska, y ha nacido en Varsovia, el 7 de noviembre de 1867. Hija de un profesor, hermana de una doctora, de una profesora y de un médico, su inclinación por los estudios científicos era casi inevitable. En cuanto hubo obtenido sus diplomas en Varsovia, se fue a París para prepararse para el «Concurso de la agregación», que ganó en 1896, con el número 1. La preparaba su marido, que lo era desde el año anterior.

Curie tenía siete años más que su mujer, y era, en la época de su matrimonio, profesor en la Escuela de Ciencias Físicas y Químicas. Era un profesor muy modesto; Maria Skłodowska era pobre. Pero no les hacía falta ser ricos. Se habían conocido trabajando en el mismo laboratorio; desde el primer día de su vida en común no tuvieron más que una idea: seguir trabajando juntos en bien de la ciencia, y todo lo que no fuese este ideal había de sobrar para ellos.

Poco a poco, el modesto profesor y su discípula fueron dos grandes e ilustres profesores, cada día más grandes y más ilustres. Dos sabios. Recibieron subvenciones, premios de varias academias; el dinero pasó íntegro al laboratorio, sirvió, íntegramente, para hacer nuevas investigaciones, para el ideal del primer día. En 1903, *madame* Curie presentó sus tesis de doctorado sobre los cuerpos radioactivos, y de un golpe llegaron la celebridad mundial y la fortuna. Pero *madame* Curie atribuyó todo el mérito de su descubrimiento a su marido, el cual lo atribuyó, a su vez, a su mujer. Resultó que la celebridad les correspondía a los dos: los dos habían trabajado lo mismo y tan estrechamente unidos que nadie pudo decir si uno debía ser más glorioso que el otro. El dinero del Premio Nobel, 200 000 francos, pasó también íntegro al laboratorio. Y en la cumbre de la gloria, admirados y reverenciados por el universo entero, los dos sabios continuaron llevando la vida de los primeros años de su matrimonio: vistiéndose como pobres estudiantes, no recibiendo a nadie y no yendo a ningún sitio, únicamente al laboratorio, en donde a menudo pasaban parte de la noche.

La muerte, y la muerte más brutal y más imbécil, el atropello por un carro, separó a los inseparables compañeros. Viuda, *madame* Curie continuó sola la obra de los dos.

Le quedaban dos hijas; dos hijas que habían sido la única distracción, la única pasión que fuera de la ciencia había tenido el matrimonio. Y vinieron más premios, y vino la cátedra en el Collège de France, y *madame* Curie, en su inmutable traje de estudiante rusa, continuó viviendo con sus hijas en la casita modesta y triste cerca de las *fortifications*, en donde había ido a vivir cuando se había casado con su modesto protector.

Y nadie sabe ni puede saber más de ella.

Ella es su obra, solo su obra. Fuera de su obra, es una pobre mujer, una viuda triste y una madre amantísima. No hay que buscar más, pues sería desfigurar la figura magnífica de esta mujer única. Es una sabia. Cuando en su conferencia en el Teatro Real se la ovacione con el entusiasmo indescriptible con que se debe ovacionar a los seres grandiosos en la civilización del mundo, ella tendrá, sin duda, la apariencia modesta y lejana que le vimos en la Sorbona. No, no es esta una mujer para informaciones o interviús sensacionales. Es demasiado grande para esto.

[«La vida y las mujeres. *Madame* Curie viene a Madrid», *El Día*, Madrid, 5 de septiembre de 1918, p. 2.]

MARIE LENÉRU HA MUERTO

Marie Lenéru ha muerto, y apenas se ha hablado de su muerte; apenas si se ha sabido. Aquí, en España, no creo que ningún periódico haya dedicado algunas líneas a la desaparición de esa mujer que encarnó uno de los cerebros más potentes del teatro contemporáneo, y la prensa francesa, ocupada por una actualidad más palpitante, ha dejado pasar en silencio la muerte de una de las personalidades que más encomiaba. Alguien ha dicho que durante la guerra los muertos ilustres «mueren más»; cuando venga la paz y volvamos a nacer a la vida de antes, haremos fatalmente un doloroso balance de los que ya no son; todos no habrán desaparecido en la guerra, y de las mujeres que servían de guía o de ejemplo, mejor aún, de estímulo a las demás, serán muchas las que nos faltarán, sin que sepamos casi precisar cuándo y cómo se fueron.

La muerte de Marie Lenéru no ha podido, claro está, aun a pesar de las circunstancias por que atravesamos, pasar completamente inadvertida; pero ¡qué son esos breves comentarios de *Le Figaro* o *Le Journal*; esos párrafos de las «Notas necrológicas» de los demás diarios franceses, y esos artículos «condensados» de alguna que otra revista literaria para la gloria de quien en un solo día parecía haber recogido la gloria más alta y la fama más resonante!

Era a principios de 1911; en el Odeón, el «todo París» de los estrenos se había congregado una noche para escuchar la nueva obra que le ofrecía [André] Antoine. El París de *avant-guerre* estaba en su apogeo, y ese París, que reverenciaba en Antoine al renovador de su teatro y que veía siempre en el sesudo director de «la segunda escena francesa» al fundador revolucionario y genial del antiguo teatro libre, se mostraba, sin embargo, aquella noche displicente y escéptico: esta vez no se trataba de una obra de Shakespeare puesta al estilo de

Múnich, ni de una obra de Tolstói puesta «con todos los detalles verdaderos»; esta vez, la novedad de Antoine era… la obra de una mujer, de una muchacha, y de una muchacha de quien nadie sabía nada y, hasta que lo vio en las carteleras, ni siquiera el nombre. ¿Y esa novedad valía la pena para que el «todo París»…? La sala fría, displicente, casi hostil. (En el París de *avant-guerre* no estaba precisamente en alza el feminismo, y sí lo estaban los chistes a costa de «las literatas».) Y de pronto, en la sala, las ovaciones, unas ovaciones imponentes, atronadoras, de público conmovido y entregado. Y al día siguiente, el nombre de Marie Lenéru triunfante por el mundo entero.

De Marie Lenéru se dijo entonces, y se ha dicho mucho después, que era un cerebro de hombre y un cuerpo de mujer. Físicamente era muy femenina, y en sus actitudes, en sus gestos, tenía una dulzura exterior que atraía: moralmente, fue uno de esos espíritus muy elevados y muy reconcentrados que algunos llaman altivos y otros, quizá más exactamente, estoicos. El destino había sido muy duro con ella; a los trece o catorce años, de resultas de una escarlatina muy grave, Marie Lenéru quedó completamente sorda y tan delicada de la vista que poco a poco iba quedándose también completamente ciega. Entonces, con una fuerza de voluntad y un valor admirables, decidió apartarse lo más posible de la vida exterior, replegarse sobre sí misma hasta crearse un mundo interior que le reemplazaba el otro. Y se aisló hasta tal punto que, cuando los ensayos del Odeón, había casi olvidado el uso de la palabra y tenía que dar todas las indicaciones casi por escrito. Y escribía empleando una lente de aumento, pues estaba ya casi ciega.

¿Quién dirá por qué incomparable superioridad espiritual esa mujer, de este modo apartada de todas las contingencias, supo con sus pensamientos y sus reflexiones llegar hasta la más alta concepción artística, hasta crear personajes representativos? Porque sus personajes no son los muñecos habitualmente construidos de las comedias vulgares: son seres que vibran, sí, pero son también ideas que se ofrecen con sus problemas y sus inquietudes al espectador. Cuando el estreno triunfal de *Les Affranchis*, en el Odeón de París, la crítica parisiense habló de «obra filosófica»; tal vez; lo cierto es que, sin apasionamiento alguno, se puede asegurar que las obras de Marie Lenéru son de un nivel intelectual muy superior al de la generalidad de la producción teatral de nuestros días.

Estas obras son dos: *Les Affranchis*, que constituyeron el *clou* de la temporada teatral parisiense 1910-1911, y *La Triomphatrice*, que tuvo el honor de ser representada hace unos meses en la Comedia Francesa. Esta última obra fue acogida con menos entusiasmo por el público, pero unos cuantos escritores, los más elevados de Francia, proclamaron muy alto la admiración que les inspiraba esta obra fuerte y severa.

En pocos años, con una producción escasa, Marie Lenéru había alcanzado un puesto privilegiado entre los autores más prestigiosos del teatro francés moderno; ha muerto muy joven aún, sin dejar tras ella más que el sentimiento de todo lo que seguramente hubiera hecho con el tiempo. Era una trabajadora incansable, y su trabajo era su misma vida; su recuerdo quedará como un ejemplo magnífico de vida noble y profunda. Y su espíritu era tan fuerte, su vida interior tan grande y tan hermosa que vacilamos antes de decir, recordando el calvario de su vida material, que para ella la muerte ha sido una liberación.

[«La vida y las mujeres. Marie Lenéru ha muerto», *El Día*, Madrid, 1 de noviembre de 1918, p. 5.]

FEMINISMO Y SUFRAGISMO

FEMINISMO SENTIMENTAL

¡Cuánto no se ha hablado estos días de *miss* Rankin! ¡Cuánto no se ha comentado la «debilidad» de esta mujer, que quiso ser fuerte como un hombre! El «episodio Rankin» es la comidilla de los antifeministas, un episodio que consideran como prueba irrecusable de que la mujer... sirve principalmente para hacer calceta. Por si algunos de nuestros lectores lo ignoran, recordaremos brevemente el hecho.

De los múltiples estados que componen la gran República norteamericana, uno —el Estado de Montana—, en lugar de diputado, tiene una diputada. Es una mujer la encargada de defender en el Parlamento de Washington los intereses de los mineros que forman, en su casi totalidad, la población de este Estado. Pues bien, esta mujer, portavoz y representante autorizada de una gran provincia, en el momento de votar en pro o en contra de la guerra se echó a llorar y dijo entre sollozos que no le era posible votar en pro. Y he aquí el episodio «ridículo» que incapacita, según muchos, a las mujeres para los trabajos parlamentarios; las mujeres no sirven para lo que sirven los hombres.

Esta verdad que los antifeministas parecen haber descubierto ahora ya la sabíamos hace tiempo nosotros, que no creemos, ni mucho menos, que la vida deba ser igual para las mujeres y para los hombres; pero que creemos que «en ciertos países» —pues esto depende de infinidad de circunstancias— la obra parlamentaria de la mujer no solo es justa, sino que es muy útil y benéfica; nosotros, que, sin ser feministas decididos, creemos en la bondad de un cierto feminismo, nosotros nos hemos alegrado profundamente de «la debilidad» de *miss* Rankin. Y nos hemos alegrado porque no solo no la creemos contraproducente, sino que, al contrario, vemos en ella una razón convincente de lo que puede, sin fantochadas de marimachos, ser el feminismo.

La mujer en la vida parlamentaria no puede existir más que en los países en que, con voto o sin él, la mujer vive ya, poco más o menos, la vida social que el hombre: una doctora o una abogada no es más «masculina» por el hecho de ser diputada, si es que ya ha caído en el ridículo de masculinizarse. Mas, si la presencia de la mujer en un Parlamento puede ser útil, es únicamente a condición de que esa mujer, siendo muy mujer, muy femenina, lo más femenina posible, pueda dar en ciertos casos la nota femenina necesaria; en los países escandinavos, desde que las mujeres votan y son elegibles, el alcoholismo ha desaparecido casi por completo, y las leyes de protección a la infancia y de protección a los trabajadores se han perfeccionado notablemente.

Para ocuparse de créditos de guerra no hacen falta mujeres diputadas; en Francia y en Inglaterra hace ya tiempo que existen «oficialmente» asociaciones de señoras encargadas de asistir a los «Tribunales de menores» y de ocuparse de los menores delincuentes; ¿qué no podrían hacer en un Parlamento estas mujeres? ¡Cuánto mejor se ocuparían de reformar ciertas leyes tocando a los penitenciarios de adolescentes que no un diputado, que, por muy hombre que sea y por muy acorazado que esté contra las «sensiblerías», desconoce generalmente en absoluto estas cuestiones tan importantes!

Ahora se trata en Francia —en Francia, el país que más se mofó del feminismo— de hacer que las comisiones de subsistencia, etc., estén compuestas por mujeres. Y verdaderamente, por muy antifeminista que se sea, no se puede dejar de reconocer que las mujeres entienden más que los hombres respecto a la cantidad de patatas necesarias para una familia de tantas o de cuantas personas, o respecto a los litros de la leche necesarios a la alimentación de un niño.

Y este es el papel de la mujer en el Parlamento: recordar a los hombres, que muchas veces se olvidan de ello, los derechos de los niños y también los de las madres. Pues salvo en Alemania, que es el único país que disfruta de una organización social en que el obrero no está sometido al capricho del patrón y el niño al capricho del padre, ninguna ley, en ningún país, ampara a la obrera embarazada, o nodriza, o protege el jornal de la mujer contra las ganas de emborracharse del marido. Y esto se ve bien claro ahora en Francia, donde la Academia de Medicina hace una violentísima campaña para protestar contra el *surmenage* de las obreras embarazadas o nodrizas que trabajen en las fábricas de municiones.

Miss Rankin, en el Parlamento de Washington, tiene otra misión que la de conservar su serenidad para votar la guerra; y está bien que haya llorado, que haya mostrado que era, ante todo y siempre, femenina, «débilmente femenina».

Mujeres a lo Pankhurst, que consideran la mayor victoria del feminismo vestirse como para dar sustos al miedo, hablar con voz de aguardentosa y ocuparse de cuestiones que no les importan no hacen falta para nada y sobran en todas partes. Mujeres como *miss* Rankin, que en el Parlamento no olvidan que deben seguir siendo siempre muy mujeres, esas pueden traer para todos grandes beneficios. Y pensamos, naturalmente, en los países en que esto «es posible»; en aquellos países en que la mujer está ya preparada para saber hacia qué beneficios debe encaminarse.

[«La vida y las mujeres. Feminismo sentimental», *El Día*, Madrid, 13 de abril de 1917, p. 6.]

FEMINISMO, FEMINIDAD, ESPAÑOLISMO,
POR GREGORIO MARTÍNEZ SIERRA

Gregorio Martínez Sierra se ha significado hace ya tiempo como el más ardiente defensor del feminismo. No hablemos de su obra teatral; no hablemos siquiera de la obra que quiere realizar por el teatro (traducción y representación de *Casa de muñecas*); ocupémonos tan solo de su obra estrictamente feminista, reasumida y definida en el libro publicado hace poco: *Feminismo, feminidad, españolismo*.

Se ha atacado mucho a Martínez Sierra por su acción constante en favor de la mujer, y casi podríamos decir que se le ha atacado precisamente por lo razonable de esta acción. La acción feminista de Martínez Sierra no puede refutarse con chistes y caricaturas como la acción «excesiva» de ciertas sufragistas; además... Martínez Sierra es un hombre, y esto aumenta singularmente el valor de sus campañas en favor de la mujer. Hay gentes que, al oír hablar de reivindicaciones femeninas, de derechos de la mujer, etc., sonríen burlonamente y hablan de solteronas despechadas o de marimachos; cuando estas reivindicaciones están hechas por un hombre que, a primera vista, no ha de ganar nada con ellas, cuando es un hombre el que asegura que la mujer tiene tales y tales derechos, la oposición no es ya tan fácil. Sin embargo, esa muchedumbre que en todos los tiempos y en todos los países se ha mofado y se mofa de lo nuevo, sea cual sea la novedad, esa muchedumbre ataca a Martínez Sierra por su feminismo y, no sabiendo exactamente la significación de este feminismo, le acusa de ir en contra de la feminidad y del carácter español. «Yo soy quien tengo razón, yo y algunos de ustedes únicamente. Siempre tiene razón la minoría..., pero yo estoy con esa aristocracia intelectual que acepta la verdad naciente. Los hombres de esta elite están siempre en las avanzadas, muy lejos de la mayoría, y luchan por esa verdad naciente, demasiado nueva para ser comprendida y aceptada por la mayoría», dice el héroe ibseniano de *Un enemigo del pueblo*. A las acusaciones dirigidas a sus artículos, a sus conferencias, en una palabra, a toda su campaña, Martínez Sierra contesta con este libro, cuyo solo título echa por tierra las refutaciones de sus adversarios, probándoles, poco más o menos, matemáticamente su ligereza y su superficialidad.

¿En contra de la feminidad, en contra del españolismo, se ha dicho? Este libro feminista, uno de los más feministas que se han escrito, no es más que una predicación, desde su primera hasta su última línea, para que la mujer sea lo más mujer posible, para que sepa serlo más que nunca. Esto, primero, y luego para que aproveche, en beneficio de todos, su *buena feminidad*.

Ya nadie, excepto los autores de sainetes para teatros de quinto orden, creen que la mujer desea votar únicamente para igualarse al hombre; pero son muy pocos los que se han tomado la pena de enterarse de lo que serviría que las mujeres votaran, y Martínez Sierra, con gran sencillez, con gran amenidad y *con gran cultura*, enseña a los que lo ignoran lo que en ciertos países ha realizado la mujer *con voz y voto*, en los tribunales de menores, en las cruzadas contra el alcoholismo, en la enseñanza primaria, en la higiene de las ciudades. Hay muchas personas que afirman de buena fe que solo defienden el feminismo ciertas literatas fuera de quicio; Martínez Sierra transcribe páginas enteras de Stuart Mill y de Wells en defensa de la mujer «activa» y en contra de la mujer que solo es hembra. Hay muchos hombres —y también muchas mujeres— que declaran con tranquilidad y suficiencia el imposible acuerdo de lo que llaman «emancipación femenina» con los deberes de esposa y de madre; y Martínez Sierra, basándose en hechos, no en frases huecas, demuestra toda la superioridad, como esposa y como madre, de la mujer que cumple sus deberes conscientemente, habiéndolos aceptado libremente y no habiéndose sometido a ellos sin saber ni cómo ni por qué. Este libro de Martínez Sierra es algo muy serio; algo transcendental, y lo mismo para los hombres que para las mujeres.

Tiene Martínez Sierra en su libro algunos capítulos «de consejos» de una delicadeza y de una sensibilidad exquisitas y también de un sentido común admirable: «Consejos a una linda lectora», «La poesía de la vida, el gozo de vivir, ¿dónde están?», y aquel que trata de la meditación y aquel otro que pide a las mujeres, *por el amor de Dios*, que no den nunca limosna de dinero a los niños. Son capítulos deliciosos que deben ser leídos; pero aquí nos ocuparemos particularmente de los demás, de los *más materiales*.

El libro empieza en la conferencia dada el pasado invierno en el teatro Eslava, y que tantas polémicas suscitó; aquí mismo, en el capítulo octavo, titulado «Para alusiones», Martínez Sierra contesta a los hermanos Álvarez Quintero y a todos los que entonces aseguraron: «Primero, que el Sr. Martínez Sierra quiere que la mujer se parezca al hombre; segundo, que el Sr. Martínez Sierra ve a la mujer a la europea y no a la española». Veamos primero los puntos esenciales de la conferencia, o sea, del primer capítulo de *Feminismo, feminidad, españolismo*.

Todo el programa feminista de Martínez Sierra puede concretarse de este modo: que la mujer aprenda y se perfeccione lo más posible, para elevarse todo lo posible y ser todo lo útil posible a sí misma y a los demás. Así quiere: primero, que la mujer adquiera conciencia de sí misma, que cultive su espíritu y que comparta con el hombre, realmente, *toda la vida*. Y a quienes no lo entienden, explica lo que significaría el voto de las mujeres: si las madres se ocupasen de la enseñanza no estaría esta (principalmente la primaria) en el estado lamentable en que se encuentra; si las mujeres tomasen parte en la promulgación de las leyes que tienen que soportar lo mismo que los hombres, no se daría el caso inicuo de que el mayor de los sinvergüenzas, *estando dentro de la ley*, tiene derecho a hacer lo que le viene en gana con la vida de su mujer y con el dinero de sus hijos; incluso a gastarse la hacienda de estos alegremente y a hacer buscar a aquella por la Guardia Civil. «Y fuera de estos hondos problemas trascendentales, problemas de vida, de conciencia, de honra, de virtud y limpieza nacionales, ¿en cuántos otros de la existencia cotidiana no se creen ustedes con perfecto derecho a intervenir, y con perfectísima actitud?» Y el autor recuerda a las mujeres los escándalos de los mercados, de la no observación de la higiene más elemental, de la explotación y mendicidad de los niños. Y, para los que todavía creen que el feminismo es cosa de seres sin sexo, recuerda que todas las obras feministas han sido siempre obra de esposas y madres que, por eso mismo, porque eran esposas y madres podían comprender muchas cosas *femeninas* mejor que los hombres. Y a los que le acusan de ir contra el españolismo, Martínez Sierra aconseja repasen la historia de España, y se enteren de que España ha sido el país más *feminista* de Europa. Que una cosa son las verdaderas tradiciones españolas y otra cosa las costumbres moriscas.

No podemos reproducir, como quisiéramos, ciertas opiniones de espíritus elevados que Martínez Sierra agrupa en torno a la suya. Hay una página de Séverine que es quizá, en su sencillez, la más enérgica defensa del feminismo; hay frases de Alejandro Dumas (hijo) de tan buen sentido que no tienen réplica posible; hay, sobre todo, un estudio acerca de Stuart Mill y un artículo de Wells que define admirablemente cómo las mujeres, «a fuerza de eficiencia y de trabajo», han merecido su derecho a la vida. Wells nos cuenta *la elevación* de la mujer inglesa; ¿quién puede dudar de que la mujer española sea tan capaz de elevarse?

Es cierto; la mujer española no está aún preparada para compartir con el hombre la vida social. Pero puede estarlo, y, por el bien de todos, debe estarlo. Martínez Sierra anhela y espera el momento en que en España, como en Inglaterra, como en Alemania, en Francia, en Rusia, en América, etc., en lugar de señoritas memas que no sirven ni para esposas ni para madres (lean el capítulo XIII), habrá mujeres que se ocupen, que se sepan ocupar de su casa, de sus hijos y de todo lo que les corresponde en la vida. Esto no es una utopía; lo prueban todos los espíritus superiores que concuerdan con Martínez Sierra, y no es una reivindicación de marimachos; lo prueba que algunos hombres lo reivindiquen tanto como las mujeres. Que el feminismo es tan solo una *feminidad superior* bien lo demuestra Martínez Sierra en el capítulo titulado «Maternidad».

En los capítulos del apéndice, el autor relata, sin ningún *parti pris*, y hasta sin ningún comentario, lo que resulta del feminismo en aquellos países en que se desarrolla con bastante —o con total— libertad; en aquellos países en donde el feminismo puede verdaderamente *hacer algo*; y esta simple «exposición de hechos» es la mayor defensa posible, la defensa irrecusable de las ideas promulgadas por Martínez Sierra, y tan definitivamente resumidas en *Feminismo, feminidad, españolismo*. Ya, después de ese «apéndice», nadie puede, sin caer en el ridículo más absurdo, asegurar que la acción feminista sirve tan solo para gentes de buen humor.

Veamos primero lo que ha realizado el feminismo en Norteamérica: lo que preocupa principalmente a las americanas es la higiene. La ciudad de Idaho Falls era un verdadero desierto. En quince años, la Sociedad de Mujeres ha creado parques y jardines, ha hecho plantar árboles en todas las calles, ha conseguido una ordenanza municipal prohibiendo escupir en las calles y los sitios públicos; además, ha dotado a la ciudad de un depósito de agua potable, ha establecido un hospital y una biblioteca, ha construido dos puentes y ha trazado caminos, amén de otros detalles menos importantes.

En un solo año, el Club de Mujeres de Harrison (Idaho) ha creado una gran biblioteca pública y circulante. La Liga de Amas de Casa, de Fargo (Dakota del Norte), ha conseguido que todos los bazares y tiendas de lujo cierren los sábados a mediodía, a fin de que los empleados tengan el domingo un verdadero descanso. El Club Cívico de Mujeres de Roanoke (Virginia) ha conseguido, después de largos años de incesante propaganda, la creación de un departamento de Sanidad Pública, gracias al cual la ciudad, antes malsana, está hoy completamente libre de epidemias y de enfermedades endémicas.

El Club de Mujeres de Chicago tiene por principal objeto el mejoramiento de los mercados y la regularización de sus condiciones de venta. El Club de Mujeres del Estado del Norte envía todos los años a los valles aislados de la montaña de Tennessee varias maestras que, *por su mismo ejemplo* y por sus lecciones, enseñan a aquellas poblaciones casi salvajes a coser, a guisar y les dan principios de higiene y de limpieza. ¿No es esta una obra bastante más eficaz que las pobres e incompletas obras de caridad realizadas aquí por mujeres que tan solo tienen su buena voluntad sin saber cómo aplicarla? ¿Y qué casa cuna de aquí, en donde tanto se gasta en obras benéficas, puede compararse con las casas cuna establecidas en Chicago por la Liga de Mujeres Católicas? Aquí, cuando más, se preserva algo de la miseria; allí se da de comer higiénicamente a los niños, se tiene a su disposición grandes terrenos para juegos, bibliotecas, dispensarios… y la Liga se ocupa también de proteger a las muchachas contra la trata de blancas, de colocarlas, de darles trabajo. Se les proporcionan, cuando es menester, auxilios materiales, se aconseja y auxilia a las que tienen que comparecer ante los tribunales, etc. ¿Qué obra benéfica puede compararse *en su totalidad* con esta obra hecha por madres y por esposas, que por su misma condición tienen forzosamente que saber mejor cómo amparar a los niños y a los desvalidos?

Hablamos de Norteamérica por ser ese el país en que el feminismo ha alcanzado mayor desarrollo; es decir, ha realizado más obras benéficas. Pero en Francia, en Alemania, en Austria y en los Estados escandinavos existen también muchísimas sociedades y ligas femeninas de ayuda a las obreras, de protección a los niños y a las muchachas, de defensa de la higiene. En España, apenas si sabemos lo que es una obra benéfica *verdadera* y eficaz. Que la creación de un asilo o de un hospital es cosa fácil y que sirve tan solo en su acción *inmediata*. La verdadera obra benéfica es la que sirve para impedir ciertas miserias o para mejorar ciertas situaciones. Y esto no se ha hecho más que por obra de las mujeres, pero de las mujeres cultas, instruidas.

Un capítulo del «apéndice» se titula «Lo que hacen las mujeres de Europa mientras los hombres se están matando». En él y en los que le siguen vemos la obra *colosal* (no hay otra palabra) realizada por las mujeres de los países beligerantes para regularizar el trabajo, para no morirse de hambre ellas y sus hijos, para *que siga la vida*. Y es, junto al trabajo «personal», toda esa labor realizada para los demás: sopas populares, confección de ropas, adopción de huérfanos, reconstrucción de hogares destruidos; todo ello hecho con una organización maravillosa y, en muchos casos, en una alianza que no entiende de fronteras, lo mismo como durante la paz no entendía de religiones ni de nacionalidades.

Pero, para realizar obras de tamaña importancia, la mujer necesita: primero, estar educada para ello, y segundo, tener la libertad de acción necesaria. No; no es para parecerse al hombre por lo que las mujeres quieren participar de la vida social, y los informes del Congreso Internacional de Mujeres acusan una labor social incomparable. En una crónica no podemos reproducir todo lo relatado por Martínez Sierra. Baste este ligerísimo estudio para dar idea de la importancia de la acción femenina —o feminista, da lo mismo— libre y bien entendida, y para dar idea de la alta significación en España, en el país en que, con la mejor voluntad del mundo, la mujer sabe y puede menos de *Feminismo, feminidad, españolismo*.

[«La vida y las mujeres. *Feminismo, feminidad, españolismo*, por Gregorio Martínez Sierra», *El Día*, Madrid, 16 de julio de 1917, p. 4; «La vida y las mujeres. *Feminismo, feminidad, españolismo*, por Gregorio Martínez Sierra II», *El Día*, Madrid, 19 de julio de 1917, p. 3; «La vida y las mujeres. *Feminismo, feminidad, españolismo*, por Gregorio Martínez Sierra III», *El Día*, Madrid, 26 de julio de 1917, p. 3.]

LA PRECURSORA DEL FEMINISMO

Para celebrar sus recientes y, casi pudiéramos decir, definitivas victorias, la Asociación Feminista de París ha ido a depositar flores sobre la tumba de Hubertine Auclert, la primera feminista francesa, la que inició, en sus enérgicas campañas de fines del pasado siglo, la era de las reivindicaciones femeninas. Toda la prensa francesa ha relatado, sin sonrisas ni sarcasmos —¡cómo cambian los tiempos!—, este homenaje a la memoria de la primera mujer que dirigió a la Cámara francesa una petición en favor del voto femenino; a nosotros, aunque nos parece muy merecido el homenaje, nos parece algo injusto el dictado de «primera feminista» aplicado a Hubertine Auclert, pues ello implica el olvido de otra mujer francesa que mucho antes que esta, nada menos que un siglo, fue la verdadera precursora de nuestras ideas feministas de hoy día: Olympe de Gouges.

Era en los trágicos días de diciembre de 1792. El rey Luis XVI iba a ser juzgado por el Tribunal revolucionario, y nadie se atrevía a encargarse de su defensa, según lo había autorizado un decreto de la Convención. Los abogados designados rehuían con pretextos un honor que —a pesar del decreto— podía tener tan funestas consecuencias: la primera de ellas, el ser tachado de realista. Únicamente Malesherbes había tenido la abnegación, la locura, de aceptar. Y pocos días antes del juicio, el secretario de las sesiones de la Convención daba lectura a la siguiente carta: «Me ofrezco, después del valeroso Malesherbes, a defender a Luis. Creo a Luis culpable, *como Rey*. Mas, una vez despojado de ese título proscripto, deja de ser culpable ante los ojos de la República. ¿Es acaso más peligroso para la República Luis, el último, que sus hermanos o su hijo? Sus hermanos están aún coligados con las potencias extranjeras; el hijo de

Luis Capeto es inocente, y sobrevivirá a su padre; ¡cuántos siglos de divisiones y de partidos no podrán engendrar los pretendientes! Para matar a un Rey no basta con quitarle la cabeza; vive aún mucho tiempo después de su muerte; pero ha muerto de verdad cuando sobrevive a su caída». Y esta carta tan valiente y tan «política» ostentaba orgullosamente una firma aristocrática y femenina: Olympe de Gouges.

Al día siguiente de esta lectura, la calle en que vivía Olympe de Gouges estaba llena de una muchedumbre que ofrecía con gritos desaforados 24 perras chicas por la cabeza de la improvisada abogada. Esta, que, además de valiente, no perdía nunca su serenidad, se asomó a una ventana y gritó que ella daba hasta las 30 perras. La frase hizo gracia; lo que no impidió que, poco después, la cabeza de su autora cayera en «la cesta de Sansón». Olympe de Gouges, la generosa defensora de Luis XVI, era la primera feminista «activa» de Francia.

A pesar de sus proclamas de libertad e igualdad, la Revolución no fue en nada favorable al feminismo. Los discursos y escritos feministas del gran Condorcet fueron ridiculizados de mil maneras; por haber querido llevar a las mujeres a las sesiones de la Convención, la revolucionaria Théroigne de Méricourt fue despojada de sus ropas y azotada por la muchedumbre en medio del jardín de las Tullerías. Pero, prosiguiendo impertérrita el camino que se había trazado, Olympe de Gouges fundaba sin cesar asociaciones y clubs feministas, e inundaba París de folletos y de cartelones con frases por el estilo de estas: «La ley debe ser la misma para todos. Todas las ciudadanas deben poder pretender todas las dignidades, colocaciones y empleos públicos, según capacidades, y sin otra diferencia que la de sus virtudes y de sus talentos». Y su proyecto de «Derechos de la mujer» terminaba con estas palabras, que parecían un trágico presentimiento: «La mujer tiene derecho a subir a la guillotina; debe tener también derecho a subir a la tribuna».

No era una ilusa ni una exaltada. Tenía una experiencia muy sensata de las cosas y de los hombres, y deseaba la victoria del feminismo tan solo como uno de los medios para llegar a un porvenir más justo y más bondadoso. En aquella época de énfasis y de fraseología sin resultado, ella se preocupaba de organizar, para remediar la espantosa miseria que reinaba por todas partes, mutualidades y «Cajas patrióticas», que, por falta de ayuda, no consiguieron más que arruinarla, pero cuyos proyectos quedan como una de las páginas más hermosas de la Revolución. Y hubo un tiempo en que ella fue, en toda Francia, la única persona que proclamaba su odio hacia Marat y Robespierre, y que se atrevía a escribir: «¿Son las guillotinas y los verdugos los resultados de una Revolución que había de ser la gloria de Francia, y que, extendiéndose indistintamente sobre los dos sexos, iba a servir de ejemplo al universo?».

Pero es que nuestra heroína, a pesar de su firma, tenía muy poco de sangre azul. Se llamaba, en realidad, muy plebeyamente, Marie Gouze, era hija de un carnicero y se había casado con un cocinero. Olympe de Gouges era su «nombre de guerra», pues, cuando enviudó, *la carnicerita* se dedicó a la vida galante, y adoptó para esta fase de su vida un nombre más noble que el apellido familiar. Debió hacer nuevos negocios; a los treinta y seis años la encontramos muy rica, y dedicada por completo a sus propagandas feministas. Y no hay que olvidar, sean cuales fueren sus principios, que Olympe de Gouges, la precursora del feminismo, merece, por la nobleza y la elevación de sus últimos años, por la abnegación de que hizo prueba defendiendo una causa que había de costarle la vida, perdurar en nuestro recuerdo como uno de nuestros más legítimos orgullos.

―――――

[«La vida y las mujeres. La precursora del feminismo», *El Día*, Madrid, 30 de abril de 1918, p. 4.]

EL APRENDIZAJE SOCIAL DE LAS FUTURAS ELECTORAS

Uno de los argumentos favoritos de los antifeministas es el asegurar que si las mujeres consiguiesen el voto no sabrían hacer uso de él, y este argumento lo creen de tal peso, lo suponen tan definitivo para su adversarios que no se dan siquiera cuenta de que su fragilidad se desmorona con esta simple réplica: ¿acaso saben hacer uso conveniente del voto «todos» los hombres que hoy día —con nuestro sistema de sufragio universal— acuden a votar? Pero no es cosa de repetir aquí esas frases ya casi tradicionales —con la tradición de lo humorístico lindando en lo grotesco— de que una doctora en Medicina, una profesora de Escuela Superior sabrán tomar parte en la vida social, «por lo menos», tan acertadamente como un labrador, como un barrendero, que vislumbran el progreso y las reformas únicamente como un engrandecimiento de su taberna acostumbrada. La profesora, la doctora son, en su sexo, una minoría; como lo son, por cierto, en el sexo masculino, los hombres de intelectualidad superior. Pero —al menos para los antifeministas— esto no hace al caso. Las cuestiones que conciernen a la totalidad deben juzgarse con arreglo a las normas de la mayoría integrada en esta totalidad: singularmente, en cuestiones como esta del sufragio, ya que este es universal, debe establecerse lo que los franceses llaman, con un término insustituible, *une moyenne*, y a eso vamos, a examinar cómo, en caso de conseguir el voto, las mujeres sabrían hacer uso de este nuevo derecho. Y no necesitamos para esto hacer hipótesis más o menos aventuradas y que podrían, por consiguiente, ser refutadas con argumentos más o menos precisos. Tenemos un ejemplo a la vista, una prueba clara e indiscutible.

Seis millones de mujeres de nacionalidad inglesa tomarán parte en las próximas elecciones de su país. He aquí, pues, a seis millones de electoras que por primera vez serán llamadas a hacer uso de sus derechos políticos. ¿Cuál será su conducta en tan solemne momento? No sabemos, y nadie puede saber de antemano [ilegible]; pero lo que ya todo el mundo sabe y puede ver es de qué modo, con qué espíritu, se preparan a votar estos seis millones de mujeres.

Se preparan, sí. No hay que extrañar la palabra. Pero —dirán ustedes—: ¿es que acaso es necesaria una preparación para ser elector? ¿A qué hombre le ha hecho nunca falta una preparación para ser elector? Con no haber sido privado del ejercicio de sus derechos civiles y estar al corriente en el pago de los impuestos basta. Para inscribir en una papeleta un nombre cualquiera y depositar luego esta papeleta de una urna, cierto es, basta. Pero a estos seis millones de mujeres llamadas a votar próximamente en Inglaterra no les parece esto suficiente. Aunque muchos creen que al querer votar solo quieren hacer uso de un derecho hasta ahora reservado a los hombres, ellas no se contentan con esto. Son ambiciosas, quieren más, mucho más, quieren que su voto sea «eficaz», que tenga verdaderamente «razón de ser», que sus resultados signifiquen realmente una mejora, un progreso. Por esto, antes de hacer uso de este derecho, del cual los hombres —por lo menos, la inmensa mayoría de ellos— hacen uso sin preocupación alguna, ellas desean prepararse; los seis millones de mujeres llamadas a votar próximamente en Inglaterra hacen actualmente «su aprendizaje social».

Los partidos, todos los partidos políticos ingleses, hacen naturalmente lo posible por atraer cada uno hacia sí este nuevo e importantísimo contingente de votos. Esto es cosa aparte. Sin distinción de partidos, sin preocuparse lo más mínimo de opiniones ni de programas, las mujeres inglesas han constituido «ellas mismas» en todo el Reino Unido «asociaciones de ciudadanas», destinadas a organizar agrupaciones para el estudio de las cuestiones políticas, lo mismo nacionales como internacionales, y el de todos los problemas locales, «principalmente aquellos que afectan a las mujeres». Igualmente se han organizado dentro de todos los partidos políticos ya existentes que se ocupan y se ocuparán siempre en delante de las cuestiones femeninas o directamente relacionadas con las mujeres o con los niños. Esto prueba:

Primero. Que, al hacer sus campañas para conseguir el derecho a votar, las mujeres pretendían efectivamente cooperar «femeninamente» en la vida social, tomar parte en la vida política desde el punto de vista «femenino» y completar de este modo, siguiendo normas necesarias e imprescindibles, el impropiamente llamado sufragio universal, puesto que el Universo en su humanidad consciente se compone no solo de hombres, sino también de mujeres, que tienen también el derecho, mejor dicho, el deber de prestar su colaboración peculiar a las decisiones cuyas consecuencias habrán de soportar conscientemente. Por consiguiente, debe desecharse de una vez para siempre la idea pueril de que la vida política y social de las mujeres solo servirá para reforzar la vida política y social ya existente. Ya que, gracias a las definitivas victorias del feminismo, es inútil en muchos países repetir la célebre frase de Olympe de Gouges: «Puesto que las mujeres tienen derecho a subir al cadalso como los hombres, deben tener, como los hombres, derecho a elaborar las leyes»; palabras estas que desde el Tribunal revolucionario, ante el cual fueron pronunciadas, han vibrado durante más de un siglo a través de todas las reivindicaciones femeninas; asignemos siquiera, en este momento en que tantas mujeres van a tomar parte en la elaboración de las leyes, el espíritu de colaboración y no de identificación con el hombre que preside a la naciente actuación social de estas mujeres.

Segundo. Las «asociaciones de ciudadanas» inglesas prueban que las mujeres no solamente sabrán votar lo mismo que los hombres, sino que tienen el firme deseo de votar mejor. Por lo menos, más a conciencia. Podrían contentarse con votar lo mismo, ¿verdad? Y ¿cuál es el país en que los hombres «se preparan» a cumplir lo más acertadamente posible su deber de electores?

Pero no es idea de las electoras el servir de ejemplo a los electores. Los hombres son dueños y señores del mundo desde siempre; para poder ser tan solo consideradas como criaturas plenamente conscientes, las mujeres han necesitado siglos, siglos de sacrificios y de esclavitud moral.

Las mismas injusticias que han padecido por culpa de leyes que ellas no habían hecho las han acostumbrado a considerar esas leyes como algo de una seriedad e importancia trascendental; y no es extraño que, llegado el momento de participar ellas también en la formación de las leyes, se apliquen, con todas las energías y con toda la elevación de que son capaces, a hacer que esta ley sea más buena y más justa.

[«La vida y las mujeres. El aprendizaje social de las futuras electoras», *El Día*, Madrid, 16 de septiembre de 1918, p. 2.]

LA DESIGUALDAD NECESARIA

Son ya varias las cartas —anónimas casi todas— que hemos recibido como protesta contra nuestro reciente artículo sobre «Los derechos electorales». Con más
prudencia unas, con excesiva vehemencia otras, son varias las mujeres que nos
reprochan el «retardar el triunfo del feminismo en España». Una hasta va más
allá todavía y nos acusa nada menos que de «fomentar y aumentar la desigualdad entre el hombre y la mujer». Y a esta sí que queremos contestar.

El mayor peligro del feminismo es el que pueda ser confundido su triunfo
con la única obtención de los derechos políticos. Cierto es que, sin estos derechos, no pude existir feminismo completo; pero cierto es también que estos
derechos no pueden ser más que un medio, y nunca un fin. Es decir, que los derechos electorales de la mujer deben pedirse y obtenerse *para algo*, con vistas
a algo: a un algo que es, precisamente, la confirmación de la desigualdad entre
los dos sexos.

Si queremos equiparar nuestra posibilidad de reflexión a la de los hombres,
lo primero, ¿verdad?, es demostrar que somos capaces de, siquiera sea, reflexio-
nar un poquito: por mucha igualdad que se reivindique o se proclame entre
hombres y mujeres, no dejarán de ser muy distintas las condiciones naturales
de uno y otro sexo, y el hablar de desigualdad no quiere decir que las mujeres han de ser siervas o esclavas. El feminismo es un progreso; el triunfo del
feminismo —del feminismo convenientemente preparado y *educado*— ha de
ser una colaboración eficacísima e indispensable, fatalmente indispensable, al
progreso universal: esto ya no lo discuten ni los más retrógrados. Ahora bien:
¿cuál es para los hombres el ideal máximo de progreso? El desarrollo cada vez
más completo de sus aptitudes y el reconocimiento cada vez más comprensivo

de sus necesidades. Pues lo mismo ha de ser en lo que nos concierne a nosotras; y nuestro ideal ha de ser, si quiere ser equilibrado y lógico, el conseguir el posible desarrollo de nuestras aptitudes, y el conseguir que nuestras necesidades puedan cubrirse como les corresponde. Pero se trata de *nuestras* aptitudes y de *nuestras* necesidades, de las que nosotras mismas, por nuestra misma naturaleza, poseemos o somos susceptibles de adquirir; no de las que algunas de nosotras pretenden apropiarse a la fuerza.

La célebre feminista noruega Nini Roll Anker cuenta en una de sus obras (en este momento no recuerdo con seguridad en cuál de ellas) la desesperación de unas obreras para quienes las señoras de un comité feminista habían obtenido las mismas condiciones de trabajo que aquellas que disfrutaban sus compañeros de fábrica. «Sí, decían estas pobres mujeres, ahora nos tratarán igual que a los hombres, pero no es esto lo que necesitábamos, porque siempre nos encontraremos en una situación inferior a ellos; pues ellos, cuando salen de la fábrica, ya no tienen nada que hacer, y nosotras tenemos aún que trabajar en casa para el marido y para los hijos». Y es que las señoras de aquel comité feminista, en su afán de igualdad a todo trance, se habían olvidado de que, para no ser absurdos, se deben seguir las leyes de la naturaleza, de la naturaleza que nos ha hecho, a los dos sexos, esencialmente desiguales. Sin duda, para que nos completemos un día.

Ciertas palabras bellas ejercen una sugestión harto peligrosa, y la sonoridad del vocablo «igualdad» es de las más sugestivas. Igualdad ante la ley, igualdad en el trabajo… ¡No, por Dios! ¡Eso nunca! Desigualdad, desigualdad profunda, tan profunda que llegue a ser natural, a obedecer a los mandatos de la naturaleza. Y aquí de las objeciones que más parecen ser perogrulladas: ¿por qué no ha de estudiar medicina una mujer?, ¿por qué no ha de ser jurado una mujer lo mismo que un hombre? Y es que el afán de conseguir lo que se desea le hace a uno, mejor dicho, a una, tomar muchas veces, como vulgarmente se dice, el rábano por las hojas. La desigualdad necesaria entre hombres y mujeres no quiere decir que las mujeres deban apartarse de todas las manifestaciones del espíritu o de la actividad masculinas; quiere decir que, al hacer ellas también estas manifestaciones, las deben hacer en su plan, en su plan femenino.

Nada más justo que el que pueda estudiar medicina una mujer con aptitudes para ello; mas lo natural es que, al ejercer luego su carrera, lo haga femeninamente, especializándose, por ejemplo, en la asistencia a mujeres y niños. Nada más justo que el que un jurado se componga indistintamente, o por igual, de hombres y de mujeres; mas, para que la intromisión de las mujeres en los jurados sea de alguna utilidad y signifique verdaderamente algo, es preciso que estas mujeres juzguen como mujeres, es decir, con las facultades especiales de la mujer; facultades de que carece, forzosamente, el hombre, y que deben *completar* las facultades masculinas. Para ser simplemente un aumento de número, la colaboración femenina es innecesaria.

Las mujeres en España no estamos actualmente preparadas para tomar parte en los asuntos públicos; pero lo estaremos probablemente de aquí a unos años. Lo primero, en el camino que hemos de emprender para prepararnos, es no olvidarnos nunca de que somos y debemos ser, ante todo, mujeres.

Se ha dicho muchas veces que el problema feminista es únicamente un problema económico, y esto es verdad y prueba serlo cada día más; para allanar las dificultades que pudiera ofrecer la solución de este problema, no conviene en modo alguno crear, impensadamente, dificultades nuevas. «El mismo sueldo por el mismo trabajo» es un lema de indiscutible autoridad y poco a poco nos vamos percatando de ello; por desgracia, nos olvidamos de que el problema económico de una mujer no se resuelve con llegar a ganar tanto como un hombre, porque *además* está, con derechos irrecusables, su condición de mujer, y esto, nuestro feminismo, quizás porque tiene aún poca experiencia, no lo considera bastante.

Dejemos a un lado las carreras, las profesiones liberales y los empleos, trabajos todos en que la mujer puede mejor soportar la misma fatiga que el hombre; limitémonos a considerar el trabajo de fábrica que va englobando poco a poco toda la energía femenina de la clase artesana: ¿quién puede creer que una obrera será igual a un obrero porque ganará el mismo jornal? Recordemos lo dicho por Nini Roll Anker: ¿no es triste que, mientras en casi todos los países del extranjero las fábricas están obligadas a tener «cunas» y «salas de lactancia», aquí el mayor anhelo de las feministas, es decir, de las mismas mujeres, sea el conseguir el voto? Lo queremos, dirán algunas, para precisamente imponer nuestros derechos *femeninos*. ¿Sí? Pues entonces, ¡bravo!, y mil veces ¡bravo! Pero reconoced conmigo que debemos, ante todo, anhelar diferenciarnos cada día más esencialmente del hombre; reconoced que, entre los dos sexos, debe existir, para bien de los dos, para bien, sobre todo, de nosotras, una necesaria desigualdad.

Muchas lo saben, muchas lo pregonan; pero hay otras que solo quieren ser iguales al hombre, tener los mismos derechos que él, y estas, cegadas por su vehemencia, tachan de timidez nuestras salvedades. Y nosotras lo que tenemos, en lugar de timidez, es que llevamos mucho más allá nuestras reivindicaciones. No nos basta con ser iguales en derecho al hombre; queremos, además, ser protegidas, y queremos que todo y todos se inclinen ante el más fuerte derecho que podemos ostentar: el de la maternidad. Y derecho al trabajo en nombre de los hijos, y reglamentación protectora del trabajo en nombre de los hijos que tenemos, que vamos a tener o que podremos tener un día; y derechos ante la ley como madres, con la prioridad de madres; y derechos a intervenir en la vida pública, con prioridad en todo cuanto, de cerca o de lejos, directa o indirectamente, se puede relacionar con nuestra maternidad.

Hace pocos días oímos decir a una señorita, profesora distinguida, que su único anhelo era llegar un día a sentarse en un escaño del Congreso. ¿Para qué?, le preguntamos. Pues para intervenir en los asuntos del país, nos contestó ella, muy asombrada de nuestra pregunta. Y no se le ocurrió contestar: pues para ocuparme de tal cuestión de higiene, o de puericultura, o de educación, que, por mi condición de mujer, he de comprender mejor que los hombres.

Felizmente, la mayoría de nuestro feminismo activo ve las cosas con más serenidad…; hasta diremos que con más cordura. Pero, ya que tenemos la inmensa suerte de no haber conocido las luchas y vejaciones que, en otros países, se opusieron a los comienzos del feminismo, es nuestro deber difundir entre todas y todos nuestros feministas la idea, el anhelo de la desigualdad necesaria. Sería lástima que las estridencias de unas pocas diesen origen de nuevo a los chistes y burlas a costa del feminismo masculinizado. Porque el feminismo es sencillamente la elevación de la mujer para que la acción de esta pueda ser, verdaderamente, *paralela* a la del hombre.

[«La vida social y las mujeres. La desigualdad necesaria», *El Fígaro*, Madrid, 17 de febrero de 1919, p. 4.]

FEMINISMO, HUMANITARISMO

Uno de los actos más trascendentales del feminismo y uno de los más gloriosos para su historia ha tenido lugar recientemente; los informes detallados que acaban de llegarnos del Congreso Feminista Internacional, celebrado en Zúrich del 12 al 19 de mayo, nos dicen que esta fue en verdad una de las más altas manifestaciones del espíritu social de las mujeres.

Vacila uno siempre un poquito ante estas palabras: Congreso Feminista. ¡Ha habido y hay continuamente tantos Congresos Feministas, nacionales e internacionales, generales y más o menos particulares que tienen ya todos enfrente forzosamente a la opinión, escéptica o, por lo menos, desorientada! Pasa con los Congresos Feministas lo que con las Asociaciones del mismo nombre; son tantas y tan distintas que el vulgo, no iniciado, acaba por creer que cada una se compone de unas cuantas señoras que se han repartido generosamente los cargos y honores. Sin contar con que el feminismo goza hoy de una boga de muy buen tono y es cómoda etiqueta para toda clase de aspiraciones y propagandas. Por esto mismo, el Congreso de Zúrich es digno de mayor consideración, ya que los trabajos en él llevados a cabo son fruto de serios razonamientos y venero de prácticas realizaciones.

Cuando aún no ha sido firmada la paz; cuando los diplomáticos discuten aún las condiciones que han de infligir al vencido; cuando los odios vibran aún entre los beligerantes, mujeres *enemigas* se reúnen para trabajar en pro del bien universal. Antes de este Congreso ya hubo entre las mujeres de todas las naciones alguna que otra demostración de *fraternidad* —en la más amplia y más profunda acepción de la palabra— para con sus hermanas de otros pueblos, y estos gestos aislados de mujeres bastaban para no desesperar del corazón y la razón de la Humanidad; lucían por encima de todo, por encima mismo de la lucha, *au-dessus de la mêlée* [más allá de la contienda], según la frase tan noble de Romain Rolland. Recuerdo que en aquellos días de la movilización —días de tragedia inolvidable para quien los ha vivido en uno de los países beligerantes—, en un pueblecito del Pirineo francés, una madre, cuyos dos hijos mayores partían para la guerra, se lamentaba únicamente... porque sus demás hijos eran demasiado jóvenes para partir también; la espartana hoy no puede ser más que desequilibrada o ferozmente seca de corazón; el heroísmo a todas luces es hoy, salvo raras excepciones, histerismo o vanidad. ¿Qué quedó del *patrioterismo* desnaturalizado de esa mujer frente al dolor inconmensurable de las demás madres? Asimismo, el gesto de unas cuantas francesas contestando con mofas a las madres alemanas, que imploraban su intercesión en favor de sus hijos hambrientos, desaparece ante el envío hecho a Alemania por mujeres inglesas de un millón de biberones, o ante la misiva que un grupo de intelectuales francesas, capitaneadas por la ilustre Séverine, dirigió a raíz del armisticio al presidente Wilson rogándole estableciese una paz de amor y de justicia. Y últimamente la de Sofía Casanova, hablando en su cegado antisemitismo hasta de «crímenes rituales» de los judíos (pero hace unos años, ¿no fue acaso Su Santidad mismo quien, requerido por *lord* Rothschild, negó rotundamente estos crímenes, tras los cuales los polacos quieren excusar sus demasiados ciertos pogromos?), se borra ante el gesto de *madame* Jules Siegfried llamando la primera la atención del mundo civilizado sobre la *socialización* de las mujeres en ciertos distritos de Rusia.

Sí; no ha sido menester este Congreso de Zúrich para probar al mundo que el feminismo, el verdadero feminismo, no era constituido por el deseo de masculinización de unas cuantas despechadas o por el deseo de figurar de algunas otras, sino por un sentimiento pleno y convencido de la necesidad de colaborar en la formación de una Humanidad mejor.

Veamos cuáles han sido los acuerdos adoptados en este Congreso del feminismo, que nosotros llamaríamos más bien «del humanitarismo». Y una contestación se impone ante todo: de estos acuerdos, tomados únicamente por mujeres, no hay uno solo que interese únicamente a la mujer; todos se relacionan con los intereses generales de la Humanidad.

El Congreso comprende delegadas de Inglaterra, Francia, Estados Unidos, Dinamarca, Irlanda, Austria y Alemania; en conjunto, ochenta miembros. El primer punto de discusión es el proyecto del Tratado de Paz. La Sra. Anita Augspurg (Alemania) dice que el Congreso no tiene por qué discutir la admisibilidad o la no admisibilidad de este proyecto; que su única misión es tratar del modo que la influencia femenina puede ayudar a mantener los 14 puntos de Wilson. *Miss* Bennett (Irlanda) afirma que el principal objeto de las feministas irlandesas es laborar en pro de una paz inquebrantable. La Sra. Tyibirg (Dinamarca) dice que un mensaje firmado por quince mil dinamarqueses ha sido enviado a Lloyd George suplicándole en pro de una paz sin venganzas; y *miss* Wilkinson (Inglaterra) se declara, en nombre de las feministas inglesas, francamente en contra de una paz vengativa, y con este motivo pronuncia contra algunos políticos ingleses frases agresivamente revolucionarias. Finalmente, *miss* Greene Balch (Estados Unidos) estima que el Congreso feminista debe formular proposiciones de mejora a las condiciones del Tratado de Paz. Recogiendo esta opinión, *madame* Melin (Francia) propone —y su proposición es inmediatamente adoptada— que una Delegación de seis mujeres remita a los miembros de la Conferencia de Versalles las decisiones del Congreso de Zúrich, y *madame* Despart, hermana del mariscal French, propone —y su proposición es igualmente aceptada por unanimidad— que al regresar a sus patrias las delegadas organicen mítines de propaganda en favor de una paz que no fuese solamente una tregua entre dos guerras.

¿Qué resultado práctico tendrán por ahora estos acuerdos? Acaso ninguno; pero ¿quién señalará la importancia de su resultado moral? ¿Quién señalará, sobre todo, la importancia de su significación? Esas 80 delegadas representaban *efectivamente* el espíritu de millones de mujeres; el que el primer Congreso Feminista Internacional celebrado desde la guerra se haya sobrepuesto tan rotundamente a pequeños intereses y a cuestiones particulares es la más viva demostración de que feminismo y humanitarismo son una misma cosa y de que con el feminismo nos son permitidas las más aventuradas esperanzas para el porvenir.

[«La vida social y las mujeres. Feminismo, humanitarismo», *El Fígaro*, Madrid, 9 de junio de 1919, p. 5.]

EL FEMINISMO NECESARIO

«¡Pero usted es antifeminista!», nos dicen a menudo personas que nos oyen abogar en contra del voto femenino.

Y nos los dicen con tan candorosa buena fe que quedamos de momento algo desconcertados. ¿Cómo diremos, cómo probaremos lo bastante que somos no solo feministas, amplia y apasionadamente feministas, sino que lo somos con la firme convicción de que nuestro feminismo, es decir, la idea que nos hacemos de lo que debe ser el feminismo, coloca a la mujer en un concepto mucho más elevado que el feminismo de aquellos —de aquellas, sobre todo— que no tienen otro ideal ni otro anhelo que el derecho a votar? Feministas, sí; inquebrantablemente feministas e inquebrantablemente, «por ahora, y aquí», en contra de los derechos políticos de la mujer. Y en contra de estos derechos, no por creer respecto a ellos a la mujer española en condiciones inferiores a las del hombre, sino por creerla inferior en preparación social.

Esto lo hemos dicho ya, en estas mismas columnas, infinidad de veces, y lo hemos dicho explicando detalladamente el porqué de nuestra opinión; sería, pues, ocioso repetir de nuevo argumentos que suponemos no completamente olvidados de nuestros lectores; si hemos vuelto sobre este asunto, ha sido únicamente como preámbulo, como necesaria afirmación —o confirmación, como ustedes gusten—, antes de ocuparnos precisamente de una de las partes más importantes de la preparación social de la mujer. Que no ponga ninguna «superhembra», ninguna pobre «superhembra», el grito en el cielo ante lo que sigue; se trata sencillamente de la enseñanza *ménagère*, o, para hablar como Dios manda de este lado de los Pirineos, de la enseñanza del hogar.

Que las mujeres deben, y cuanto antes mejor, poder colaborar con los hombres en los asuntos públicos, nada más cierto; nada más cierto también que esta colaboración sería completamente inútil si se redujese a un aumento de votos; la labor política de la mujer debe ser… labor de mujer. El gran argumento feminista de que los sexos deben regir juntamente los destinos de la humanidad, ya que la humanidad se compone de los dos y no de un solo sexo, implica, naturalmente, para todo espíritu equilibrado, la necesidad de que la labor de la mujer se presente como tal, con sus peculiares e insustituibles condiciones. Y para ello no basta con reglamentar el trabajo femenino ni con exigir la reforma del Código; es imprescindible que, ante todo, y por encima de todo, la mujer tome conciencia de sí misma, de sus deberes y de la ampliación que estos pueden tener. Solo así podrá tener conciencia exacta de sus derechos.

Conformes —dirán muchos—; pero ¿qué tiene que ver esto con algo tan prosaico como la enseñanza del hogar? En efecto: así, a primera vista, la reforma del Código Civil que padecemos, y la sustitución de muchos de sus inhumanos artículos por otros que considerasen a la mujer como un ser razonable y no como una idiota o una demente, esa reforma ha de parecer mucho más esencial y más trascendental que la implantación de la educación doméstica. Y, sin embargo, un poquito de reflexión demuestra que, para solicitar, mejor dicho, para exigir tan natural reforma, para exigirla con toda la lógica y toda la seguridad necesarias, es imprescindible que las mujeres tengan plena conciencia de su naturaleza física y moral; es imprescindible que tengan desarrollados todos los recursos de que su naturaleza es capaz para elevarse y completarse lo más femeninamente posible. Y esta cuestión de la educación doméstica no es, ni con mucho, punto baladí en este «feminismo necesario».

La mujer española tiene fama de ser, como ninguna, lo que se entiende por «mujer de su casa». Verdad es que tiene como ninguna el apego a su casa, y que gusta como ninguna de permanecer en casa ocupada en sabias y pacientes labores de costura; pero… es un hombre, y uno de los primeros feministas en España, Martínez Sierra, quien en su libro titulado *Feminismo, feminidad, españolismo* habla del «error trascendental» de la mujer española que «borda en oro y no sabe poner el puchero». Y poner el puchero no quiere decir únicamente, claro está, la acción de preparar la comida en la cocina; «poner el puchero» quiere decir, a poco que se amplíen los términos, distribución de los alimentos y hasta administración interior de la casa.

La mayoría de los feministas, sobre todo, de los feministas españoles, de estos buenos feministas que tal se dicen por no parecer retrógrados, por parecer «europeos», con un ligero matiz feminista, como un ligero matiz socialista o acción social —socialista en contra del socialismo, que diría el otro—; la mayoría de nuestros feministas, pues, cuando no se aventuran a reclamar para la mujer el derecho a ser diputada, reclaman al menos para ella el derecho a figurar en los excelentísimos Ayuntamientos. ¿No es natural —dicen a coro con una buena fe conmovedora— que sean mujeres quienes administren la hacienda interior de la ciudad y velen por su bienestar, cuando son ellas quienes administran los recursos y velan por el bienestar de la familia? Como natural, la cosa no puede serlo más, siempre que, en efecto, las mujeres tengan costumbres de administrar bien, es decir, lo mejor posible, el presupuesto del hogar; mas ¿es cierto que así sucede? Además de que no es lo mismo tomarle la cuenta a la criada y disponer de un gasto de unas pesetas o unos duros diarios que el disponer los gastos y las necesidades de un Municipio, ¿podemos estar seguras de que, con su educación actual, con la preparación que hoy tienen para la vida, nuestras mujeres demuestran una capacidad absoluta, aun hasta para las necesidades particulares de un hogar? A tales cuestiones no sirve contestar con hipérboles ni con himnos a la bondad y a la virtud. La bondad y la virtud nada tienen que ver con las matemáticas ni con el conocimiento de la higiene. Pensemos tan solo que, antes que querer ser diputadas, las mujeres han de probar que pueden ser concejalas; que, antes que querer reformar el Código a su favor, han de saber qué reformas son para ellas más convenientes.

———

[«La vida social y las mujeres. El feminismo necesario», *El Fígaro*, Madrid, 14 de julio de 1919, p. 7.]

LA CULTURA FEMENINA

Constantemente, desde algún tiempo a esta parte, pueden leerse, firmados por feministas de los dos sexos y de todos los matices, himnos de alegría a propósito de la gran victoria feminista sueca, y estos derechos políticos completos concedidos a la mujer en Suecia son presentados nada menos que como modelo necesario, como base fatal y cercana de nuestro feminismo. Que nos regocijemos de este nuevo y gran triunfo feminista, muy bien; pero no es cosa por ello de «perder la chaveta» —defecto que nos atribuyen a nosotras, mujeres, con demasiada frecuencia— y de compararnos *ipso facto* con nuestras hermanas escandinavas.

En vez de celebrar tanto y tanto, como si fuera nuestra, esta victoria, no estaría mal averiguar un poquito sus causas, su razón de ser. Creer que el Parlamento sueco ha concedido el voto y la elegibilidad a las mujeres nada más que porque sí o por aquello de que la mujer debe ser igual al hombre en derechos es una ingenuidad que solo puede excusarse en algunos espíritus hechos con fraseologías mitinescas; el Parlamento sueco no se compone exclusivamente de necios; por lo menos, alguna conveniencia vería en el reconocimiento de las aspiraciones feministas. Alguna conveniencia, sí; y esto, lejos de implicar miras egoístas o estrechas, implica únicamente miras sanas y elevadas; que la conveniencia, el interés general de un pueblo y, por ende, de la Humanidad toda deben ser las únicas normas de las transformaciones que consideramos como manifestaciones de la justicia. ¿Existía, pues, un interés general para el bien de Suecia en que las mujeres suecas votasen? Sin duda alguna. Y no necesitamos rebuscar mucho para averiguarlo. Este interés estaba en atraer a la vida pública a una muchedumbre de seres cultos y socialmente enterados.

En efecto, el feminismo sueco se ha impuesto y ha podido hacerse respetar únicamente por la cultura de sus miembros; y —para evitar interpretaciones erróneas— digamos en seguida que esto no quiere decir ni con mucho que todas las mujeres suecas sean pozos de ciencia, sino sencillamente que entre las mujeres suecas existe desde hace ya muchísimo tiempo una difusión cultural que las coloca en absoluto, en todo cuanto al espíritu y a la vida social se refiere, en condiciones idénticas a las del hombre. De ahí identidad de derechos.

Y oigo desde aquí la exclamación lanzada a coro por buen número de mis lectoras: ¡Claro, las suecas tienen la suerte de ser más instruidas! ¡Ah, si nosotras tuviéramos los mismos medios de instruirnos! Y quisiera grabarles en el entendimiento a estas lectoras esta respuesta mía: no; las suecas no tienen ni han tenido más suerte que vosotras, sino que ellas, con todo empeño, con gran constancia, han exigido sus medios de instrucción; mejor dicho, *merecido*. La primera feminista sueca, Fredrika Bremer (murió en 1865), desde que se dedicó al feminismo —es decir, desde que regresó de un viaje que hizo a los Estados Unidos en 1849 y durante el cual estudió a fondo los problemas sociales—, reclamó ante todo, como base de la dignificación de la mujer, la reforma de las escuelas femeninas en vista de la igualdad cultural de los dos sexos. Cuando murió, sus admiradoras fundaron la Sociedad Fredrika Bremer para difusión y desarrollo de sus ideales, y andando el tiempo, la presidenta de esta Sociedad, Anna Whitlock, había de ser la primera persona que hablase en Suecia en favor de la coeducación. Su divisa era: «Ante todo, el saber», y creó también, para ilustrar a las mujeres acerca de su futuro papel de ciudadanas conscientes, cursos en que se explicaban los problemas sociales de actualidad.

En 1918 es elegida presidenta de la Sociedad Fredrika Bremer la doctora Karolina Widerström, y bajo su impulso comienza para el feminismo sueco una era de trabajo incesante a favor de la educación profesional de la mujer y de la enseñanza de la puericultura. Estas son tan solo las grandes líneas de las campañas realizadas por las mujeres suecas para conseguir un nivel cultural más elevado que aquel al que hasta mediados del siglo pasado se hallaban sujetas.

¿Podemos en verdad nosotras pretender equipararnos a ellas? ¿No valdría mejor compararnos a las predecesoras de Fredrika Bremer y, en lugar de coronarnos con laureles que en ningún modo nos pertenecen, tratar de imitar a esas valientes iniciadoras y propagandistas del verdadero feminismo?

Ya en 1696, una escritora inglesa, Mary Astell, en su célebre obra *Ensayo en defensa del sexo femenino*, pedía para las mujeres escuelas superiores, y supo convencer a Daniel Defoe lo bastante para que este pidiera a su vez academias femeninas; y en 1790, las mujeres francesas elevaban al Rey una petición análoga, la cual terminaba con las siguientes palabras: «Los hombres se encuentran favorecidos por el Estado desde el comienzo de su vida; nosotras estamos desamparadas hasta el final de la nuestra… Ellos disfrutan de numerosas escuelas gratuitas y nosotras no tenemos casi ninguna. Se cuida de proporcionarles fuerzas intelectuales, mientras que a nosotras solo se nos quiere enseñar el catecismo».

Como puede verse, el ocuparse de la cultura femenina, como base de la dignificación de la mujer y de su posible igualdad social y política con el hombre, no es ninguna innovación «modernista». Que el ejemplo del triunfo de las suecas nos sirva para convencernos definitivamente de la necesidad de cambiar radicalmente nuestros sistemas de educación.

_____

[«La vida social y las mujeres. La cultura femenina», *El Fígaro*, Madrid, 4 de agosto de 1919, p. 6.]

LO QUE SERÍA EL VOTO FEMENINO EN ESPAÑA

En respuesta a la afirmación de los que proclaman que en España la mujer no se encuentra actualmente capacitada para votar, nuestros defensores del voto femenino «a toda costa» no temen asegurar que ello no importa, que ya se capacitará luego. Y nosotros no tememos responder entonces: se capacitará luego o no, o Dios sabe lo que tardará en ello, y Dios sabe los errores, irreparables durante generaciones y generaciones, que podrá cometer, o dejará de cometer a costa de ella, mientras tanto.

El ejercicio del sufragismo universal en los hombres nos ha demostrado harto suficientemente cuán funesto es que todos los llamados a votar no tengan siquiera esa elemental preparación ciudadana y social que impide a un hombre convertirse en vil, servil o inconsciente instrumento de un cacique; puesto que así es, por desgracia, y puesto que todos podemos ver cuánto cuesta hacer votar «por sí mismos» a la mayoría de los electores y con cuánta dificultad y lentitud el mismo pueblo se percata de cuáles son sus intereses, resulta, en verdad, incomprensible el querer repetir con las mujeres el error cometido con los hombres. Pues el sufragio sin que sepamos siquiera lo que hacemos al tener una papeleta de voto en la manos; el sufragio únicamente para sumar una mayoría considerable a la ya terriblemente grande de los que votan como se les manda o se les paga, o únicamente por la vanidad de unas cuantas «que no quieren ser menos»… es cosa demasiado seria para tratarla con tales motivos. Y se comprende la vanidad que consiste en querer sumarse a una muchedumbre que fuese lo más noble de un país, pero no en querer sumarse a lo que es precisamente la rémora de este país.

No vale engañarse en este respecto… Pero ¿se engañan realmente los defensores de nuestro sufragio? Los socialistas, que solo ven en el sufragio femenino un paso hacia la igualdad de su doctrina, que quiere ver en la mujer la «compañera», en el sentido absoluto de la palabra, sin duda alguna: el anhelo de la realización de su ideal les impide considerar que uno de los aspectos de este ideal había de ser, por ahora, lo que más retrasase su logro total; los que, sin ser socialistas, son guiados por ideas de las llamadas «avanzadas», indudablemente también; la libertad de espíritu de una minoría de trabajadoras y de intelectuales o de mujeres de carrera les hace olvidar que la mayoría de nuestras mujeres ni siquiera leen el periódico; pero ¿los otros?, no, los otros no se engañan; los otros recuerdan que en 1902, en Bélgica, fue el mismo partido socialista el que, en justa «previsión», y hasta podría decirse que «en justa defensa», se opuso al voto femenino reclamado por los partidos católicos; recuerdan que hace ya más de veinte años, en Francia, Léon Bourgeois denunció, para las instituciones liberales y democráticas, el futuro peligro de la colaboración femenina «no enterada»; recuerdan que en estos mismos días las elecciones luxemburguesas, por sus votos femeninos, han acusado un gran bajón de las filas socialistas, a favor de los partidos ultraconservadores; y si no recuerdan todo esto, piensan por lo menos, con los miembros de ese funesto Congreso Patronal de Barcelona, que es necesario apelar a todos los medios para contrarrestar la invasión de las ideas. Y aquí —como en muchas partes—, los derechos políticos de la mujer habían de significar lo mismo que el advenimiento de un Gobierno reaccionario.

Pero no conviene engañarse con el entusiasmo que ha de despertar, naturalmente, en todos los amantes del progreso espiritual esta liberación que, al fin y al cabo, es la concesión del voto a la mujer. No son únicamente las casas las que deben empezarse a edificar por los cimientos, y la «influencia femenina» que hoy se advierte en España prueba sobradamente que la mujer española (la «masa» de las mujeres que constituye lo que había de contar en una votación, obra siempre de la mayoría) no está, ni con mucho, capacitada para que su actuación fuese realmente un progreso.

———

[«La vida social y las mujeres. Lo que sería el voto femenino en España», *El Fígaro*, Madrid, 3 de noviembre de 1919, p. 4.]

PREPARACIÓN AL FEMINISMO

El Congreso Nacional de Educación, celebrado en Berlín en junio próximo, presenta, por la trascendencia de sus discusiones y la inmensa repercusión —universal— de las mismas, la nueva actualidad en el mundo entero a cuantas cuestiones están, de cerca o de lejos, directa o indirectamente, relacionadas con los sistemas educativos. Una de las cuestiones más ardientemente discutidas en el Congreso y que más apasionados defensores y detractores ha tenido, la de la «coeducación», encierra, probablemente, toda la formación de las nuevas y futuras generaciones.

¿Cómo dejarla, pues, pasar nosotros sin ponerle siquiera el breve comentario que ha de merecernos por lo que a nosotros mismos directamente nos atañe? Y al decir nosotros, debimos decir «nosotras», ya que nos referimos a nosotras, mujeres españolas y a nuestra futura educación.

Ya todo el mundo está hoy de acuerdo en que el feminismo, el triunfo de las reivindicaciones feministas, no puede tener éxito, es decir, resultado práctico alguno, y ha de ser por el contrario en un todo contraproducente, sin la adecuada preparación. Como se dice vulgarmente, para analfabetismo en asuntos públicos, basta con el de muchos hombres; inútil añadirle el de la mayoría de las mujeres, y el decir que las mujeres «ya se irán acostumbrando, que es cuestión de esperar durante una o dos generaciones», y otras cosas igualmente peregrinas no deja de ser razonar con los pies, ya que en ciertas materias no puede existir crédito y que durante una o dos generaciones de colaboración ignorante pueden llevarse a cabo infinidad de tonterías nada fáciles de corregir después.

Y las «damas» que tienen a bien intervenir aquí (indirectamente, ya que de otro modo no pueden, ¡gracias a Dios!) en la vida social, por su peculiar espíritu de «fuera de Europa», nos confirman cada día más en la catástrofe que sería una acción social encaminada, ante todo, a servir de impedimento a toda actuación.

«Damas», de esas del Congreso del Teatro Real, no hay muchas, es cierto, pero su poder, sobre una mayoría de mujeres dobladas por la miseria y la ignorancia, es inmenso. Y… a propósito: daríamos cualquier cosa por saber a quién o a quiénes obedecen esas cigarreras no asociadas que, al mismo tiempo que dan prueba de un atraso tanto más lamentable que se alza frente a los progresos de la organización obrera femenina de otros países, ponen de manifiesto el espíritu admirablemente organizado que las dirige.

Quedamos, pues, en que antes que de feminismo precisamos hablar de «preparación». Y esta preparación no consiste únicamente en conferencias y mítines pro feminismo. La «masa» también ha de contar para algo, y si no es cosa de pedirle a todo el mundo que sepa iniciar un movimiento de ideas, sí es cosa de pedirle a la mayoría que sea capaz de darse cuenta de este movimiento en la práctica de otro modo que obedeciendo a ciegas como borregos. Cuando, después del setenta y uno, se decía que era el maestro de escuela alemán el que había vencido, se exageraba, naturalmente; pero siempre es bueno que se hable mucho, y hasta demasiado, de escuelas y de maestros. Cuando, no hace un año, el Senado francés rechazó la proposición de voto femenino expresando su temor ante el posible espíritu reaccionario de las mujeres y la facilidad de estas para someterse a influencias dominantes *a priori*, las feministas contestaron a esta negación de su libertad espiritual arguyendo los años que las mujeres francesas tienen tras sí de instrucción laica y obligatoria. ¿Han pensado nuestros feministas «a todo trance» que el analfabetismo es en España diez veces mayor en las mujeres que en los hombres? Pueblos enteros en que una lentísima penetración espiritual empieza apenas a dar fuerzas a los hombres para sacudir el caciquismo y la obligación de trabajar y vivir como bestias —peor que las bestias—, pero en donde todas las mujeres firman con una cruz y en donde ninguna niña va todavía a la escuela; pueblos así, solo vuestro recuerdo basta para rechazar con espanto advenimientos sin preparaciones, advenimientos que solo servirían para «tirar hacia atrás» una evolución que, a duras penas, empieza a ir hacia adelante. Ahora, que a muchos habría de convenirles ese seguro, ¡y cuán seguro!, contrapeso.

Quedan «las otras», las que no son presentadas como ejemplo probante; ese pequeño y magnífico núcleo de mujeres que forman el grado más elevado de nuestro feminismo, o de nuestras posibilidades feministas, como se quiera: mujeres que han estudiado, muchachas que estudian, que tienen a gala el cultivarse «como hombres». Pero ¿constituyen acaso una excepción? Todas esas muchachas que asisten hoy a nuestras escuelas superiores, a nuestras universidades, que digan si el llegar hasta donde están hoy fue para ellas «natural»; que digan, ellas que intentan cultivarse «como los hombres», si encontraron, «desde un principio», las mismas facilidades que los hombres. «Desde un principio»; es decir, si se sintieron, como los hombres, empujadas «hacia» la cultura, en lugar de tener que conseguirla por su propio y expreso deseo.

¿Coeducación? ¿Qué importa? Pero la separación de sexos en la escuela nada tiene que ver con la identidad de educación, primera e indispensable preparación al feminismo.

Y a nosotras este es el comentario que debe sugerirnos «ante todo» cualquier congreso, o, sencillamente, cualquier cuestión de educación.

[«Preparación al feminismo», *La Libertad*, Madrid, 11 de agosto de 1920, p. 4.]

LAS UTOPÍAS DEL SUFRAGIO FEMENINO

¿Utopías? ¿Engaños? Digamos más bien desencantos y hasta desencanto general. Son tan pocas las excepciones que no cuentan.

La prensa nos anuncia la última gran victoria feminista: la concesión del sufragio femenino en todos los Estados de la República norteamericana, y toda la prensa en que el feminismo ocupa su lugar correspondiente, es decir, todos los periódicos en que una feminista aboga por los derechos y la justificación de su causa, es decir, casi todos los periódicos celebran, con el entusiasmo propio del caso, esta gran victoria y no se olvidan de ponerle el pequeño comentario, *leitmotiv* obligado de los entusiasmos de esta índole: «¡Cuando voten las mujeres, ya no habrá guerras!».

Y esto, la verdad, es tomar a los hombres y a las mujeres no sufragistas por tontos. Que las mujeres voten en los Estados Unidos, ello nos parece no solo bien, sino natural, pues es natural que, un país en que la educación cultiva por igual a hombres y mujeres para que tengan por igual conciencia de sí mismos, hombres y mujeres participen por igual en la dirección de los asuntos públicos. Ahora, que de considerar útil a un país la colaboración femenina a creer que esta colaboración implica el predominio sentimental va mucha distancia.

¿Habéis leído —¡oh, utopistas del sufragio femenino!— ese magnífico libro de Andreas Latzko que se llama *Menschen im Krieg (Los hombres en guerra)*? ¿Habéis leído en este, uno de los poquísimos «libros de guerra» verdaderos, esas páginas de rencor imborrable contra las mujeres, que no solo no intentaron siquiera impedir la marcha de los hombres, sino que «empujaron» realmente a los hombres a marchar? ¡Cómo se deben de reír este Latzko y todos los Latzkos del mundo (él vivió toda la guerra como oficial austriaco) cuando leen que las mujeres, las «valientes mujeres», como él las llama, pretenden, con su voto, acabar con las guerras!

Porque fueron de verdad valientes las mujeres; muchos no necesitábamos que Latzko nos lo dijese para saberlo. Nosotros, personalmente, presenciamos la movilización en una pequeña ciudad de Francia; no vimos ni una mujer que no hablase con orgullo de los que se iban; no hubo una que no se tragase sus lágrimas —si es que las tenía— para acompañar hasta el tren de la muerte al marido o al hijo; no hubo una para decir: «Mira, la frontera está cerca; todo antes de que tú, que eres mi vida; tú, que eres la carne de mis entrañas, vayas a esa cacería».

Y hubo ejemplos estupendos de discursos patrioteros pronunciados por madres en la misma estación; y hubo aquella recién casadita que lució todo el día el orgullo de llevar del brazo al marido que se había alistado voluntario; y hubo, unánimemente, los insultos hacia los desertores, y luego, cuando llegaban las primeras «buenas noticias» —es decir, las de las victorias—, las explosiones de entusiasmo loco, de entusiasmo «que no se acordaba de nada».

Esto lo vimos nosotros; pero ¿no fue acaso igual en todos los países? En Inglaterra, en Norteamérica, ¿no fueron acaso las mujeres las que más fomentaron el alistamiento voluntario? ¿Y las fotografías de las revistas alemanas que nos mostraban a las mujeres despidiendo a las tropas, «conduciéndolas» con risas y flores?

Una mujer no puede votar la guerra, dicen todas; ¿por qué no, puesto que no es capaz de intentar siquiera apartar de ella a sus propios hijos? Y aunque no la pudiesen votar, eso sería una justificación si en los Parlamentos la mayoría había de ser femenina; pero, no siendo así —y a ello no creo que aspiren las sufragistas—, pueden los fabricantes de armas y municiones dormir tranquilos; no llegan aún a la media docena las mujeres para quienes «la deshonra» de ir del brazo de un desertor sea más llevadera que la de saber a un hijo o al marido expuesto a cuantos horrores sabemos que constituyen una guerra.

Quizás no sea nuestra la culpa; tantos siglos de esclavitud moral nada tendría de extraño que nos hubieran hecho poco a poco, inconscientemente, una moral de esclavos y de salvajes, y que hubieran arraigado tan a fondo en nosotras ese afán de negros por lo que brilla: cárceles, cruces y medallas. «Ha muerto… ¡pero es un héroe!» no es solo una frase para libros de lecturas escolares, es también —aunque parezca mentira— un eficacísimo consuelo, un bálsamo soberano para mujeres.

En Washington, *miss* Rankin, la por entonces única diputada, en la sesión en que se decidía la entrada de los Estados Unidos en la contienda, se echó a llorar y no quiso votar; y ¿qué puede su conducta frente a la conducta de esas miles de muchachas norteamericanas que alistaron a sus novios a la fuerza?: «¡O te alistas o terminamos!».

¡Querían su héroe! ¿Qué recuerdo les habrán dirigido luego esos héroes desde el infierno de la trinchera? Latzko nos cuenta la historia de aquella mujercita tan valiente, ¡oh, tan valiente!, que despidió a su marido echándole flores; al marido le entró luego una espuela —la espuela de la pierna «arrancada» de un compañero— en la cabeza, y hubo, para retirar la espuela, que sacarla a tirones. Pero, seguramente, la mujercita tan valiente estaría muy tranquila; ella no solo no impidió a su marido cumplir, sino que incluso le animó a ello.

Sí, que las mujeres voten en los países en donde se hallan suficientemente capacitadas; que colaboren en los asuntos públicos aportando a muchos de estos asuntos las condiciones que tienen especialmente para ellos; pero, ¡por Dios!, dejémonos de frases huecas y de utopías; la realidad está aún demasiado cerca para permitir tales engaños. Justifiquemos la petición de nuestros derechos de otro modo que con sentimentalismo, que, para vergüenza nuestra, cuando era preciso, no hemos querido o no hemos sabido ostentar. Cuántas, entre las que tan alto claman su odio a la guerra, son hoy capaces de inculcar a sus hijos: «No hagáis caso de cruces ni de heroísmos; todos los hombres son hermanos, y un fratricidio no puede justificarse nunca. Todos los heroísmos guerreros son disculpas de asesinatos, y el único héroe es el que "no marcha", el que tiene el valor de no marchar».

¡Pero son tan bonitos los uniformes! ¡Y es tan agradable causar envidia porque luce una un héroe!

[«Las utopías del sufragio femenino», *La Libertad*, Madrid, 5 de septiembre de 1920, pp. 2-3.]

LA INSPIRACIÓN FEMINISTA DE IBSEN

Leyendo el reciente y hermoso libro de Salvador Albert *El tesoro dramático de Henrik Ibsen*, se impone a mí la idea de que todo el «feminismo» —lo que llamaremos feminismo— de Ibsen fue, en su fondo, o, mejor dicho, en su origen, obra de tres mujeres, que son así las tres heroínas «reales» de toda la producción ibseniana. Son estas tres mujeres: Suzannah Thoresen, la propia esposa; Magdalene Thoresen, su madre política, es decir, la madrastra de su mujer, y, en fin, Camilla Collett, la «inventora» del feminismo escandinavo. ¿Verdad que es cosa singular esta reunión, en torno de un autor, de tres inspiradoras «reales y activas»? Porque, si bien se han dado casos de autores contando para las figuras de sus personajes femeninos con una colaboradora ideal, esta colaboración se ha reducido casi siempre a una inspiración inconsciente, o, por lo menos, involuntaria, y en muy pocos casos esa colaboración fue razonada y supo ejercitarse en un sentido que pudiéramos llamar de actividad, de práctica inmediata. Pero hasta Ibsen no se había dado el caso de varias voluntades femeninas —hasta tres— impulsando una obra que, por su rebeldía antisocial, por todos sus caracteres y hasta por sus fracasos respecto al éxito inmediato, era de todo punto ajena y contraria a los ideales literarios femeninos.

A no pocos escritores el recuerdo familiar —madre o esposa— impulsa a las rebeldías antifamiliares por lo que su cariño mismo lleva ligado de entorpecimientos, de estrecheces de miras, y la aparente pasividad de la obra proseguida en el ideal del hogar es cien veces más aniquiladora que la violencia francamente declarada de los choques de fuera. A estos escritores, el recuerdo de ciertos cariños que por eso mismo, por ser cariños, abruman con todo el peso de sus incomprensiones sirve de acicate para desear e idear «otra cosa»; por lo contrario, a Ibsen esos recuerdos de familia y de amistad habían de servirle de luz conductora, y así, después de acercarnos, aunque sea muy ligeramente, a las figuras de Suzannah y Magdalene Thoresen y de Camilla Collett, fuerza nos es verlas no detrás, sino delante de todas las heroínas encarnaciones del más puro ibsenismo: desde la «hora» postrera hasta la postrera «señora Alving».

«Su misión es encender el fuego de mi mirada sin que nadie sepa quién es mi musa. Y precisamente porque no espera de mí una sola palabra de agradecimiento, compongo para ella este canto de gratitud», dice Ibsen en unos versos dedicados a la compañera de su vida. Compañera en el más amplio, más alto y más estrecho sentido de la palabra. La mujer de Tolstói, en prueba de abnegación y cariño a su marido, copió siete veces los tres gruesos tomos de *Guerra y paz*, que Tolstói corrigió sin cesar durante años; la mujer de Ibsen, en prueba de absoluta compenetración espiritual con su marido —(¡y qué regalo mayor que el de la amiga, siempre dispuesta a escuchar y comprender!)—, fue desde el primer día de su matrimonio el «fiel amigo» que sabe recibir todas las confidencias, por extraviadas que parezcan. Ibsen, ya casado, pero aún en sus comienzos; el autor de *Los pretendientes a la corona*, de *La comedia del amor*, mofado e injuriado; Ibsen decidiéndose a desterrarse a sí mismo; siempre entusiasta, siempre creyente, siempre alentadora, Suzannah junto a él.

Desde su voluntario destierro escribe a sus pocos, muy pocos, pero buenos amigos: en primera línea, a Magdalene Thoresen; Magdalene, la esposa del pastor padre de Suzannah; Magdalene, que empezó a escribir cuando se quedó viuda, «cuando hubo cumplido todos sus deberes de mujer», y que encarnaba para Ibsen el carácter mismo de la patria lejana, de la cual supo tan bien expresar la naturaleza y su influencia sobre los hombres; «la relación orgánica» que los une, según dijo el mismo Ibsen al hablar de las primeras obras de esta gran escritora, que murió en 1903, a los noventa años, siendo hasta su último momento la amiga más valiente y «más joven» del dramaturgo.

En las *Cartas de Ibsen a sus amigos*, existen varias dirigidas a Camilla Collett, la autora de *Las hijas del prefecto [Amtmandens Døttre]*, una de las obras más significativas de la literatura noruega, y, sin duda alguna, la más directamente «pre-ibseniana». Ibsen, que, según nos dice Salvador Albert, «no oculta el placer que al escribir la obra *(La comedia del amor)* experimenta poniendo al descubierto las hipocresías y los convencionalismos de la sociedad», y que «ha descrito en esta sátira la oposición que en las presentes condiciones sociales reina entre la realidad y el ideal en lo que se refiere al matrimonio»; Ibsen, que en *La fiesta de Solhaug* pone en boca de su heroína Margit las amorosas quejas contra «la unión que sobrevive al amor», no podía menos de sentirse atraído hacia la mujer que, siete años antes de aparecer *La comedia del amor*, se había atrevido, en una sociedad mojigata e hipócrita, a publicar una de las más violentas sátiras contra el matrimonio en la sociedad moderna. Asimismo, ¿qué impresión no harían *Las últimas hojas [Sidste Blade]*, el libro que Camilla Collett publicó en 1873 atacando toda la hipocresía sexual moderna, sobre Ibsen, repudiado por querer, precisamente el mismo año, llevar al teatro análogas teorías? La autoridad de la escritora, que ya había conquistado justa fama y que comenzaba ya a ser considerada como la «madre» del moderno tipo femenino, hubo de ser de un gran aliento para el pensador reprobado. Ibsen supo reconocerlo siempre.

«Nora», «Hedda Gabler», «Margit» y trágica y por fin rebelde «señora Alving»: no sois sino síntesis genialmente hechas de lo que Camilla Collett, Suzannah y Magdalene Thoresen supieron infundir de vida y fuerza directas al ideal ibseniano.

[«La inspiración feminista de Ibsen», *La Libertad*, Madrid, 22 de octubre de 1920, p. 2.]

LA FORMACIÓN DE LA MENTALIDAD FEMENINA

Cada día, felizmente, va menguando entre nosotras el número de las muchachas que creen que conviene esperarlo todo en el mundo, desde el pan cotidiano hasta la posición social, de la llegada de un hipotético marido; aunque muy lentamente, los padres españoles se van convenciendo de que, así como tienen el deber de procurar una educación a sus hijos que les ponga en condiciones de bastarse a sí mismos, imprescindible demostración de cariño hacia sus hijas, de no tener fortuna que legarles, es ponerlas al abrigo de la miseria para, como vulgarmente se dice, el día de mañana, y que, por lo tanto, es una grave injusticia, un crimen de lesa paternidad, sacrificarse por dar carrera al hijo y dejar que la hija (si esta no se resigna a servir de carga perpetua a su hermano o a algún otro varón de la familia) se muera de privaciones en calidad de señora de compañía o haciendo labores de costura a bajo precio…, cuando no otra cosa peor, que la miseria es mala consejera. Sí, felizmente, crece cada día el número de muchachas españolas decididas a encararse bravamente con la vida. Pero a estas muchachas, para quienes todas las alabanzas son pocas; a estas muchachas, cuya labor esgrimimos triunfalmente al reivindicar la consideración a que tiene derecho ante el progreso universal la mujer española, ¿qué posibilidades, qué facilidades de formación ofrecemos? La respuesta se presenta sin necesidad de largas meditaciones: ninguna.

Dejemos a un lado las universidades y facultades, adonde la *estudianta* llega tras un largo proceso de varios años de estudio; ¿cuántos colegios e institutos femeninos existen hoy en España que ofrezcan a sus alumnas un plan de estudios análogo al que los muchachos encuentran en los suyos? Si tales colegios e institutos existen, no creemos exagerar mucho al afirmar que se pueden contar con los dedos de una mano. *Todo lo más* existen colegios en que, *además* de la clásica, *ñoña* y *antieuropea* educación tradicional de nuestras muchachas, se prepara para el grado a las alumnas que lo desean. Y como, por muy inútil y muy ñoña que sea esta educación tradicional, su programa exige por lo menos tiempo, resulta que, salvo en contadísimos casos, la muchacha que aquí se quiere preparar para una carrera se ve condenada a un *surmenage* forzoso; *surmenage* que puede llegar a quebrantar su salud, dando así una apariencia de razón a los que creen que la constitución física de la mujer no le permite el desarrollo intensivo de su espíritu.

La educación de nuestras mujeres resulta, pues, en la actualidad igualmente deficiente en los dos casos —en el que pudieran llamar «tradicional» por su falta de relación con la vida moderna, y en el que llamamos *progresista* para distinguirle de aquel—, por constituir una acumulación de programas en lugar de un plan de estudios razonado.

Mas no hay que interpretar erróneamente esta última frase: el protestar contra la acumulación de estudios femenino y masculino no quiere decir que nuestras muchachas deban limitarse a recibir la misma educación que sus hermanos.

Por el contrario, creemos que es grave defecto en la educación femenina moderna olvidarse demasiado de que una mujer tiene en la vida, *aunque trabaje como un hombre*, necesidades y deberes que le son peculiares, y a cuya preparación no puede sustraerse sin perjuicio de su equilibrio físico, moral y material.

Entonces, ¿un programa completamente distinto del de los muchachos? De ningún modo; un programa distinto traería, como consecuencia lógica, un título distinto, y fácil es comprender que, entonces, el título femenino tendría siempre, en oposiciones, etcétera, las de perder. Hace tres años, el Estado francés quiso implantar un bachillerato femenino, y los catedráticos de la Universidad de Rennes dieron la voz de alarma publicando un manifiesto en el cual argüían que, siendo la cultura superior indispensable para la muchacha de la pequeña y media burguesía, necesitada de ganarse la vida, y teniendo esta muchacha indiscutible derecho a disfrutar de los mismos beneficios educativos que los muchachos de la misma clase, o sea, a que sus estudios preparatorios le abran las puertas de las universidades y de las escuelas técnicas, un título especial para las mujeres colocaría a estas, ya desde sus estudios, en una situación arbitrariamente inferior a la de sus compañeros y, desacreditando sus estudios ante la opinión, les dificultaría enormemente la lucha por la vida.

Debería compaginarse la necesidad de un título único para los dos sexos, tal como hoy el grado de bachiller, con la necesidad, para la mujer, de estudios exclusivamente femeninos.

[«La formación de la mentalidad femenina», *La Voz de Ibiza*, Ibiza, 30 de noviembre de 1922, pp. 1-2.]

VICTORIA KENT, O LA DEMOCRACIA BIEN ENTENDIDA[2]

En la introducción de su *Revolución capicúa*, en ese libro, jugoso en fondo y forma, que será uno de los tres o cuatro libros de la biblioteca ideal del año, Alicio Garcitoral transcribe aquella bellísima parábola de las cigüeñas, de Tomás Meabe. ¿La recordáis? Dice de la cólera de las cigüeñas de vuelo libre y alto contra sus hermanas domesticadas, de alas caídas: «Encuentro bien esta vergüenza de las cigüeñas de tener hermanas que no aman la libertad, que son y no son, y encuentro bien que quieran matarlas a picotazos».

Una de las novelas de este libro denso y leve de Garcitoral —con la densidad de las ideas amplias y firmes y la levedad de la expresión armoniosa y segura—, una de sus partes, se llama *Presidio*. Dice, sin novelería de ninguna clase, con realismo crudo y sangriento, de la vida (¿era vida?) en aquel presidio de Chinchilla, últimamente borrado del mapa del horror humano por Victoria Kent.

Acabo de leer el libro de Garcitoral. He leído sus páginas de presidio, y he releído, en su introducción, la bellísima parábola de Tomás Meabe.

Y he vuelto a hablar con Victoria Kent, cuyas alas libres y altas han volado recientemente por encima de un horror consagrado por la indiferencia de siglos. Y hemos vuelto a pensar juntas que no son las peores las alas caídas netamente,

---

[2] [Nota de la antóloga:] Margarita Nelken no consiguió su acta como diputada hasta noviembre de 1931. Es por este motivo por el que no pudo tomar parte en el debate constitucional sobre el voto de las mujeres; no intervino en las sesiones de Cortes del 30 de septiembre y del 1 de octubre de 1931, en las que se discutió y aprobó el derecho de las mujeres al voto. Victoria Kent, en cambio, sí estuvo en aquel debate y votó en contra de la aprobación del «sufragio femenino». Ahora bien, ¿es este un motivo para no publicar hoy las obras de Victoria Kent? ¿Se trata de silenciar todo aquello con lo que no estamos de acuerdo o de situar los acontecimientos y los discursos en su contexto histórico?

definitivamente caídas, sino aquellas que parecen volar y solo tienden a entorpecer el vuelo libre de las de sus hermanas.

Tampoco Victoria Kent quiere que por ahora vote la mujer en España. Que no lo quiera *precisamente ella*, la primera mujer nombrada en España para ejercer un alto cargo, es la corroboración que más podía satisfacerme de la razón «antisufragista» que desarrollé en mi *Condición social de la mujer en España*; a saber: que, en lugar de proclamar el absurdo de que pueda votar un analfabeto o un alcohólico y no lo pueda hacer una mujer culta e inteligente, debe preguntarse si en España el valor de la generalidad de las mujeres puede equipararse *socialmente* al de la generalidad de los hombres. Existe un campo de actividad cuyo privilegio no ha sido nunca regateado a la mujer: la beneficencia. Basta el espíritu de las obras benéficas españolas, espíritu no ya ignorante de cuanto requiere el sentido social moderno, sino contrario a ello en absoluto, para probar que la mujer española de las clases burguesas confunde la actividad social con el proselitismo, y que la de las clases proletarias no se halla todavía capacitada para rebelarse contra ese proselitismo.

Y de nada vale, frente a este argumento, el de la mujer intelectual declaradamente izquierdista, ni el de la proletaria libertada de yugos teocráticos; en una votación lo que importa es la suma de votos. Esos millares de firmas femeninas pidiendo la permanencia y el *statu quo* de unas comunidades religiosas e industriales, cuya privilegiada competencia imposibilita toda legislación del trabajo *femenino*; esos millares de firmas no solo de *señoras*, sino de obreras —principalmente de obreras del hogar— prueban con hasta elocuencia que no es posible dejar armas peligrosas en manos de quienes no saben manejarlas. ¿Cuál no sería el peligro de un arma tan decisiva como el voto en manos de personas habituadas a pensar al dictado?

¿Cuestión religiosa simplemente? No. O, mejor dicho, cuestión de *desvirtuación religiosa*. Cuestión de sometimiento natural de una sensibilidad casi siempre menospreciada, muchas veces herida, a un poder que se presenta en forma de bálsamo y de confortación. Resultado natural de la separación espiritual de sexos; la mujer aislada dentro del hogar, apartada de toda especulación, se halla, cual presa fácil y agradecida, a merced de cuantas direcciones se cuiden de imprimir a su afán de salir de sí misma. No sería justo pedirle más que al obrero o al campesino anterior a las organizaciones obreras. Con voto, el proletario español era, años atrás, dócil instrumento de los caciques, que retrasaban su progreso; hoy ya no lo es. Sería terrible que un espíritu democrático simplista, al otorgar el voto a la mujer, levantase hoy de nuevo, frente a los electores conscientes, una masa amorfa que pusiera en peligro los principios de la Democracia.

Pensemos que siempre, en todas las partes, fueron los partidos más conservadores los que quisieron aprovechar el voto femenino, el Directorio lo inició; en Bélgica, en 1900, los diputados del partido católico conservador quisieron implantarlo, y en Francia, ya en 1897, Léon Bourgeois, en un discurso sensacional, denunció ante las campañas sufragistas el peligro de la acción pública de la mujer *si esta no se encuentra libre de trabas y de prejuicios.* Pensemos, en fin, que la constitución uruguaya, la más moderna por su espíritu de las constituciones mundiales, ha esperado tres años, después de su promulgación, para conceder, precisamente ahora, el voto de la mujer.

No nos dejemos cegar por el brillo de algunas, contadísimas, personalidades femeninas, ni por el número, reducidísimo proporcionalmente, de las mujeres afines a los partidos avanzados. No se trata de la capacidad de unas cuantas, sino de *no robustecer la influencia de unos cuantos.*

Y Victoria Kent, la de las alas libres, la de vuelo alto y seguro, la que ha suprimido, desde su autoridad, el presidio de Garcitoral, la que mejor justifica la actuación pública de la mujer, es quien pide, conmigo, esa necesaria dilación en la otorgación del voto *femenino.*

[«Victoria Kent, o la democracia bien entendida», *Nuevo Mundo*, Madrid, 24 de julio de 1931, p. 23.]

LA VIDA SOCIAL

LAS MUJERES Y LA PAZ

Ochenta mil mujeres austriacas han firmado un manifiesto pidiendo a las mujeres de todos los países —neutrales y beligerantes— que empleen todos los medios posibles en favor de la paz. No sé si este manifiesto logrará su propósito; se ha dicho que las mujeres de los países en guerra no podían responderlo; se ha dicho también que sería ineficaz y que en este asunto nadie haría caso de las pretensiones femeninas. Estas objeciones carecen de fundamento: primeramente, son precisamente las mujeres de las naciones beligerantes las que tienen no solo más derecho, sino más deber en seguir el ejemplo de las mujeres austriacas: luego, las mujeres han representado ya un papel bastante importante en las cuestiones pacifistas —principalmente en las conferencias de La Haya— para que nadie pueda poner en duda que su voz, en estas cuestiones, sería, si no respetada, al menos escuchada muy respetuosamente.

Las dos obras «buenas» del feminismo, las dos que le salvan del desprecio al que le quieren relegar algunos, son estas: el bien hecho por las mujeres de ciertos países en la «cuestión obrera», y el bien que las mujeres pueden hacer universalmente en la «cuestión de la paz». No se trata del feminismo «político»; se trata del feminismo «humanitario», del que quiere únicamente contribuir con la bondad y la abnegación femeninas —con el amor también— a las obras de amor y de piedad.

La mujer-héroe, la que, según la frase consagrada, alienta el patriotismo del hombre, si no es una histérica perdida es una inconsciente tan nociva como una malvada. Pasaron los tiempos de Esparta; pasaron también los de Juana de Arco y de Agustina de Aragón. Hoy día el hombre civilizado no tiene, para matar, sean cuales sean las circunstancias, otra excusa que la de estar materialmente obligado a ello: o mato, o me matan; la mujer, cuya única misión natural es la de dar la vida, no puede tener nunca disculpa no tan solo por empujar a la muerte —y siempre el homicidio, colectivo o individual, es un asesinato—, sino por no hacer todo lo posible por impedir que sus hijos lleguen a matar.

Esto es lo que, por encima de cualquier razón de patriotismo o de nacionalidad, dicen las mujeres austriacas que han firmado ese manifiesto; esto es lo que decían las mujeres de todos los países y de todas las creencias que formaban el Consejo Internacional Femenino de la Paz.

Este Consejo, disuelto al empezar la guerra, y que el manifiesto de que hablamos parece querer resucitar, no era una utopía ni una fantasía. En 1907 una Diputación de este Consejo tomó parte activa en los trabajos de la Conferencia de La Haya y entregó al presidente de la Conferencia, señor de Nelidoff, un mensaje firmado por «doce millones» de mujeres. Aunque España fue uno de los países que menos contribuyeron a esta obra, la delegada española del Consejo, señora marquesa del Mérito, no dejó de realizar una labor muy interesante.

Inglaterra, Alemania, Francia, los países escandinavos y Suiza fueron las naciones que más empuje dieron a este movimiento femenino: Francia tuvo dos apóstoles cuya labor no se encomiará nunca lo bastante: la gran escritora Séverine [Caroline Rémy de Guebhard], de quien ya hemos hablado aquí, y *madame* Gabrielle Flammarion; pero el verdadero apóstol de esta Liga femenina por la paz, su iniciadora, fue la baronesa Bertha von Suttner, la autora del famoso libro *Abajo las armas*.

El éxito de *Abajo las armas* no se puede comparar más que al éxito de otro libro femenino: *La cabaña del tío Tom*, de Harriet Beecher Stowe. Ninguna de estas dos obras vale «literariamente»; el entusiasmo que despertaron cuando se publicaron fue, por consiguiente, únicamente debido a su significación. Sin exageración ninguna se ha podido decir que la guerra de Secesión, que suprimió la esclavitud, la había hecho el libro de Harriet Beecher Stowe; sin exageración ninguna puede decirse que el movimiento pacifista moderno —el que hace que aún hoy, y en los países beligerantes, haya gentes para protestar contra la guerra «por encima de todo»— lo ha hecho el libro de la baronesa de Suttner.

Puede decirse que la obra de los más pacifistas —con el gran Tolstói a la cabeza— es una obra ideológica y que la obra de Bertha von Suttner es una obra práctica, pues ella es la inspiradora directa de cuantas ligas, conferencias y obras pacifistas hayan venido después.

«Para ir contra la corriente hacen falta músculos de acero.» La frase es de *Abajo las armas*. ¡Qué energía, qué «músculos de acero» no tendría que tener esta mujer, que consagró toda su vida en favor del desarme universal y que era hija y sobrina de militares y contaba entre sus ascendientes con el célebre poeta guerrero Theodor Körner!

Bajo su impulso se fundó en Mónaco el Instituto Internacional de la Paz; lo que ella llamaba «la causa santa» llegó a ser, gracias a ella, la causa «activa» de doce millones de mujeres que visitaron al presidente de la conferencia de La Haya. Esta «causa santa» parecía haberse olvidado desde que empezó la guerra actual, pero el manifiesto de las mujeres austriacas, compatriotas de Bertha von Suttner, demuestra que la obra emprendida por la autora de *Abajo las armas* no se ha perdido completamente y, así como en el Consejo Internacional Femenino de la Paz no se entendía de fronteras, ni de religiones, para responder al llamamiento «humanitario» de las mujeres austriacas, no pueden las mujeres de ningún país que sea poner ninguna razón antes que la razón «natural» de la paz.

[«La vida y las mujeres. Las mujeres y la paz», *El Día*, Madrid, 10 de febrero de 1917, p. 1.]

A PROPÓSITO DE UNA FRASE

[…] pero, la verdad, no se nos antoja en rigor mucho más progresivo, venga de donde venga, ese encerrar a las mujeres como tristes esclavas en oficinas antipáticas y odiosas, sin el calor ni la atmósfera de cordialidad de ciertos talleres, en las cuales se ajan, se marchitan, se extenúan y son miserablemente explotadas.

S. y J. Álvarez Quintero, «Carta abierta a la señora condesa de Pardo Bazán», *El Día*, 13 de febrero de 1917

No vengo —como se dice vulgarmente— «a meter mi cucharada» en la interesante polémica iniciada entre la condesa de Pardo Bazán y los hermanos Quintero. ¡Líbreme Dios! Primero, porque no me considero con la autoridad suficiente para ello; segundo, porque ninguno de los «adversarios» necesita que se le enmiende la plana ni que se le ayude. Pero hay una frase —la antes citada— que es «de mi distrito»; desde que colaboro en *El Día* todos mis artículos tienden, más o menos directamente, a alentar la cultura de la mujer, entendiendo por cultura todo lo que la pueda libertar de la sujeción «única» de los trabajos entendidos por «femeninos» —por exclusivamente femeninos—, y que, ya lo he dicho varias veces, más que medios decorosos de ganarse la vida son tan solo medios seguros de morirse de hambre. Por eso, y sin ninguna idea de contradecir a los hermanos Quintero, escribo hoy esta crónica, hecha con el solo propósito de desvanecer la ilusión que es opinión corriente en España respecto a los trabajos femeninos.

¿Han visitados muchos talleres los hermanos Quintero? Creo que eso de «el calor y la atmósfera de cordialidad» fue, más que juicio «realista», idea poética y galana de escritores que, siendo grandes artistas, ven el arte… hasta en donde no lo hay. Y ¿han visitado los ilustres dramaturgos muchas oficinas en las que «las mujeres están encerradas como tristes esclavas»? ¿No temen haber mostrado, al escribir esto, algo así como un *parti pris* que ciega el espíritu a la verdadera realidad?

Sin *parti pris* de ningún género, sin idea preconcebida —(¡qué más quisiera yo que ver esa deliciosa atmósfera que ellos han visto en los talleres!)—, puedo asegurar a los hermanos Quintero que se podían dar por muy contentos si en estos talleres —obradores de modistas, de sastras, etc.— las mujeres que en ellos trabajan disfrutaran tan solo de la higiene más elemental. Salvo muy raras excepciones —demasiado raras para basarse en ellas—, los talleres de mujeres son unas habitaciones demasiado pequeñas para el número de personas que allí respiran, y con aire —y muchas veces con luz— insuficiente.

Trátese de modistas de sombreros o de vestidos, de obradores de ropa blanca o de corsés, las habitaciones «buenas» son reservadas para la clientela; el taller propiamente dicho da a un patio casi siempre oscuro y poco ventilado, pues los comercios están casi todos en la parte céntrica de las poblaciones, que equivale a decir la parte construida hace mucho tiempo, cuando se ignoraban las reglas más rudimentarias de higiene y confort.

Es muy bonito el cuadro de la muchacha cosiendo; es muy poético imaginar a una mujer haciendo labor entre un tiesto de claveles y la jaula dorada del canario; desgraciadamente, la mujer que cose en un taller no tiene, cuando trabaja, ni flores ni pájaros; pero tiene, eso sí, horas suplementarias que la obligan en tiempo «de prisas» —principios de estación, Semana Santa, confección de canastillas de novias, etc.— a una labor diaria de «quince a dieciséis horas», labor que la hace entrar en el taller a las ocho de la mañana, y que la deja libre a las doce de la noche, o más tarde. Libre, pero con los ojos malos y el cuerpo entumecido. Verdad es que, como compensación, tiene —y esto en casi todos los talleres, hasta podríamos decir en todos— temporadas de vacaciones forzosas en que se puede divertir todo el día, pero en ayunas, a menos de tener rentas o de vivir a costa de alguien.

¿Y los salarios? ¿Saben los hermanos Quintero que pocas son en Madrid, muy pocas, las mujeres trabajando en talleres que ganan más de dos pesetas? Y para llegar a eso, a ganar dos pesetas diarias sin contar los días festivos ni los tiempos «parados», hacen falta muchos años, muchos. Y las veladas, obligatorias, se retribuyen con unos céntimos.

Veamos ahora a las mujeres trabajando en oficinas, las «tristes esclavas», las que son «miserablemente explotadas». Hay oficinas «malas», claro es, como hay talleres «buenos»; pero ¿cuántas son las oficinas en que las mujeres ganan menos de 90 o 100 pesetas mensuales? ¿Las del Estado, de los ferrocarriles? Sí, se empieza con 60 pesetas, «con lo que acaban en los talleres»; pero aquí no hay día festivo, ni épocas paradas, ni veladas extenuantes; hay la mitad del día libre y —a menos de mala conducta, de no cumplir con la obligación— hay el pan asegurado para toda la vida. Y ya que hay que ser ante todo «femeninas», hay la facultad de poder ser, gracias al tiempo libre, mujeres de su casa y no especies de bestias humanas para el trabajo.

En las oficinas particulares pocas son las mecanógrafas, secretarias, tenedoras de libros, etc., que no ganan 25 o 30 duros al mes, y muchas son las que ganan 40 o 50; muchas son las que pueden vivir decorosamente gracias a su trabajo, cosa materialmente imposible a las que trabajan en talleres. Y no hay oficina en que «las tristes esclavas» carezcan de aire, de luz y de espacio, como en ciertos obradores.

Posible es que tenga más encanto una mujer cosiendo que una mujer escribiendo a máquina; para ella —que al fin y al cabo es la interesada— no cabe duda entre coser diez horas para ganar seis reales —este es el jornal medio de una modista en Madrid— o escribir a máquina ocho o nueve horas para ganar 30 duros mensuales —este es el jornal medio de una oficinista—. ¿Y dónde está, en el obrador o en la oficina, «el marchitarse», «el ajarse» y «el extenuarse»?

No hablemos de la «necesidad» para una mujer de intentar tener un medio de ganarse la vida otro que el del obrador. En su violenta diatriba contra las mujeres que se dejan «miserablemente explotar», los Quintero sabrán, sin embargo, que puede haber para ellas una necesidad que las excuse. ¿Necesidad?, dicen; de acuerdo. ¿Misión en la tierra? Nunca. Realmente no creo yo tampoco que la «misión en la tierra» de ninguna mujer (ni de ningún hombre) sea el estar en una oficina; pero no creo tampoco que ninguna mujer sea enviada a la tierra especialmente para coser en un obrador. Y el problema del trabajo de la mujer es demasiado grande y demasiado complejo, abarca demasiadas causas y demasiadas responsabilidades para ser tratado aquí.

He reparado solamente en lo que la frase de los Quintero tenía de… ilusionada. Si es una *boutade* de escritores —de escritores antifeministas—, puede pasar. Y los Quintero tienen un espíritu demasiado abierto y demasiado cultivado para no saber que el trabajo femenino —aunque sea en una oficina— no tiene nada que ver con el feminismo.

Antifeminista, tanto como lo puedan ser los ilustres autores de *Pepita Reyes*, soy yo también; pero soy mujer, y por eso, sin duda, sé mejor que ellos dónde la mujer es verdaderamente «triste esclava» y dónde tiene una «atmósfera más cordial». Por eso también espero que los hermanos Quintero me perdonarán esta crónica, que no va en contra de ellos, a quienes admiro, pero sí en pro de ideas que pongo mi orgullo en defender por creerlas útiles precisamente a libertar a las mujeres de los que las «explotan miserablemente».

[«La vida y las mujeres. A propósito de una frase», *El Día*, Madrid, 20 de febrero de 1917, p. 4.]

LAS MUJERES Y LA GUERRA

La guerra ha sido y es el mayor agente del feminismo; esto es casi una perogrullada. Nadie ignora el papel importantísimo que desempeñan las mujeres en los países en guerra, y en el país en que la reacción antifeminista se desarrolló con más encono, *lord* Northcliffe dijo esta frase que definía concretamente todo un «estado de vida»: «La contribución de las mujeres a la guerra —no la de los delicados cuidados dispensados a los heridos, ya prevista por todos—, pero la importante contribución en lo que pasaba antes, por ser del dominio exclusivo del hombre, es una de las grandes sorpresas de los actuales acontecimientos».

Sin embargo, ya hace tiempo que, lo mismo en Inglaterra que en Francia y que en Alemania, las mujeres, como vulgarmente se dice, «pintan un gran papel»; pero esa casi omnipresencia que tienen ahora, ese inmiscuirse en todo de que disfrutan, solo lo veíamos, antes de la guerra, en aquellos países en que la «camaradería» es la norma principal en las relaciones sociales de ambos sexos: Suecia, Noruega, Dinamarca y, pero en grado sensiblemente inferior, los Estados Unidos. Hoy, en medio mundo, la mujer es socialmente lo mismo que el hombre, y esto sin luchas, sin protestas; al contrario, se la alienta en esa nueva vía y se le agradece que entre en ella.

El feminismo en acción es, por consiguiente, cosa resuelta; un hecho establecido por la fuerza misma de la vida y sobre el que es inútil discutir. Veamos solamente si, como tanto se temía, este nuevo estado de cosas es mejor o peor que el que existía antes; si, efectivamente, la mujer, con el feminismo, pierde en feminidad, y por esto en encanto y hasta en lógica y en razón.

Las mujeres cuya situación ha variado más radicalmente desde la guerra son las de la burguesía, de la «pequeña burguesía». El hombre en las trincheras, la mujer es el jefe de la familia, con todas las responsabilidades y todas las obligaciones que requiere el cargo. El estado de la mujer rica no cambia con la ausencia del padre o del marido; un poco menos lujo, y esto es todo; el de la mujer del pueblo no cambia tampoco; la artesana siempre ha trabajado, y si ahora reemplaza al hombre en el taller o en la fábrica esto es demasiado, una pura necesidad, para que, una vez el hombre de regreso, no vuelva naturalmente, ella también, a sus trabajos ordinarios. Pero para la burguesa, la burguesa que antes no salía de su hogar, la guerra ha sido la transformación total de su existencia. Antes de la guerra, muchas mujeres trabajaban, es verdad; ahora, en la clase media de los países beligerantes, trabajan «todas» las mujeres. Naturalmente, lógicamente, la mujer ha sustituido al hombre en los trabajos que este dejaba forzosamente libres, y, naturalmente también, la mujer ha buscado todos los medios posibles de trabajo. Esto sin ninguna idea preconcebida de feminismo o de liberación; el feminismo y la liberación son los efectos que han venido después.

La mujer de la clase media ha sido siempre la más sujeta, la menos independiente; en las clases ricas no existe para la mujer el problema material; en las clases obreras, menos aún; la artesana que ejerce un oficio trabaja lo mismo —o más— una vez casada, y la muchacha del pueblo se pone naturalmente a trabajar en cuanto su edad se lo permite. Pero en la burguesía, por una mujer que se gana la vida, ¿cuántas tenemos que, por prejuicios o por falta de iniciativa, se someten a vivir a costa de cualquier varón de su familia? Sabíamos de la inglesa, de la alemana o de la francesa, que era estudiante, empleada o jefe de comercio, o que ya era abogada o médica, o catedrática, y es que, por su misma excepción, esta constituía «un caso»; y no pensábamos entonces en los miles de muchachas que, lo mismo en Francia, en Inglaterra y en Alemania que en España, tenían que sujetarse a una vida estrecha por imposición del padre, del marido y —generalizando— por imposición del ambiente. Hoy, con la necesidad apremiante de ganar el pan que el padre o el marido no pueden ganar, se han derrumbado los prejuicios, y, en irónico contraste con las violentas diatribas de antes, es a la mujer que debe satisfacer por sí misma sus necesidades y las de sus hijos, y muchas veces las de toda su familia, a quien los hombres dirigen sus alabanzas. Esto se ve claramente en la prensa: cada vez que en las naciones en guerra las mujeres ocupan un nuevo puesto —antes se hubiera dicho que lo conquistaban—, los periódicos de estas naciones hablan de «la maravillosa intrepidez femenina», del «valor del esfuerzo femenino». Antes, en cuanto una mujer pretendía un empleo o pasaba un examen, sacaban a relucir todos los chistes que las *Revues de fin d'année* hacían sobre las sufragistas. Antes de la guerra una estudiante de Medicina tenía necesariamente que parecerse a *mistress* Pankhurst; hoy son los hombres los que quieren que las mujeres voten, y ya nadie se ríe cuando se dice que una Séverine o una *madame* Curie entiende, por lo menos, tanto de las cuestiones sociales como el sereno o el picapedrero que firman con una cruz.

Hace unos días recibí una carta firmada algo exóticamente: «Sarah Jemal». Esta señora o señorita Sarah Jemal —¿acaso un seudónimo?— se extraña de que en mi artículo a propósito de una frase de los Quintero haya declarado ser antifeminista, y me pide, con una amabilidad que mucho le agradezco, un artículo explicando cómo yo, que siempre defiendo el trabajo de la mujer, soy antifeminista.

Aunque siento no responder como se merece a mi simpática e incógnita corresponsal, no hubiera hecho nunca un artículo exponiendo mis propias ideas acerca de una cuestión tan compleja como la del feminismo; pero esto, viniendo a cuenta, me alegro poderlo satisfacer.

Entendiendo por feminismo la completa igualdad social de la mujer y del hombre, sí, soy resueltamente antifeminista; entendiendo por feminismo el que la mujer deba «progresar», es decir, cultivarse para ser cada día más útil a los demás y a sí misma, sí, entonces, soy partidaria del feminismo. El primer feminismo me parece no solo equivocado —pues la mujer debe, ante todo, ser lo más mujer posible—, sino nocivo. Por su constitución física y moral, la mujer no puede tener las mismas ocupaciones que el hombre, y si todas las mujeres comprendieran esto, que no es sino una ley de la naturaleza y no una «opresión del hombre», no se daría el caso lamentable que el profesor Pinard relata en su comunicación a la Academia de Medicina de París sobre «la protección de la infancia en el interior del campo atrincherado de París durante dos años de guerra». El profesor Pinard demuestra que la mortalidad infantil ha aumentado en proporciones alarmantes por causa del descuido de las madres que, lo mismo durante su embarazo que durante el tiempo en que crían, trabajan en las fábricas. También una estadística ha probado que de las mujeres que en las fábricas han tomado los puestos de los hombres, el 80 por 100 quedarán enfermas para toda la vida. Por consiguiente, la mujer, en sus trabajos, no debe olvidar nunca que es diferente al hombre. Y de lo físico viene lo moral.

Ahora bien, la mujer come y respira como el hombre, y necesita, como el hombre, tener con qué comer. Si su padre o su marido ganan bastante para permitirle vivir dignamente, según su posición, mejor; pero si para aparentar esta posición la mujer debe pasar estrecheces secretas que hacen, en general, la vida burguesa la vida más penosa del mundo, más vale cien veces que, por su propio trabajo, la mujer ayude al hombre a mantener el decoro de la familia y no solo a aparentarlo. Y no hablemos, por saberlo ya demasiado, de lo que significa para la dignidad de una muchacha el poder satisfacer por sí misma sus necesidades.

Hoy, en los países en guerra, esta liberación de la mujer de la clase media —pues la única libertad verdadera es la independencia económica— ha nacido sola de las circunstancias; mientras dure la guerra, nadie, por muy antifeminista que sea, se mofará de una mujer que en ausencia del jefe de la familia mantiene intacto el decoro del hogar; pero ¿y luego? A estas muchachas, acostumbradas a no depender económicamente de nadie; a estas mujeres que saben que pueden contribuir a hacer para sí y para los suyos una vida más fácil o más elevada, ¿quién les podrá hacer que se resignen a depender del sueldo del padre o del marido?

La *associée*, la mujer que comparte el trabajo del marido, no era cosa rara en el extranjero; desde ahora tendrá que ser forzosamente cosa general. Y no por eso la mujer será menos mujer; al contrario, sabrá serlo mejor, comprendiendo toda la importancia de su papel en el confort material y moral de su vida.

Desde la guerra, al mismo tiempo que se ve la transformación inapelable de la vida femenina, se nota en las mujeres (hablo siempre de las mujeres de los países beligerantes) una fuerza más grande de «feminidad». Parece ser que, al tener conciencia «de todo lo que pueden», tienen también conciencia «de todo lo que deben». Principalmente, las cuestiones de puericultura preocupan ahora más que nunca, y antes que nada se piensa necesariamente en los que están combatiendo; así, esta liberación femenina se hace siempre mirando hacia el hombre.

La mujer, obligada a ser independiente por la ausencia del padre o del marido, cultiva su independencia para aprovecharla, ahora en el sostenimiento y más tarde en el mejoramiento de la familia. Si necesita su esfuerzo para sí sola sabrá bastarse a sí misma; si tiene quien la sostenga sabrá contribuir con su esfuerzo al «mayor bienestar posible». Estamos muy lejos de las atrabiliarias feministas a lo Pankhurst, que buscaban únicamente los mismos derechos que el hombre. Hoy el único derecho buscado por el feminismo, tal como lo ha hecho la guerra, es el derecho a la vida.

Por eso la cuestión política carece de importancia. Sin que nadie lo exija, la Comisión de la Reforma Electoral en Inglaterra acaba de conceder el voto a las mujeres de más de treinta años, pero como una cosa natural, al mismo tiempo que se concedía este derecho a los soldados y a los marinos. Y en París, *madame* Curie ha sido llamada a dar un curso a las enfermeras de los hospitales militares, a fin de que puedan desempeñar el cargo de manipuladoras en radiología. Y ¿habrá ninguna profesión más esencialmente y más íntegramente femenina que la de enfermera?

En los países escandinavos hace ya tiempo que las mujeres son electoras y elegibles, y, sin embargo, de allí es ese admirable tipo de «compañera», esposa en la más alta acepción de la palabra, que fue la mujer de Ibsen. El feminismo implantado *a priori* es imposible y hasta inútil. Nada puede existir sin preparación. Naciendo insensiblemente de las circunstancias es sencillamente lógico. Unos se podrán alegrar del triunfo feminista impuesto por la guerra; otros lo aceptarán como una revolución inevitable. En todo caso, la cuestión feminista, tal como existe hoy en los países en guerra, no es ni una liberación, ni una revancha, ni ninguno de esos tópicos sufragistas: no es más que una cuestión de ambiente.

[«La vida y las mujeres. Las mujeres y la guerra», *El Día*, Madrid, 9 de marzo de 1917, p. 3; «La vida y las mujeres. Las mujeres y la guerra II», *El Día*, Madrid, 12 de marzo de 1917, p. 4.]

A PROPÓSITO DE UN ANUNCIO

«Se desea: una mecanógrafa, persona muy formal, teniendo nociones científicas para ensayos técnicos.»

Estas líneas se han podido leer, durante varios días, en la plana de anuncios de uno de los primeros diarios franceses. Luego, han desaparecido; el que lo deseaba sin duda ha encontrado «la mecanógrafa, muy formal, que tuviese nociones científicas para ensayos técnicos»; quizás, también, no encontrándola, se cansó de pagar el anuncio y renunció a su pretensión. Es igual; lo importante —al menos para nosotras— no es que este señor —director de fábrica, jefe de alguna casa de productos químicos, inventor, ingeniero, etcétera— haya o no encontrado a la colaboradora que buscaba; lo importante, lo trascendental es que la haya buscado. Que se le haya tan solo ocurrido.

Hecho trascendental, sí, y más aún, inaudito. ¿A qué ingeniero, ni a qué director de fábrica, ni, más sencillamente, a qué comerciante se le hubiera ocurrido hace unos años buscar, para ayudarle en sus ensayos técnicos, a una mujer? Y ¡qué carcajada hubiera contestado a la mujer bastante desaprensiva y osada para presentarse apoyada en sus «nociones científicas»! Sin embargo, hace ya tiempo que, en la mayoría de los países, había mujeres que seguían los cursos de ciencias y hasta tenían sus títulos de *agrégées* o de *doctoresses ès sciences*; nadie lo ignoraba, pero tampoco nadie hacía caso de esto. Se consentían —a la fuerza— mujeres médicas; no se consentían «mujeres científicas». Y, sin embargo, *madame* Curie compartía con su marido el Premio Nobel por descubrir el radio.

Si la Medicina es accesible a las mujeres —y nadie lo pone en duda—, ¿por qué no han de poder serlo la Química o la Física? No por ser menos directamente prácticas son estas ciencias menos femeninas. Femeninas, sí; ninguna mujer, por ser médica, perdió su feminidad, y si hay médicas marimachos puede uno estar seguro de que lo mismo caerían en esa ridiculez sin haber estudiado Medicina. Bien femenina, bien encantadoramente femenina es Luisa Trigo, esa muchachita con aspecto de *bibelot* que ganó la cruz de Alfonso XII por haber terminado con brillantez inusitada su carrera de Medicina.

Madame Curie es la viva demostración —una demostración que no podía ser más enérgica— de lo que es capaz la mujer en terreno científico. No todas las mujeres que estudian ciencias podrán parangonarse con ella; pero, admitiendo la proporción de número, veremos que tampoco, entre los hombres dedicados a la ciencia, hay tantos que se puedan comparar con *madame* Curie, o con *monsieur* Curie, puesto que aquí da lo mismo.

El gran argumento de los antifeministas es que, haga lo que haga, trabaje en lo que trabaje y estudie lo que estudie, la mujer no puede llegar nunca, intelectualmente, a la altura del hombre; no puede crear. Bien es verdad que hasta ahora la mujer no ha demostrado la potencia intelectual del hombre; su obra es más bien obra de asimilación (los antifeministas decididos dicen «de imitación»). Al fin y al cabo, *madame* Curie es una excepción, y las excepciones no hacen la regla. Los feministas, por lo contrario, aseguran que si hasta ahora la mujer no ha creado intelectualmente como el hombre es porque no la han dejado: ni su educación, ni su atavismo la preparaban para ello.

Es posible, como es también posible que la mujer, siendo, por su constitución, físicamente muy inferior al hombre, le sea también, por ley natural, muy inferior cerebralmente. Repetimos que las excepciones no hacen la regla, y admitamos este último argumento. A pesar de ello, cerebralmente inferior, imposibilitada para crear, espíritu tan solo imitativo y todo lo que se quiera, la mujer sirve admirablemente lo mismo para la Medicina que para cualquier otra ciencia. Que no todos los médicos son unos Pasteur o unos Virchow, ni todos los hombres de ciencia unos Ramón y Cajal o unos Helmholtz. Y en el rebaño general de la ciencia, rebaño admirable, pero rebaño al fin, tanto o más que espíritu creador, que no sabe crear, vale ser espíritu de asimilación, que asimile perfectamente lo que otros crearon y van creando.

Además, la ciencia, en cuanto no es especulación pura, tiene siempre algo de cocina; cocina superior, pero cocina, que conviene admirablemente al espíritu femenino. En Francia hay actualmente más de doscientas mujeres farmacéuticas, y todo el mundo está de acuerdo en que las delicadas y minuciosas manipulaciones de la botica convienen mejor a manos femeninas que a manos varoniles. Fuera de invenciones y de descubrimientos, la paciencia, la intuición y la «imitación» femeninas son muy a propósito para la ciencia. Para ser cirujano es menester ser un espíritu de decisión y un dominio de sí mismo, un *self-control*, que muy pocas mujeres pueden ostentar; por lo contrario, para ciertos análisis y ciertas experiencias son necesarias una sujeción y una aplicación que son cualidades eminentemente femeninas. Todas las estadísticas prueban que, en los trabajos de laboratorio, en que desde la guerra la mujer ha sustituido al hombre, la mujer trabaja con más rapidez y más perfección que el hombre.

La guerra, en este sentido, ofrece ejemplos elocuentes que se han apreciado en todas las naciones beligerantes.

El anuncio que inspiró esta crónica es un caso aislado; cada día será más frecuente y, sobre todo, «deberá serlo». Puesto que es cosa convenida que, sin feminismo ni antifeminismo, la mujer, como el hombre, tiene que poder ganarse la vida, ¿por qué, en lugar de obstruir por su cantidad ciertas carreras ya bastante llenas, o de dedicarse a trabajos que no convienen a su condición, no se consagran más mujeres a los estudios científicos, tan a propósito para ellas?

En el extranjero muchas así lo entienden; y es de desear que aquí, donde el problema del trabajo femenino es particularmente difícil, lo mismo que para médicas haya muchachas que estudien para ser capaces un día de responder a la oferta de alguien que desea una mujer «teniendo nociones científicas para ensayos técnicos».

———

[«La vida y las mujeres. A propósito de un anuncio», *El Día*, Madrid, 28 de marzo de 1917, p. 1.]

LA NUEVA EDUCACIÓN

Una revista francesa ha organizado un concurso entre sus lectoras a fin de saber lo que la mujer moderna espera y desea como educación. El resultado no ha podido ser más satisfactorio; quedan concretadas *racionalmente, reflexionadamente*, las aspiraciones racionales y reflexionadas del feminismo.

No es cosa de volver a hablar de los enormes progresos que de pocos años a esta parte ha realizado la causa de la mujer; progresos debidos casi todos, es verdad, a la necesidad ineludible de emplear, fuese a costa de lo que fuese, la colaboración de la mujer en todos los campos de la actividad, manual o intelectual. Mas, si bien estos progresos han sido mayores y más rápidos que los que hubieran podido calcular los más optimistas defensores de la igualdad de los sexos ante la ley y la sociedad, estos progresos se han realizado, sin embargo, *al margen*; es decir, solo por la presión directa de las circunstancias; sin ayuda, sin regla y, en una palabra, sin protección.

Las mujeres, ingenieras, boticarias o cobradoras de tranvía, han conquistado sus puestos; la conquista no ha sido difícil, al contrario, y ya hemos dicho aquí mismo con qué entusiasmo —y hasta, ¡oh, ironía!, con que agradecimiento— se alaba a la mujer en los países en donde intenta ponerse al nivel del hombre. Pero siempre ha habido conquista; es decir, por poco que fuese, lucha, al menos en un principio. Ahora hay entusiasmo; es decir, aceptación, y nada más. Y esto no basta. La mujer que ha trabajado como un hombre, que ocupa el puesto que ocuparía un hombre, no quiere deber este puesto a la tolerancia, no quiere que se lo concedan bondadosamente, por mucho entusiasmo que acompañe esta concesión; quiere obtener sencillamente, como el hombre, aquello a que tiene igual derecho que el hombre.

¿Feminismo exacerbado a lo *suffragette*? Nada de eso. No confundamos las que solo pretenden tener derecho, por su trabajo, a la mejor vida posible con, por ejemplo, los marimachos de Australia, que pretenden, a partir de los dieciséis años, llevar el traje masculino y hasta tener nombres masculinos también. Estas dan risa o rabia, según el humor que se tenga; aquellas, aun a los que las combaten (y en sus respectivos países ya no las combate nadie), tienen que ser siempre dignas de mucho respeto, cuando no de mucha admiración.

Pues bien; dejando a un lado los casos extravagantes e irrazonados, las mujeres que necesitan gastar la indumentaria masculina, mineras, obreras de ciertas fábricas, etc., han adoptado sencillamente el traje de hombre sin necesidad de ningún requisito y sin oír ninguna protesta, y las mujeres que han querido ocupar puestos hasta ahora reservados a los hombres, siempre que estos puestos han sido subalternos, los han ocupado sin ninguna dificultad, y, mientras tanto, las mujeres que se han sujetado a largos y penosos estudios para seguir una carrera ocupan luego su puesto *excepcionalmente*. Han tenido que contar tan solo con sus propias fuerzas, y no pueden luego disfrutar de la tranquilidad que da, en un trabajo, el saber este trabajo general y generalmente admitido.

Esto es lo que pone de manifiesto el concurso a que antes aludimos; hay, hoy día, en medio mundo, infinidad de mujeres médicas, abogadas, boticarias; va habiendo muchas que siguen la carrera de ingeniero o de arquitecto, que se examinan en las Escuelas de Artes y Oficios, etc. Pues bien; puesto que es cosa admitida que las mujeres pueden desempeñar muchos de los cargos que desempeñan los hombres, ¿por qué no se da a esas mujeres una educación que las prepare, como a los hombres, a desempeñar estos cargos? ¿Por qué hacer que las carreras, que para los hombres constituyen sencillamente *unos estudios*, tengan que ser, para ellas, un calvario continuo?

Hay países en donde la educación del hombre y de la mujer es casi idéntica, y hay países en donde la instrucción oficial consta, para hombres y mujeres, de un solo programa: Rusia, Alemania, los Estados escandinavos, ciertos Estados de América del Norte… En estos países la *igualdad en los puestos*, que existe desde la guerra en todas las naciones beligerantes y en algunas que siguen su ejemplo, esta igualdad en el trabajo se ha hecho con la mayor naturalidad, sin el aspecto de triunfo que tiene, por ejemplo, en Francia. Pero en Francia, precisamente, en donde actualmente las mujeres ocupan todos los puestos que quieren —desde secretario de ministro hasta químico o ingeniero de fábrica—, la muchacha que sigue cualquier carrera, que no sea la del profesorado, tiene que empezar por estudiar con los chicos; es decir, por estudiar de un modo que no le corresponde. Y esto no lo compensa toda la admiración con que se las rodea después.

Las contestaciones al concurso preguntando lo que la mujer francesa espera y desea como educación han dicho todas lo mismo: desea y espera medios racionales que le permitan seguir fácilmente y naturalmente las carreras que sigue ahora al precio de incontables dificultades y sinsabores y siempre un poco en «bicho raro».

¿Y aquí, en España, que, al fin y al cabo, es lo que más nos interesa? Muchas muchachas siguen actualmente los cursos de la universidad; tenemos hoy día muchas estudiantes en San Carlos; ¿y antes? ¿Antes de San Carlos, antes de la universidad? Es la falta de lógica más absurda y más arbitraria la que consiente muchachas en los estudios superiores y no les da los medios de llegar a esos estudios. Universalmente se admiten hoy mujeres en las universidades; una mujer puede, con toda facilidad, aprender Química o Medicina; lo que no puede, si no es con lecciones especiales, es preparar el bachillerato.

En Francia hace ya tiempo que hay liceos de muchachas, en los que estas siguen los mismos estudios preparatorios que los muchachos, y ya hemos visto que esto no les basta; quieren escuelas para aprender, como los muchachos, todo lo que estos aprenden en las suyas.

¿Masculinización? ¡Quia! Todas las que, contestando al concurso ya citado, piden clases de Latín y de Filosofía, piden también, y esto, ante todo, clases de Puericultura; no es tan sencillo como parece eso de criar y cuidar a los niños; solo las madres sin cultura —diríamos que hasta sin inteligencia— creen que basta con echar los hijos al mundo y con abrigarlos luego cuando hace frío y purgarlos cuando tienen empachos… Y ¿no les parece a ustedes que, solo por ese deseo de saber mejor ser madres, debe atenderse al deseo de las mujeres que aspiran a más cultura y a más facilidades para adquirirla?

[«La vida y las mujeres. La nueva educación», *El Día*, Madrid, 3 de junio de 1917, p. 2.]

LAS HUELGAS

Cada día se extienden más las huelgas femeninas; primero fueron en Alemania o en Inglaterra algunas fábricas, algunos talleres los que tuvieron que cerrar hasta dar plena satisfacción a sus trabajadoras; huelgas estas solo parciales y que se terminaron pronto. Ahora son en Francia todas las corporaciones femeninas las que protestan de las condiciones de su trabajo; lo mismo las modistas, las corseteras, las peleteras, las bordadoras, sastras, plumistas, que las empleadas de casas de banca, las electricistas, las planchadoras, las obreras de fábricas de productos farmacéuticos, de botones para uniformes, de mascarillas contra los gases asfixiantes, de ballenas, de cepillos, de calzado, de juguetes, de tintas, de motores para la aviación, de papel…; en una palabra: todas las mujeres que viven de su trabajo quieren mejorar sus condiciones de vida.

En España, no hemos aún llegado a esto; ya llegaremos, que esta vez no se trata de una exageración feminista para poner en solfa, sino de una cuestión mucho más sencilla y mucho más importante: la cuestión del pan de cada día y del derecho que tiene la mujer que trabaja como el hombre a ganar tanto como él.

Ya veremos luego cómo en Inglaterra y en Alemania el trabajo de la mujer ha sido protegido desde un principio, y cuando ha sido necesaria la protesta, cómo esta ha sido inmediatamente atendida. Ocupémonos de Francia; aquí no solamente se ha dado a la mujer todo el trabajo que pedía, no solamente se la ha rogado que sustituya al hombre, sino que se han encontrado frases bastante entusiastas para alabar a la mujer que trabaja en ausencia del hombre tanto como este. Lo mismo en discursos oficiales que en artículos de prensa se llama continuamente a la obrera francesa «salvadora de la patria»… Pero se le disminuye el salario.

En todo trabajo que no sea de fuerza bruta está probado que la mujer tiene más resistencia y más presteza que el hombre; sin embargo, no hay una sola fábrica en Francia (más nos vale no hablar siquiera de España) en que el salario de la obrera equivalga al del obrero.

Le Petit Parisien del 13 de mayo de 1915 publicaba un artículo con este título: «Cómo se rebaja el salario de la mujer». Baste con un ejemplo: las camisas para soldados, que la Intendencia paga a 0,55 pieza, son pagadas a la obrera a 0,20. Tratándose de trabajo femenino, los intermediarios pueden ganar lo que quieren. La mujer cuyo marido está en la guerra o se ha quedado viuda no puede vivir con la pensión que le da el Gobierno, y no hablemos de las que tienen seis hijos pero no están casadas legalmente y no tienen derecho a nada. Hay que comer, se acepta cualquier trabajo a cualquier precio. Luego se las puede llamar «salvadoras de la patria».

Así ha sido desde que empezó la guerra; los salarios fabulosos son una leyenda, y alguna que otra obrera de fábrica de municiones que se estropea para siempre por ocho francos diarios (véanse los informes del profesor Pinard en la Academia de Medicina de París) no impide que haya millares de mujeres que trabajen desde el amanecer hasta la noche por cinco o seis reales. Y esto es lo que no se puede, lo que no se quiere ya tolerar.

En Alemania el trabajo femenino está sujeto a estas prescripciones del ministerio de la Guerra:

1.ª Creación de instituciones que guardan los hijos pequeños de las obreras durante el trabajo de estas.

2.ª Organización de «turnos» que permiten a la obrera estar lo menos posible fuera de su casa.

3.ª Obligación de procurar alojamientos decentes a las obreras del campo que deseen trabajar en la ciudad. Además, bajo la presidencia efectiva de la Emperatriz, se ha constituido en Berlín un «Comité nacional del trabajo femenino durante la guerra» que reglamenta el trabajo a domicilio, impone la jornada de ocho horas para todo trabajo femenino y protege a las obreras en estado de embarazo o de crianza.

En Italia se acaba de constituir un grupo socialista femenino que protegerá los derechos de la obrera.

En Inglaterra las fábricas y talleres tienen, lo mismo que en Alemania, habitaciones reservadas para las obreras que crían a sus hijos y habitaciones en que «mujeres capacitadas para ello» guardan a los hijos de las obreras mientras estas trabajan. Cada fábrica tiene además una *lady superintendent* que, fuera de toda cuestión técnica, reglamenta el trabajo femenino y sus condiciones de higiene.

Y esto es lo que principalmente quieren las trabajadoras francesas: las condiciones de higiene, de natural bienestar de sus compañeras inglesas y alemanas. Las veinte mil francesas últimamente declaradas en huelga, más aún que a un aumento de su salario, aspiran a una reglamentación del trabajo que les permita atender a sus hijos, a su casa y ganarse la vida sin enfermar de cansancio.

Alemania es el primer país respecto a la reglamentación del trabajo y a sus condiciones; de la noche a la mañana no se puede llegar a una organización obrera tan perfecta, que prevé desde el alumbramiento de la trabajadora hasta la protección de su jornal frente a la condición del padre o del marido. Pero se puede hacer mucho.

De tres años a esta parte Inglaterra ha organizado el trabajo femenino «humanamente». ¿Por qué no lo han de hacer también los demás países? Aislada, la trabajadora, como el trabajador, no puede nada; en Burdeos las obreras de municiones de guerra, después de formar un sindicato, han votado este «Orden del día»: «Las obreras trabajando en fábricas de guerra deciden agruparse en una poderosa organización que, con el concurso del sindicato de mecánico, será encargada de hacer cesar la exploración de la mujer, de hacer respetar los derechos intangibles que comporta su estado físico y de nombrar delegadas encargadas de constituir el sindicato de obreras de fábricas de guerra». Cuando todas las obreras se decidan a imitar esta agrupación «defensiva», las huelgas, tan criticadas por los que son ajenos a su resultado inmediato, no tendrán ya razón de ser. Muchos se ríen de las manifestaciones, que llaman desdeñosamente —porque la huelga femenina se inició en Francia en los talleres de modistas— «rebeldías modistiles», sin embargo, estas modistillas han conseguido por de pronto: primero, que, lo mismo que en Alemania y en Inglaterra, la semana de labor termine el sábado a mediodía, lo que permite a la mujer que trabaja fuera arreglar las cosas de su casa sin consagrar para ello su único y tan necesario día de descanso; segundo, que se creen cursos de puericultura elemental, destinados a formar directoras para «las cunas» que se instalarán en las fábricas que empleen cierto número de mujeres.

Esto ya no es frivolidad ni sirve para diversiones. No; las huelgas femeninas no son el deseo de aprovecharse de las circunstancias; son sencillamente una defensa natural para que, por causa de las circunstancias, no se aprovechen de su necesidad de comer y, en la mayoría de los casos, de dar de comer a sus hijos.

[«La vida y las mujeres. Las huelgas», *El Día*, Madrid, 17 de junio de 1917, p. 2.]

ENSEÑANZA NECESARIA Y ENSEÑANZA INÚTIL

En Francia se trata ahora de renovar los programas de enseñanza femenina; las circunstancias actuales, obligando a la mujer a una vida cada vez más activa y más «personal», han demostrado la deficiencia de la cultura general femenina.

Ha habido encuestas organizadas por revistas y periódicos; ha habido peticiones de alumnas y profesoras de Escuelas Normales, Superiores y hasta Liceos, y ha habido, por fin, discusiones «oficiales» en las que han tomado parte no solo altos funcionarios públicos, sino también mujeres que se han justificado como doctas en la materia: inspectoras de enseñanza, directoras de escuelas, doctoras, etc. Todas las opiniones discutidas han coincidido en una misma y única finalidad: los programas de enseñanza femenina deben ser lo más prácticos posible; deben tender «todos» a que la cultura adquirida por la niña y por la adolescente sea provechosa para la mujer. Y a la unanimidad han sido pedidas —y luego aprobadas— la creación de clases de Puericultura, de Medicina e Higiene elemental y de Derecho usual.

Al enterarme de este adelanto lógico experimentado por la cultura femenina francesa he pensado melancólicamente en la pobreza, en la insulsez, en una palabra, «en la falta de lógica» de nuestros programas de enseñanza femenina. Las francesas, y con sobrada razón, se han quejado de no tener en sus programas ciertas clases que consideran necesarias, y han obtenido estas clases. ¿Y nosotras? ¿Qué muchacha española sabe de Puericultura, de Higiene o Medicina elementales y muchísimo menos elementos de Derecho? ¡Qué española, qué femeninamente española es la frase esa de que la experiencia lo enseña todo! A fuerza de experiencia, es decir, a fuerza de enfermedades, cuando no de duelos, se aprende a cuidar a los hijos; después de haber visto a su pequeñín medio asfixiado o medio desnudo, la mujer sabe ya —«para otra vez»— cómo tiene que fajarlo; el nene tiene un empacho o unas convulsiones; para «otra vez» ya se sabe que esto o aquello le hace daño; el mayorcito se ha caído y se ha herido, ha habido que llevarlo corriendo a la Casa de Socorro; «para otra vez» ya sabe la madre cómo cuidarle de primera intención. Y aquella mujer que en una cuestión de intereses ha sido miserablemente engañada, «porque eso no son cosas de mujeres», esa ya sabrá «para otra vez» esos principios de leyes que se dan por sabidos de todos, pero que ella ignoraba, como si se tratara de cosas de otro planeta. Sí, la experiencia es una gran cosa; para darse cuenta de ello hay que ver lo que le cuesta a una mujer española la experiencia más sencilla de la vida.

Las francesas no quieren pagarla tan caro; han visto que en otros países las mujeres no necesitaban aprender prácticamente los cuidados necesarios a los niños, ni la higiene doméstica, ni las primeras nociones de derecho, porque cuando muchachas los habían aprendido teóricamente y sabían cómo aplicarlos. Pero ante estas reformas de la enseñanza femenina francesa, juzgadas imprescindibles, pienso que los programas que las revistas francesas llaman «una vergüenza» permitían ya al menos a las mujeres el acceso a casi todas las carreras y pienso en el resultado que pueden sacar de los suyos las mujeres españolas.

No se concibe en España una mujer ingeniero o abogado; esto es «solo para hombres». Muy bien; pero ¿para quién es la puericultura? Aquí se cree todavía en la todopoderosa experiencia y que con ella basta. Para enseñanza femenina tenemos las labores. En ninguna parte del mundo se ocupa uno tanto de labores como en España; en ningún país se concibe que una muchacha que no se dedica a encajera profesional necesita saber «antes que nada» toda clase de encajes y bordados; mucho menos que una pitusa de siete años aprenda a hacer complicadas vainicas o encajes de bolillos en lugar de aprender Historia o Geografía. Una señorita de la clase media española no sabrá las capitales de las provincias; no sabrá, naturalmente, guisar ni llevar las cuentas de una casa, ni qué alimentos convienen a los niños; pero sabrá, eso sí, hacer calados y encajes, que se encuentran en cualquier comercio por el precio del hilo.

Tengo a la vista el folleto de Leonor Serrano de Xandri, inspectora que ha obtenido el primer premio en el concurso organizado por el Centro Iberoamericano. Se queja amargamente del «exceso de esas labores de aguja, filigranas de tiempos pasados y hoy capaces de estropear la vista y hacer perder un tiempo precioso a las jóvenes alumnas».

«En cambio —prosigue Leonor Serrano—, ¡qué espantosa es la ignorancia en que las jóvenes llegan al matrimonio! ¿Qué saben seriamente de la higiene de la procreación y cuidado de los pequeños? ¿Qué rudimentos de Medicina doméstica, de primeros auxilios en los accidentes, de Pedagogía maternal, etc.?»

No hablemos, como en Francia, de «completar» los programas; son demasiado deficientes para ello. Pero ¿no podrían reemplazarse algunas clases «inútiles» de labores por las clases «necesarias» de higiene, derecho, etc.? Nosotras, las primeras interesadas, somos las que debemos exigirlo; en Francia son las mujeres las que han obtenido estas clases «imprescindibles». A las inspectoras y pedagogas españolas es a quienes corresponde obtener que la enseñanza femenina comprenda ciertos cursos necesarios a toda mujer.

[«La vida y las mujeres. Enseñanza necesaria y enseñanza inútil», *El Día*, Madrid, 7 de agosto de 1917, p. 1.]

LAS ENFERMERAS

Todos los periódicos, todas las revistas de España nos han presentado la misma ilustración, graciosa a más no poder, y —para muchos— enternecedora: el grupo de señoras y señoritas que han terminado sus exámenes de enfermeras en San Sebastián. Parece ser que estas señoras y señoritas han pasado estos exámenes con el mayor éxito posible; todas —sin excepción— han demostrado aptitudes extraordinarias para su misericordiosa misión.

Poco antes habíamos admirado igualmente en todos los periódicos y en todas las revistas de España el grupo encantador de señoras y señoritas que, con igual éxito y demostrando las mismas extraordinarias aptitudes, acaban de celebrar en Madrid idénticos exámenes de enfermeras.

Es, pues, cosa hecha: tenemos enfermeras, enfermeras «diplomadas». Ha bastado que un buen día unas cuantas señoras y señoritas con energía y tiempo sobrantes digan «¡Vamos a ser enfermeras!» para que, a los pocos meses, España tuviera un cuerpo oficialmente organizado de damas de la Cruz Roja. Esto es encantador, puede; pero es sencillamente terrible.

Los revisteros de salones y los periódicos «mundanos» no se cansan de contar el valor de estas aristocráticas damas que sacrifican heroicamente sus placeres para consagrarse al cuidado de los heridos. Verdad es que, hasta ahora, aquí en España, no ha habido todavía heridos a quienes consagrarse. El heroísmo ha consistido en asistir a unos cuantos cursos hechos por doctores, seguramente admirados, como los revisteros de salones, de la elegancia y heroísmo de sus alumnas. Y los que no tenemos por qué admirarnos, viendo a todas estas señoras y señoritas que acaban de recibir sus insignias de enfermeras y que parecen salir de una fiesta mundana, pensamos: ¿pero es posible que, en caso necesario, el cuidado de los heridos se encomendase preferentemente a estas mujeres?

¿Qué saben ellas de heridas ni de enfermos? Son todas mujeres «de sociedad», mujeres que, en su mayoría, no han cuidado «íntimamente» ni a sus propios enfermos. ¿Qué saben ellas de los cuidados, de los repugnantes cuidados que comprende la asistencia a un enfermo y, más aún, la asistencia a un herido? Viendo en los periódicos y revistas sus grupos encantadores, pienso en los grupos encantadores de otras enfermeras, unas enfermeras que también «se lo creían» y a quienes hubo que retirar del lado de los enfermos. En Hendaya, al principio de la guerra, todas las señoras y señoritas quisieron ataviarse con la blusa y la toca blancas y la cruz encarnada; se sentían todas ángeles de misericordia capaces de todas las abnegaciones. Se improvisaron unos cursos, y, al cabo de unas semanas, en un espléndido *château*, el hospital estaba organizado y bien pronto estaba lleno de heridos. Y… ocurrió el desastre. Sí, ocurrió a pesar del título, de las insignias y —¿por qué no?— de toda la buena voluntad. Pero ya no se trataba de teoría, ni de prácticas en un maniquí; y por muy elegantes y etéreas que sean las enfermeras, no basta con que le pasen la mano por la frente a los heridos o con que les ayuden a tomar tazas de caldo. No habían visto nunca sangre las enfermeras diplomadas, la sangre de los heridos, negra, coagulada, pestilente; no se la imaginaban. Y no se imaginaban tampoco lo que supone el asistir a hombres que hay que cuidar como si fuesen niños pequeños, y lo que representa el presenciar amputaciones y lo que es el poner las manos en una herida que hace estremecerse al mismo médico. Eran ángeles; los ángeles son hermosos, pero no sirven para la tierra. «Ce ne sont pas des anges qu'il nous faut; ce sont des femmes», ha dicho Marcelle Capy, resumiendo la indignación que en toda Francia produjeron las enfermeras mundanas. Y se dio este caso, que puede parecer extraño: en Hendaya, las enfermeras «señoritas» fueron retiradas del hospital, y se quedaron las que no tenían insignias ni tocas: las mujeres del pueblo y de la pequeña burguesía, que al emprender su obra de misericordia sabían, sin haber pasado exámenes para ello, en qué había de consistir esta obra.

Creo que no hay mujer sensata a quien no horrorice el pensar que un día la vida de su hijo o de su marido pueda depender de la abnegación de estas recientes y tan flamantes enfermeras. El cuidar a un herido, a un herido que casi siempre es repugnante, no es cosa baladí; sobre todo, no es cosa que se aprende con unas *leccioncitas*. Si realmente estas señoras y señoritas se sienten con la abnegación que aparentan, que hagan un mes, solo un mes, de prácticas en un hospital. Que antes de probarse la blusa y la toca blancas prueben primero la resistencia de sus nervios y de su estómago. Y si no… ¡por Dios!, hay bastantes distracciones en el mundo; inútil es distraerse con cosas tan serias y tan sagradas. Aunque quizá no se hayan dado cuenta todavía de la realidad de estas cosas.

[«La vida y las mujeres. Enfermeras», *El Día*, Madrid, 18 de agosto de 1917, p. 6.]

PARA LAS MADRES

La Cámara de los Diputados francesa acaba de votar dos leyes que son seguramente las leyes más «verdaderamente» feministas que haya habido, tomando la palabra feminista en el sentido amplio y racional de «en favor de las mujeres». Una de dichas leyes dispone que «toda madre que cría a su hijo tiene derecho a un socorro de 20 francos al mes durante un año, a partir del nacimiento del hijo»; la otra obliga a los dueños de fábricas, talleres, etc., que emplean mujeres a conceder una hora diaria a las que están criando, dividida en dos veces —media hora a mitad de la mañana y media hora a mitad de la tarde—, para amamantar a sus hijos.

¿Se representan ustedes toda la trascendencia de estas leyes, de estas «imposiciones»? Hasta ahora, salvo rarísimas excepciones —dejemos una vez más a un lado las incomparables leyes obreras de Alemania—, nadie se ha ocupado en proteger a la obrera madre, nadie ha pensado en los derechos que toda mujer tiene solo por el hecho de ser madre, y el primero de todos, criar ella misma a sus hijos. Verdad es que hasta hace poco tiempo este problema no se había presentado con la fuerza con que aparece ahora, es decir, desde la guerra, desde que, fuera de toda cuestión feminista o antifeminista, hay miles y miles de mujeres obligadas a trabajar como hombres. A estas mujeres que sustituyen a los hombres en muchos empleos y oficios y que han creado la industria de guerra, desde las *munitionnettes* que fabrican obuses hasta las que cosen los uniformes, se las ha alabado, se les ha concedido el descanso de «la semana inglesa», que termina el sábado al mediodía, se ha hecho caso de sus quejas o de sus protestas y se les ha aumentado el salario; se ha hecho, en fin, todo lo posible para que lleguen a igualar y hasta a sobrepasar al hombre. Pero no se ha hecho nada para que, a pesar de su trabajo, permanezcan mujeres. Y como con feminismo o sin feminismo, con guerra o sin ella, la naturaleza no puede cambiar, el primer resultado de este trabajo femenino ha sido una mortandad infantil espantosa… Tan espantosa que ha llegado a preocupar a los poderes públicos más despreocupados.

Ya hace tiempo que los médicos, los higienistas y las asociaciones feministas todas protestaban en Francia del crimen, pues es un verdadero crimen que se comete con la madre que trabaja en fábrica o en taller. De otras mujeres puede decirse que trabajaban por gusto, o por deseo de independencia, cosa que a muchos les parece completamente aleatoria; nadie puede creer que una mujer abandone su hogar y sus hijos por el mero gusto de estarse diez horas en una fábrica y de volver a su casa más rendida que una mula de carga. Y es verdaderamente monstruoso que, para ganarse su pan o el de sus hijos mayores, esta mujer tenga que meter en un asilo o en cualquier casa de caridad a su hijo pequeño, o bien, en el caso más satisfactorio, confiarlo a una vecina que lo nutrirá con esas papillas y sopas fantásticas que tan lindamente envían a los angelitos al cielo. Que eso del biberón, por muy buena que sea la leche dada en las Gotas de Leche y otras instituciones semejantes, no reemplaza nunca la crianza materna.

La ley de los veinte francos mensuales permitirá a muchas mujeres criar tranquilamente a sus hijos, pues ayudadas por este socorro pueden buscar un trabajo menos productivo que el de la fábrica, pero que les dejará mayor libertad. La otra ley da derecho a la obrera para hacerse llevar a su hijo al sitio donde trabaja, pues esta ley implica además que cada fábrica tenga un local destinado ex profeso a la crianza. Y es de esperar de la humanidad de los dueños que este local reúna las necesarias condiciones de higiene. De todos modos, el primer paso, el paso esencial, está dado; poco a poco, fácilmente vendrán los complementos naturales.

Esta última ley, que ahora parece tan natural, que ha sido votada a la unanimidad, fue propuesta por primera vez a la Cámara francesa en junio de 1913; ha sido necesaria la guerra, con todas sus consecuencias feministas, para que se realizara.

Aquí no tenemos guerra, felizmente, pero es terrible el pensar que porque no la tenemos no tenemos tampoco este beneficio tan natural de una ley que defiende el derecho más natural que hay en el mundo: el derecho que toda mujer tiene de criar a sus hijos para el bien de estos y para el bien de todos. Y no deja de ser un absurdo el que tengamos que envidiar, para muchas cosas, a los países hoy día más desgraciados. Tenemos iniciativas particulares, actos de caridad que son actos de justicia. Son granos de arena. Solo una ley, una imposición con sus correspondientes castigos a la zaga, puede hacer que las obreras tengan derecho a ser madres, a ser madres, ante todo, «como si no fueran obreras».

Y transmito este deseo a la influencia de mi admirable amigo D. Manuel Tolosa Latour, que tanto ha hecho y hace, con una bondad y una abnegación incansables, para proteger en España los derechos de las madres y de los pequeñitos.

[«La vida y las mujeres. Para las madres», *El Día*, Madrid, 8 de septiembre de 1917, p. 2.]

EL MISMO SUELDO POR EL MISMO TRABAJO

Decididamente el feminismo adelanta a pasos agigantados; adelanta de tal modo que las cosas naturales, las cuestiones sociales que dependen únicamente de la equidad y del buen sentido han llegado —¡oh, paradoja!— a parecernos efectivamente naturales e imprescindibles. En este sentido, las revoluciones que creíamos hace poco más difíciles se realizan con la mayor sencillez. Por ejemplo, la que exige el mismo sueldo por el mismo trabajo.

Verdad es que ahora los derechos femeninos son defendidos por aquellos que —dadas las leyes actuales— pueden mejor proclamarlos: por los hombres. Una mujer feminista no implica consecuencia alguna; un hombre o un grupo de hombres feministas, he aquí algo verdaderamente trascendental.

No hace mucho que solo defendían los derechos de la mujer algunos escritores y dramaturgos tachados inmediatamente de ilusos y de «antiprácticos»; hoy son los mismos políticos quienes reivindican, como un acto de justicia, el establecimiento de los derechos femeninos, y el progreso más interesante del feminismo es quizá la organización, en la Cámara de París, de un grupo titulado «Grupo de los derechos de la mujer». Este grupo, muy numeroso, y cuya iniciativa corresponde a los diputados Sres. Siegfried, Marin y Manger, se propone ocuparse de todos los intereses, sociales o políticos, de la mujer: enseñanza, higiene, sufragio, y, sobre todo, sueldos y profesiones. Haciendo *pendant* con este grupo, tenemos la orden propuesta al Congreso de la «Liga de los derechos del hombre», y votada por unanimidad. Dice así:

Considerando que de esta guerra ha de salir un nuevo derecho internacional basado en el derecho de los pueblos de disponer libremente de ellos mismos; que nadie puede creerse autorizado a hablar en nombre de un pueblo mientras las mujeres no participan en la vida política de las naciones; considerando, por otra parte, que las mujeres, durante el actual conflicto, han demostrado cuál podía ser el valor de su acción social; que su participación en el sufragio universal sería una de las mejores garantías de la paz futura, el Congreso desea que el principio del sufragio femenino sea proclamado por todas las naciones como una de las bases del derecho futuro.

No será, pues, de extrañar si se realiza el deseo emitido por la Federación Feminista Universitaria Francesa de que la cuestión de igualdad de sueldos se discuta en el Congreso de la Paz.

Es este problema uno de los más arduos del feminismo, si bien es uno de sus más legítimos derechos.

Por sí solo bastaría para justificar cualquier acción y cualquier movimiento. El mismo sueldo por el mismo trabajo: ¿quién se atrevería a discutir siquiera la naturalidad de esta afirmación? Todo el mundo está de acuerdo con ella… y nadie la pone en práctica. Salvo en Alemania, que siempre hay que dejar aparte al hablar de organizaciones sociales, salvo también en algunos países, particularmente adelantados, como Finlandia y los países escandinavos, cuando un hombre y una mujer realizan un mismo trabajo de idénticas condiciones, el sueldo de la mujer es siempre notoriamente inferior al sueldo del hombre. Nos parece ocioso comentar la injusticia flagrante de este estado de cosas, que comprende desde la obrera de fábrica hasta la empleada en las oficinas del Estado; pero resulta más inicuo en estos momentos, cuando el trabajo hecho por la mujer está hecho casi siempre en sustitución del trabajo del hombre.

El trabajo femenino ha sido siempre menospreciado. Ningún trabajador, por muy burdo que sea su trabajo, se muere también de hambre como una bordadora que se estropea la vista durante quince horas diarias; tendrá que transcurrir mucho tiempo hasta que se comprenda que vale tanto hacer un encaje como barrer una calle, por ejemplo; pero lo que no es posible tolerar, porque a la vista está su injusticia, es que una oficiala sastra gane menos en un oficial sastre, o que una mujer que escribe durante un número determinado de horas en una oficina gane menos que un hombre que escribe durante ese mismo número de horas.

A cada nueva «conquista» femenina del trabajo, los hombres que dependen de ese trabajo, así sean de oficio como de carrera, tienen una frase admirable de ingenuidad: «¡No debemos consentir que las mujeres entren aquí, porque lo van a hacer más barato!». Pues esto es precisamente lo que no puede ser, lo que ya no será. ¡El mismo sueldo por el mismo trabajo!, tal es el lema, tal es el interés de los hombres como de las mujeres, y no olvidemos la frase dicha en el Congreso de la Federación Americana del Trabajo, el 26 de noviembre de 1916, en Baltimore: «Las mujeres explotadas servirán de pretexto para rebajar los sueldos de los hombres, cuando estos regresen, y así habrán perdido los obreros los resultados duramente conseguidos».

En todos los países, a Dios gracias, no se espera «regreso» de los hombres; mas, en todos los países, la pobreza de los sueldos femeninos puede servir de pretexto para rebajar el sueldo de los hombres. De este modo se ha podido hablar de «la terrible competencia del trabajo femenino». La mujer, necesitada de trabajar y a quien el trabajo ha sido dificultosamente ofrecido, lo ha aceptado en cualquier condición: así es como se ha perjudicado a los demás. En esto los hombres tienen derecho a protestar; es justo que la mujer realice todos los trabajos que le permita su constitución física, pero es injusto que los realice en condiciones pecuniarias inferiores a las de los hombres. Que ¿qué más quisiera ella? Conformes; pues, entonces, que haga valer sus derechos y que los hagan también valer aquellos a quienes el no reconocimiento de estos derechos perjudica ineludiblemente.

No se trata de rivalidad de sexos ni de trabajo femenino o masculino; se trata de la justa distribución y del justo premio de la labor; de los derechos de los trabajadores en general, sin distinción alguna. Pero para esto son menester leyes. Siempre habrá patronos —el Estado o los particulares— para aprovechar la necesidad en que se encuentran muchas mujeres sin voto ni organización sindical de aceptar cualquier trabajo en cualquier condición, y alrededor de esta explotación gira todo el derecho de los trabajadores a una mejora de posición. Un mismo sueldo por un mismo trabajo; no hace falta ser feminista para ocuparse de esto. Y los diputados que en el «Grupo de los derechos de la mujer» voten leyes en este sentido, y los delegados al Congreso de la Paz que traten esta cuestión sabrán que, en este caso, como en muchos otros, el problema feminista implica un problema social. Por esto es sencillamente natural que hombres, hombres que no se pueden tachar de ilusos ni de antiprácticos, se apasionen por ello.

[«La vida y las mujeres. El mismo sueldo por el mismo trabajo», *El Día*, Madrid, 13 de diciembre de 1917, p. 3.]

CONFERENCIA DE LA DOCTORA CONCEPCIÓN ALEIXANDRE

Continuamente vemos, en libros y revistas, alabados los progresos realizados en el extranjero respecto a la educación y crianza de los niños. No se inaugura, en París o en Londres, un curso de Puericultura sin que nos sea puesto inmediatamente como ejemplo. Verdad es que en muchos casos podemos aprender mucho con el ejemplo de esos países; mas si no conviene engreírnos con lo nuestro, tampoco conviene desacreditarnos sin motivo a nuestros propios ojos, y es menester que, al admirar cuanto bueno se realiza ahora pro infancia en Francia y en Inglaterra, no dejemos de considerar que esos beneficios tan recientes y flamantes se realizan bajo el peso de las circunstancias actuales, que obligan a todo país beligerante a velar cuidadosamente por sus futuras generaciones, y que sin estas circunstancias quizá no se realizasen, mientras que nosotros, sin tener la misma imperiosa obligación, realizamos también, respeto a este asunto, admirables e importantísimos progresos.

Es cosa de sobra sabida que los pueblos meridionales no quieren al niño o, mejor dicho, no saben quererle. Las madres meridionales besan a sus hijos diez veces más que las del norte y le llaman «cielo» y «vida mía» a cada paso y a voz en grito; pero no se preocupan de purgarle cuando lo necesita.

Las estadísticas prueban que España, por ejemplo, es uno de los países que sufre mayor mortalidad infantil con relación al número de habitantes. Y es que, para saber querer a los niños, no basta con el instinto maternal.

Hasta hace poco nadie se preocupaba de eso; hoy se comprende que el fiarse para los cuidados de la primera infancia del instinto del amor maternal es comparar al niño con un animalito cualquiera, y que, siendo la fisiología de un niño bastante más delicada que la de un cachorro cualquiera, esta indiferencia resulta sencillamente una barbaridad. Desde hace unos años todas las grandes naciones tienen en las escuelas femeninas o en cursos ex profeso enseñanzas de puericultura, y esto era natural en países en que la cultura de la mujer se amplía y perfecciona naturalmente cada día. Aquí ya es otra cosa; harán falta todavía muchos años hasta que la generalidad de los españoles se convenza de que cuanto más culta es, más enterada está una mujer de su importancia en el hogar y, ante todo, de la trascendencia de su papel de madre. Hoy solo comparte esta teoría, ya casi universal, un pequeño grupo de intelectuales y de espíritus selectos. Por esto, el implantar aquí de un golpe un curso de pediatría familiar es un acto de una significación mucho más alta que el organizar ese mismo curso en París o en Londres.

Como es en España, es decir, como es nuestro, nadie ha pensado en alabar este curso, y, sin embargo, es menester conocerlo, no solo para admirar la idea de sus organizadores, sino también para que reciba la mayor popularidad posible, ya que está hecho para que el mayor número posible de madres se enteren de muchas cosas que ignoran que les son necesarias, y que no reemplazan todos los mimos del mundo.

Decir en España obra pro infancia es nombrar a D. Manuel de Tolosa Latour, y, efectivamente, él es el presidente de la Sociedad de Pediatría de Madrid y a él debemos el tener un curso, enteramente gratuito, que puede tranquilamente parangonarse con los mejores del mundo de la misma índole. Quisiéramos poder detenernos en cada lección, es decir, en todo el programa de este curso, que durante todo el invierno (las lecciones tienen lugar todos los sábados, a las siete y media de la tarde) explica, por boca de un autorizado profesor, el medio de evitar a los niños la mayoría de las enfermedades, el medio de curar familiarmente muchas dolencias y, en una palabra, todo cuanto respecto a la higiene de los niños debe saber una mujer[3]. En la imposibilidad

[3] El curso de Pediatría, absolutamente gratuito, tiene lugar todos los sábados, a las siete y media de la tarde, en el Colegio de Médicos (Calle Mayor, n.º 1). Las dos próximas conferencias tratarán, la primera, de la lactancia, por el doctor Celestino Moliner, del Instituto Rubio, y la segunda, de las enfermedades de los niños de pecho, por el doctor José Bravo Frías, médico de la Inclusa.

de hablar de todas estas lecciones, pero queriendo dar por lo menos idea de lo que son, decidimos comentar la única de ellas explicada por una mujer, aquella en que el sábado pasado la doctora Aleixandre, del Hospital de la Princesa, trató de las «Consideraciones especiales sobre higiene y patología de la infancia femenina».

El gran salón del Colegio de Médicos está lleno de un público casi completamente femenino. Junto al estrado, infinidad de muchachas, discípulas de la Escuela Superior de Magisterio casi todas; en el fondo de la sala, varios hombres, médicos algunos, simples padres de familia otros. En el estrado, junto al doctor Tolosa Latour, que en términos vibrantes ha hecho la presentación de las conferenciantes, relatando el valor de los servicios prestados por ellas en la Maternidad y en la Inclusa, se halla sentada la doctora Concepción Aleixandre.

Es una mujer de mediana edad, sencilla, modesta. Viste sin pretensión alguna y habla en tono familiar, un tono que disipa desde un principio esa invisible barrera moral que parece existir siempre entre el conferenciante y el auditorio. Ella misma lo dice: no quiere dar una conferencia, sino «charlar» sencillamente de cosas a las cuales dedica todos sus esfuerzos, y cuya divulgación sabe es importantísima para el bien de la Humanidad. Y así, sin pretensión, sin parecer enseñar nada, enseña cosas que todas las mujeres debieran aprender.

Al empezar, la doctora Aleixandre protesta de ser feminista, en la burda acepción dada a la palabra. Ella desea tan solo que la mujer sea «cordialmente igual» al hombre, y que lo sea para el mayor bien de los dos.

En su concepto, la mujer debe cultivarse lo más posible, desarrollar lo más posible «el cerebro con que vino al mundo, y que muchos parecen olvidar». Y como la misión más importante de la mujer es la de criar y educar a sus hijos, su cultura debe servirle precisamente para el mejor cumplimiento de su misión. Largamente nos habla nuestra conferenciante del instinto maternal, que es, moralmente, el primer signo que distingue a la niña del niño, y en frases acertadísimas se duele de que no se utilice este precoz instinto para preparar cuerdamente a la niña y la muchacha para su futuro papel de madre.

«Si se tuviera siempre presente —dice la doctora Aleixandre— esta especial condición de la mujer, no se daría el caso lamentable de que la mayoría de las mujeres no saben ni cómo deben vestir a sus hijos ni cómo deben vestirse ellas mismas para que sus hijos no sufran un día de las deformaciones del cuerpo maternal.»

Y, ayudándose con proyecciones, la doctora Aleixandre explica gráficamente la necesidad de saber cómo deben ser tenidos en brazos los niños pequeños, los perjuicios causados a las niñas por una indumentaria mal entendida, y se eleva por fin con gran energía contra el empleo del corsé y de las ropas que comprimen la cintura. Para esta última parte de su conferencia tuvo proyecciones verdaderamente interesantísimas, demostrando de qué modo se estropea, para su futura maternidad, el cuerpo de la mujer comprimido por su indumentaria.

Al final de su conferencia, la doctora Aleixandre fue muy aplaudida. A las muchas felicitaciones que recibió unimos la nuestra muy sincera, y creemos que para ello el mejor modo es desear que el mayor número de mujeres asista a este curso. Es este el mejor y el verdadero feminismo.

———

[«La vida y las mujeres. Los cursos de pediatría familiar. Conferencia de la doctora Concepción Aleixandre», *El Día*, Madrid, 12 de febrero de 1918, p. 3.]

EL TRABAJO A DOMICILIO

Uno de los tópicos más corrientemente empleados por aquellos que aún hoy creen un absurdo el que la mujer trabaje para ganar su vida y la de sus hijos es el condescender en admitir que «ya que trabaja, la mujer debe trabajar en su casa». Y el no considerar los nefastos resultados engendrados por este tópico motiva la indecorosa situación en que se hayan las llamadas «trabajadoras a domicilio». Ya hace años que un economista alemán, Lorenz von Stein, pronunció esta célebre frase: «Ninguna organización social y económica daría más a nuestras mejores ideas morales que aquella que no pensase en conservar más que el hogar para la mujer y la mujer para el hogar». ¿Es que esta frase implica acaso una firme condena del trabajo de la mujer fuera del hogar o es que acaso las condiciones del trabajo femenino a domicilio han mejorado desde que fue pronunciada? Sepamos primero si la mujer que trabaja en su casa «se conserva para el hogar», y sepamos después en qué condiciones económicas trabaja.

Observadores superficiales pueden creer que la mujer que trabaja en su casa conserva la vida familiar mejor que la obrera de la fábrica y de taller; una cosa es la mujer que, en su hogar, se ocupa únicamente de este hogar, de sus hijos, de su marido, etc., y otra cosa muy distinta es la mujer que, desde que amanece hasta muy entrada la noche, trabaja a destajo para ganar la vida lo más posible. Y, sin duda alguna, al querer conservar el hogar para la mujer y la mujer para el hogar, Lorenz von Stein pensaría con preferencia en la obrera inglesa o alemana (francesa también) porque, por la tarde, se encuentra libre desde las seis o las siete, y los sábados y vísperas de fiestas mucho antes, y puede, por tanto, cuidar durante unas horas del orden de su casa, que no en la «trabajadora a domicilio». Una casa humilde, en que la mujer trabaja sin descanso durante catorce horas diarias, o más, no puede estar más arreglada que aquella en que la mujer está ausente durante ocho o diez horas. Y los hijos, tratándose de países que no tengan organizaciones adecuadas de casas cuna, *garderies*, escuelas jardín, etc., se encontrarán, por lo menos, en el mismo abandono.

Respecto a la cuestión económica, el trabajo a domicilio es lo más funesto que puede darse; dejemos a un lado a Alemania, que, en esto, como en las demás cuestiones obreras, tiene leyes de protección y de defensa incomparables; dejemos también Inglaterra y Francia, en donde asimismo han sido realizados ahora grandes progresos en la legislación obrera; ocupémonos únicamente de España, que al fin y al cabo es lo que más nos interesa; aquí, toda mujer, costurera, etc., que trabaja, según la frase usual «para afuera», es decir, que hace en su casa un trabajo que ha de entregar luego a un patrono, se encuentra sin salvación posible, a merced de todos los abusos y de todas las arbitrariedades de este patrono; y ya sabemos que para un patrono que sea sencillamente humanitario, se encuentran ciento que solo tratan de pagar lo menos posible. Frente a todas las frases más o menos literarias que hacen apología de la mujer que trabaja en su casa, en oposición a la obrera de fábrica o de taller, puede afirmarse que, mientras que esta goza de relativa libertad y ciertos derechos por todos reconocidos, aquella es, «sin provecho para sus hijos ni para su hogar», la verdadera sierva del trabajo.

Yo misma he querido cerciorarme del jornal que puede ganar una trabajadora a domicilio madrileña; he pedido trabajo en un gran comercio de ropa blanca de la calle Mayor, y me han ofrecido camisas en las que debía hacer vainicas a razón de 15 céntimos por camisa. Es decir, que, con mucha práctica, y desollándose los ojos, una mujer puede trabajar doce o catorce horas para no ganar más que tres o cuatro reales.

Este mismo año las obreras francesas han conseguido tarifas oficiales para los trabajos a domicilio; tarifas que impidan que el jornal de una trabajadora no le alcance siquiera para comer. En Barcelona, el Sindicato de Obreras organizó, bajo la presidencia de doña Regina de O'Neill, un Congreso del Trabajo a Domicilio, cuyos resultados fueron admirables. Ya que aquí nadie se preocupa de defender sus intereses y que ellas no tienen ni voz ni voto para ello, las trabajadoras madrileñas —y como ellas las de toda España— deberían «tomar la justicia por su mano»; organizarse, declarar el boicot a todo establecimiento que no reconociera sus tarifas, y hacer la propaganda necesaria para que las compradoras las ayudaran, no comprando en los comercios señalados por la organización. No habría mujer que no prestase su apoyo a una causa tan justa y tan humanitaria; y que no se hable de coacción a la libertad: la primera libertad que debe uno tener cuando trabaja es la de no morirse de hambre.

[«La vida y las mujeres. El trabajo a domicilio», *El Día*, Madrid, 25 de abril de 1918, p. 4.]

LAS INDUSTRIAS FEMENINAS

De poco tiempo a esta parte, Madrid se ve inundado —no hay otra palabra— por los muñecos y las muñecas de trapo. Cada día aparecen más y surgen en cualquier sitio, en donde menos se espera: lo mismo en una camisería o en una tienda de *nouveautés* que en un bazar, y no hay rifa elegante que no ostente, entre sus mejores premios, alguna muñeca gordita y sonrosada, imagen entre enternecida y caricaturesca de un *baby* ultra chic. Porque ya no son las niñas las que juegan a la muñeca, son las mayores.

La industria de muñecas de trapo ha llegado, pues, a ser aquí una de las más importantes, y como, no solo por su finalidad, sino que también por los elementos que en ella intervienen, es una industria esencialmente femenina, nos ha parecido interesante el visitar uno de los principales centros de esta fabricación.

Aquella tienda tan blanca y luminosa que, en una de las vías más céntricas, se impone con sus grandes vitrinas únicamente llenas de muñecas —de cientos y cientos de muñecas de todas las clases posibles— nos atrajo, naturalmente, como el paraíso de la especie *muñequeril*.

El fabricar las muñecas es un secreto, algo así como un secreto de familia, que no debe divulgarse entre otras familias que son —o pudieran ser— similares. Pero vamos en nombre de *El Día*, e inmediatamente, con una amabilidad y una benevolencia exquisitas, el mismo dueño nos invita a penetrar más allá de esa luminosa sala de la vitrina y nos explica, taller por taller, el minucioso arte de esta modernísima fabricación.

Son ciento veintiocho las mujeres aquí empleadas; trabajan de ocho de la mañana hasta la una, y desde las tres de la tarde hasta la ocho de la noche, y ganan tres pesetas diarias. Las aprendizas empiezan enseguida con dos reales, y a la segunda semana ganan ya tres reales al día.

Observamos que este trabajo es aquí sencillísimo, que los talleres son todos claros y bien aireados, y comparamos mentalmente con los «obradores» de modistas, en donde la labor se realiza casi siempre en malísimas condiciones de higiene, y en donde una oficiala necesita años y años hasta alcanzar unos diez reales de jornal. Además, aquí no hay vacaciones forzosas. Indudablemente, la industria, lejos de oprimir a la trabajadora, redimirá poco a poco el trabajo femenino de su antigua esclavitud en las tradicionales «labores propias de su sexo». Pero veamos las diversas ocupaciones de las fabricantes de muñecas.

Primero, el taller de «pegado»; las obreras recortan y aplican sobre los moldes de cabezas, que son de escayola, un papel gris muy grueso e impregnado con un engrudo especial; luego se retira el molde, y, una vez seca esta cabeza de papel, resulta tan dura y fuerte como si fuera de cartón piedra. Otro taller: aquí las muchachas pegan sobre las cabezas la tela ligeramente rosada que las ha de cubrir definitivamente, y las cabezas ya hechas pasan a manos de una señorita que, en una habitación a ella sola reservada, pinta las cejas, los ojos, las ventanas de la nariz, la boca y las mejillas; en una palabra, da la expresión definitiva. Es la «artista» de las empleadas; antes pintaba postales, y ahora ha aprendido rápidamente este nuevo y más seguro oficio, y con una gran rapidez da a las muñecas esas expresiones tan naturalmente infantiles o tan cómicamente caricaturescas que son el gran encanto de las muñecas de trapo.

Taller de «relleno»: los cuerpos han sido, conforme a los modelos establecidos, dibujados y recortados en esa misma tela rosada que cubre las cabezas; se trata ahora, según la frase corriente, de «darles cuerpo», de hacerles que tengan bulto, el bulto estrictamente necesario y conveniente. Para eso, antes de hacerles la última costura, se las rellena con serrín de corcho; ayudadas por aprendizas, unas cuantas muchachas rellenan y «dan vida» a estas figuras de trapo.

En un taller contiguo otras obreras reciben estos cuerpos ya hechos, terminan de coserlos y los unen a sus correspondientes cabezas. Y llegamos por fin al taller que comprende mayor número de operarias: el taller «de vestir», en donde, según su especialización, cada oficiala tiene un destino invariable; esta hace camisas, aquella enaguas, esta otra los trajes, otra es la sombrerera, etc.

En estanterías que cubren de arriba hasta abajo todas las paredes, reposan miles de zapatitos y de pelucas, estas hechas igualmente aquí, lo mismo que las pelucas de teatro. Y como, aparte de las muñecas que atiborran las vitrinas exteriores, aquí se fabrican también para la exportación otros juguetes, vemos igualmente, en otros talleres, muchachas pintando soldaditos de plomo y otras pegando minuciosamente las diversas piezas que componen los animales de cartón.

El dueño, el que idea todas estas muñecas —hay hasta ahora trescientos setenta y cuatro modelos, cada uno bautizado con su nombre—, es extranjero. Ha venido a España conducido por los azares de la guerra; antes trabajaba y viajaba mucho por varios países de Europa y América. Le preguntamos lo que opina de la obrera española.

—Es muy hábil —nos dice—, muy mañosa; cose admirablemente como ninguna, y por eso estas muñecas van mucho mejor vestidas que las inglesas y las alemanas. Pero aquellas van mejor hechas, con más perfección, porque las hacen a máquina, con máquinas que aquí no tenemos. Cuando termine la guerra, quizá podamos tener aquí las máquinas que tienen fábricas extranjeras, y nuestras muñecas serán las mejores del mundo, porque además de estar tan bien hechas como las inglesas o las alemanas, estarán mejor vestidas. Pero —añade luego— por desgracia es que aquí las obreras no se toman afición al trabajo; no es que sean holgazanas, no; pero solo piensan en el novio, en casarse pronto para dejar de trabajar. Mientras que en el extranjero una obrera desea perfeccionarse todo lo posible para casarse con un hombre del mismo oficio, y después llegar a establecerse y a crearse entre los dos una buena posición; aquí, si les explico esto, me contestan «que no van a casarse para seguir trabajando, que una vez casadas que trabaje para ellas su marido». Con esta norma no es posible llegar a nada más que a un trabajo puramente rutinario, y aunque reconozco que estas muchachas son muy hábiles, no hay que esperar de ellas ninguna iniciativa.

Agradecemos efusivamente a nuestro interlocutor su amabilidad, y nos vamos meditando sus últimas palabras: ¿cuándo llegarán estas muchachas artesanas y burguesitas a comprender que, una vez casadas, su trabajo, lejos de ser un rebajamiento, sería una elevación, la única verdadera, la que además las elevaría de esa obligada estrechez del matrimonio modesto en que la mujer solo contribuye a los gastos? No quieren ser más que obreras, obreras que reemplazan máquinas; y pensamos en esas fábricas del extranjero en donde las mujeres no se contentan con ser obreras y quieren llegar, ellas también, a «tener iniciativas», a cooperar verdaderamente al trabajo.

[«Las industrias femeninas», *El Día*, Madrid, 4 de agosto de 1918, pp. 1-2.]

PARA PROTEGER A LAS MUCHACHAS

Es ya un hecho indiscutible que en España el feminismo camina a pasos agigantados; sus progresos son cada día más rápidos, más decisivos. Lo que algunos espíritus particularmente estrechos, o particularmente gruñones —¡los hay!— llaman despreciativamente «la emancipación de la mujer» es algo que ya ha entrado demasiado intrínsecamente en nuestras costumbres para que sus resultados puedan extrañar a nadie; y el primero de esos resultados, el más forzoso y el más visible, es, naturalmente, la mayor libertad de las muchachas.

Son innumerables las muchachas españolas que hoy día abandonan su pueblo y su familia para venir a una capital a estudiar una carrera o a encontrar un empleo; en nuestras poblaciones más atrasadas, más llenas de prejuicios sociales, penetra, poco a poco, la idea de que una muchacha sin fortuna no debe esperar tranquilamente un marido, que a menudo no llegará, con la perspectiva, en este caso, de pintar en casa de algunos parientes el papel humillante y supremamente triste de «la parienta pobre, recogida por caridad». Son muchas, sí, muchísimas, las mujeres que se rebelan ante esta posible perspectiva como ante la de la «señorita venida a menos», que acabará su existencia comiendo cada día de la semana en alguna casa conocida, en donde se la invita de limosna, y vistiendo los trajes usados de amigas de otros tiempos. Pero, como aquí somos el país de los contrastes y de los extremos, como los progresos nos llegan «de repente», este progreso en la condición de la mujer no ha encontrado todavía ciertas protecciones verdaderamente necesarias. Y, ante todo, la «protección de las muchachas».

Habiéndome enterado hace poco, por la directora de uno de nuestros más importantes centros de enseñanza femenina, de los inconvenientes materiales con que tropiezan en Madrid nuestras estudiantes de provincias, y viendo, por otra parte, en qué condiciones tan malas han de vivir las muchachas empleadas cuya familia no habita en el mismo punto que ellas, recordaba un incidente curioso que ocurrió frecuentemente en París al transitar, a eso del mediodía, calles vecinas de alguna facultad: se me acercaba una señora que, muy cortésmente, me entregaba un papelito en que estaban impresas las direcciones de varios restaurantes económicos, recomendados a las estudiantes por su decencia. No era un reclamo: la señora que me entregaba este prospecto era, sencillamente, una «voluntaria» de la «Association pour la protection de la jeune fille», es decir, «Asociación para la protección de la muchacha».

Su acto era análogo al que realizaban diariamente en las estaciones de ferrocarriles las señoras que, revelándose de hora en hora, esperaban la llegada de los trenes para, cuando veían descender alguna mujer sola, de apariencia honesta, indicarle las direcciones de varias fondas y pensiones económicas, absolutamente respetables. Esta asociación, que —al menos antes de la guerra— existía en todas las grandes capitales de Europa y América, pues era internacional, realizaba de este modo tan sencillo una de las obras más altamente benéficas: impedía que las muchachas que abandonaban la protección familiar, para estudiar o para buscar trabajo, cayesen en manos de gentes que las engañasen. Nunca se podrá alabar lo bastante la utilidad de esa asociación, gracias a la cual las muchachas estudiantes, institutrices, empleadas o sirvientas estaban seguras, al separarse de los suyos, de encontrar en la gran ciudad desconocida una mano protectora que les indicaría el buen camino.

Claro que no es cosa de instituir en Madrid o en Barcelona una obra análoga a la que funciona en París, en Berlín, en Londres o en Nueva York: el número de nuestras «emancipadas» no alcanza para tanto. Pero este número es ya, sin embargo, bastante crecido para que el problema de la protección de las muchachas se nos plantee con suficiente energía.

Hablemos tan solo de nuestra capital, que es, además, por sus diversos centros de enseñanza, la ciudad de España en donde existen más «muchachas solas»;

fuera del pabellón para señoritas de la Residencia de Estudiantes, no tenemos una sola casa hecha para recibir a estas muchachas, así sean burguesas como artesanas. El pabellón de la Residencia de Estudiantes es, como su nombre indica, solo para estudiantes; además, la vida en él, aunque muy amplia, está sometida a ciertas reglas, a veces demasiado estrechas para mujeres que, por su edad o su carácter, se creen con derecho a vivir más libremente. ¿Dónde vive entonces en Madrid la muchacha que ha se residir sola en la corte, bien sea por sus estudios, bien sea porque su modo de vivir —profesora, empleada, etc.— así lo requiere? ¿Adónde se dirige al pisar por primera vez el suelo de la capital?

Me objetarán que, por lo general, la muchacha que en esas condiciones viene a Madrid viene recomendada a algún pariente, a algún amigo de su familia; es verdad, como es verdad también que son muchas las familias que, por no conocer en Madrid nadie a quien recomendar a su hija, no consienten separarse de ella y construyen así su porvenir; como es verdad también que muchas muchachas que no tienen más remedio que venir aquí a trabajar, viven en casas de huéspedes, expuestas a toda clase de promiscuidades; como es verdad también que muchas chicas de aldea que vienen a servir son llevadas a sitios para los cuales aún no ha remediado nada la asociación que se ocupa de reprimir la trata de blancas.

Repetimos que no es, naturalmente, cosa de implantar aquí ciertas instituciones que, en este sentido, funcionan en grandes ciudades del extranjero, en donde el trabajo y la «emancipación» de la mujer se desarrolla en una escala muy superior a la nuestra; sería ridículo el pretender equipararnos, por ejemplo, a Nueva York, adonde, desde principios de siglo hasta 1914, llegaban anualmente, contando únicamente las francesas, de cinco a seis mil mujeres «solas», en busca de trabajo, según consta en las rigurosas estadísticas establecidas por la baronesa de Montenach, presidenta en Bruselas de la Asociación Católica Internacional para la protección de la muchacha. Pero sin meternos, como vulgarmente suele decirse, en camisa de once varas, podemos y «debemos» ocuparnos aquí en España de hacer algo para proteger a aquellas de nuestras muchachas que, sin amparo alguno, vienen a estudiar o a trabajar en nuestra capital. Que, como demostrábamos en nuestra crónica anterior, estas son muchas y cada año más.

No existe español que haya viajado por el extranjero y no recuerde ciertos carteles blancos y amarillos, y blancos y rojos que le habrán llamado la atención en las estaciones y en el interior de los trenes: los de color blanco y amarillo pertenecen a la Asociación Católica Internacional de Obras para la Protección de la Muchacha; los de color blanco y colorado pertenecen a la obra protestante, análoga a esta y llamada La Amiga de la Muchacha. Y las dos clases de carteles ostentan, poco más o menos, idénticas inscripciones; dicen adónde, en las capitales cercanas, deberán dirigirse las muchachas que lleguen solas. Son estos carteles como alas tutelares abiertas sobre todas las muchachas del país. Y no hay que confundirse acerca de los títulos: el que estos carteles pertenezcan a obras católicas o protestantes no quiere decir que deseen ejercer coacción alguna; indican el buen camino y nada más. Y este buen camino se abre igualmente ante todas las muchachas de todas las confesiones y ni en las «pensiones» ni en los *restaurants* indicados se ocupa nadie de la religión de la que a ellos acude.

¿Es esta obra de los carteles algo imposible en España? No lo creemos; hoy sería imposible, porque sería útil; ¿qué indicaciones iban a ostentar aquí esos carteles? ¿Cómo iban a dar las señas de casas especialmente destinadas a las «mujeres solas», si esas casas aquí no existen?

Y he aquí precisamente lo que pudiera y debiera hacerse cuanto antes en nuestra capital: construir un «hotel» solo para mujeres; un hotel en donde pudieran vivir confortable y económicamente los cientos de muchachas estudiantes, institutrices y empleadas que actualmente viven en Madrid en malas casas de huéspedes.

Pero esto no debe ser una obra oficial; el Estado no tiene nada que ver con ello; esto debe ser aquí, como en París, como en las grandes capitales de Alemania, de Inglaterra y de los Estados Unidos, obra de algunas mujeres de buena voluntad. No es ni siquiera necesario que las fundadoras sean ricas: no se trata de un establecimiento de caridad, sino de un «hotel» económico, tan económico que se contente con ganar muy poco o, mejor aún, con no perder.

Y para comenzar, no es ni siquiera necesaria una gran cantidad; en lugar de construir otro edificio se puede alquilar un edificio ya existente y fácilmente transformable en las condiciones adecuadas. Pero no es cosa de describir aquí esas condiciones: bastaría con tomar modelo en obras de esta índole: el «Hotel para institutrices francesas», en Londres; «Le foyer de la jeune fille», en París, o las incontables «pensiones para muchachas estudiantes», en Alemania.

Confiamos en que entre nuestras lectoras habrá alguna señora que se prende de esta idea; sin donativo ni caridad, conforme al sentido un mucho estrecho que suele darse a esta palabra, puede estar segura de que realizaría una de las obras más trascendentales benéficas que pueden hoy hacerse en España en favor de la mujer: obra feminista y «femenina». Y tan solo nos permitiríamos recomendarle una cosa: que no se olvidase de que esta obra había de ser de «protección», no de imposición de ideas o de conducta. Un lugar de protección moral para las mujeres que, valientemente, afrontan solas la dura lucha por la vida; para esas muchachas que vienen del fondo de sus provincias a estudiar, a trabajar, y que son, con justicia, por el enorme caudal de sus cualidades, el mayor orgullo de España.

Necesitan protección, sí, pero no a costa de la sumisión a ciertas reglas o a ciertas ideas: únicamente la protección que por sí sola se desprende del vivir en una casa sana y «honrada»; y esta es indudablemente para ellas la protección más eficaz. Así lo han entendido en el extranjero, lo mismo las asociaciones católicas que las protestantes, y por si acaso, como lo esperamos, estos artículos son semilla que ha de fructificar.

Veamos de qué modo funcionan en el extranjero algunos «tipos» de ese «hotel» para mujeres estudiantes y empleadas; «hotel» que es, en todas las capitales que se preocupan y se interesan por esta cuestión, uno de los agentes más poderosos, si no el que más, de la protección de la muchacha.

Como no es cosa de examinar una por una todas instituciones que, en este sentido, han sido creadas por el mundo, tomemos dos de ellas, que tienen la ventaja de haber servido de modelo a muchas más: «La Casa de las institutrices francesas» en Londres y el «Hotel de las estudiantes americanas» en París.

«La Casa de las institutrices francesas» fue fundada en Londres por la colonia francesa de dicha capital, y fue inaugurada en 1903 por la madre de nuestra Reina, la princesa de Battenberg. Destinada a servir de albergue, como su nombre indica, a las muchachas francesas que iban a Londres a dedicarse al profesorado, no se contentaba con ser únicamente un hotel, una fonda: quería ser «la casa», es decir, el rinconcito íntimo en donde las expatriadas estaban seguras de encontrar un poco del ambiente familiar, del «calor moral» que tanto necesita siempre una mujer que se encuentra sola en la vida y aun sola en una ciudad.

Un salón claro y agradable, aunque sencillamente amueblado, y una sala de lectura reúnen en los momentos de libertad a las *huéspedas* de esta simpática pensión. Además, todo en «La Casa de las institutrices» está dispuesto para que las muchachas se encuentren allí a gusto, para que, sin presión alguna, pudiesen estar recogidas el mayor tiempo posible. ¿No es esta la mejor protección para una muchacha? Y ¿no marca esto solamente la diferencia radical que existe entre esta especie de *home* y las vulgares casas de huéspedes?

Las habitaciones, empapeladas de claro, amuebladas con muebles pintados de blanco, están destinadas cada una a recibir a dos *ocupantas*. El comedor, amplio y alegre, con su mesa adornada con macetas y flores, es siempre a mediodía y por la noche un lugar agradable de descanso para las que vienen fatigadas por su labor diaria. Y, en fin, la gran utilidad de esta «Casa» es que, a toda institutriz que por carta se dirija a la directora, esta le contestará en seguida dándole, respecto a lo que pudiera ser su posición en Londres, toda clase de detalles. De este modo, las que van saben ya lo que las espera, y se ahorran ese «aprendizaje de la experiencia» tan duro siempre y, a menudo, tan demoledor de energías.

El «Hotel de las estudiantes americanas» fue fundado en París por una señora americana, la señora Hoff. Tiene cierto parecido con nuestra Residencia de Estudiantes, pero con un carácter de «hotel» más acentuado. Como en «La Casa de las institutrices», el salón, la sala de lectura, con revistas y periódicos en abundancia, y el comedor ofrecen un ambiente dulcemente familiar. Pero este ambiente existe aún más pronunciado en los cuartos de dormir.

«La Casa de las institutrices» es, para la mayoría de sus huéspedes, una casa «de paso»; a ella acuden las institutrices al llegar a Londres mientras buscan colocación, o cuando quedan desacomodadas o, a veces, durante las vacaciones; pero, en el «Hotel de las estudiantes», estas residen durante temporadas largas y casi siempre renovadas durante varios años; así es que es natural que cada una imprima a su cuarto (aquí los cuartos son individuales) ese sello de intimidad personal que la mujer gusta siempre de establecer con mil cachivaches, fotografías y recuerdos. Y ya de por sí lo que pudiéramos llamar «el fondo» de la habitación se presta a esta apariencia familiar y coqueta. Todos los cuartos son iguales de disposición: un «diván cama» que durante el día se cubre con una tela clara y bonita, una mesita que puede servir de *bureau*, una butaca y una silla de formas elegantes, y unas cortinas de muselina blanca; en una esquina, un gran cortinón de tela igual a la del diván separa el sitio destinado al armario y al tocador. Y huelga añadir que todo, empapelado y muebles, es de tonos claros y alegres, que todo es sencillo, de buen gusto y confortable.

¿Lo que cuesta una fundación de estas? Pues… nada. Repetimos que no se trata de un establecimiento de caridad, sino de un hotel, de una fonda económica, eso sí; pero que no necesita tener un déficit y que hasta puede reportar alguna ganancia, aunque, claro está, para ser perfecta, como estas de que nos hemos ocupado, una institución semejante debe hacerse no con vistas a negocio, por muy reducido que este sea, sino con vistas a realizar una obra altamente benéfica. Por eso, en lugar de ser dirigida por un vulgar administrador —cosa que le quitaría inmediatamente todo su carácter—, debe ser dirigida por una mujer especialmente apta para ese cargo; casi diríamos para esa misión. Una mujer que sepa a un tiempo ser directora «moral y material» de la casa.

El «Hotel de las estudiantes americanas» ha sido instalado en París en un edificio ya existente; no sería difícil encontrar en Madrid algún edificio susceptible de ser transformado en hotel para nuestras muchachas. Para empezar, podría hacerse una sola institución para muchachas estudiantes y para empleadas, o, puesto que las estudiantes tienen ya una Residencia, solo para empleadas; que nuestras empleadas son, en este caso, las que más necesitan una residencia en donde puedan vivir con economía, con confort y con tranquilidad.

Y ya lo saben las personas que no se interesan solo con palabras en el desarrollo de la libertad económica de la mujer en España: para un hotel así solo son necesarios los primeros fondos para alquilar una casa y amueblarla «muy sencillamente» con muebles claros y alegres. Y únicamente cuando tengamos en donde recibir a nuestras muchachas, podremos poner también nosotros esos carteles que en todos los grandes países civilizados muestran la dirección de «encuentro» a las muchachas que se van solas, valientemente, a trabajar y a ganarse la vida, y que —nos complacemos en repetirlo— son aquí, más que en ningún sitio, el mayor orgullo de su patria.

[«La vida y las mujeres. Para proteger a las muchachas I», *El Día*, Madrid, 29 de agosto de 1918, p. 2; «La vida y las mujeres. Para proteger a las muchachas II», *El Día*, Madrid, 1 de septiembre de 1918, p. 2; «La vida y las mujeres. Para proteger a las muchachas III y último», *El Día*, Madrid, 3 de septiembre de 1918, p. 2.]

UNA INIQUIDAD OFICIAL:
LA SITUACIÓN DE LAS MUJERES EMPLEADAS EN TELÉGRAFOS

Las huelgas que de poco tiempo a esta parte vienen sucediéndose, cada vez más frecuentes y más enérgicas, y los motivos que en ellas invocan los huelguistas hacen pensar, aun al adversario más acérrimo de protestas tan radicales, si no será verdaderamente este el único modo, en España, de obtener justicia, o —para hablar menos enfática, pero también más concretamente— si no será este el único medio, para el trabajador, de conseguir la justa retribución de su trabajo y la ayuda material de la invocación espiritual para «el pan nuestro de cada día». Los comentarios a las huelgas no son «de un distrito»; pero aquí me han sido sugeridas por una de las injusticias más flagrantes, más ilógicas y más contrarias al sentido común que puede darse; y, como esta injusticia la padecen mujeres, y unas mujeres cuyo trabajo depende del Estado, y precisamente, del Ministerio de la Gobernación, creemos oportuno relatar aquí este caso inaudito, para ver si, realmente, esta injusticia debe achacarse a ignorancia u olvido de los que la cometen o a la mala voluntad y deseo terminante de ser injustos. En este caso, no podremos menos de creer que tienen sobrada razón aquellos que solo confían en las protestas llevadas con una energía «a todo trance». Se trata de las empleadas de telégrafos, y, como los hechos por sí solos bastan para clamar al cielo, nos contentaremos con exponerlos tal como fueron y tal como son. El público, todos nuestros lectores, juzgarán si son exageradas algunas de las apreciaciones antes dichas.

He aquí «la historia» de las empleadas de telégrafos. Muy pronto, es verdad, fueron admitidas en España las mujeres a tomar parte en las oposiciones al Cuerpo de Telégrafos; pero verdad es también que, desde un princípio, se hizo una marcada diferencia entre los y las telegrafistas. La diferencia no radicaba en el trabajo; eso no, radicaba en «el jornal», pues, en un principio, las empleadas de telégrafos no cobraban sueldo, sino jornal, ¡y qué jornal!; pero, eso sí, para tener derecho a ese jornal, muy inferior al de cualquier portero de telégrafos, habían de demostrar que tenían nociones de aritmética, de gramática y de caligrafía, y «que poseían el conocimiento perfecto de toda clase de aparatos». Como esto del jornal resultaba demasiado irrisorio para personas que cumplían como funcionarios, se les concedió, al cabo de bastante tiempo y de no pocas peticiones, un sueldo, y hace unos veintiocho años, las mujeres telegrafistas fueron nombradas auxiliares temporeras con tres mil reales al año, o sea, 62,50 pesetas mensuales.

Durante veintitantos años hubo en España muy pocas mujeres telegrafistas, pues los funcionarios masculinos, creyéndose sin duda rebajados en su dignidad profesional si las mujeres demostraban poder participar de esa dignidad tan bien como ellos, no cesaron en su oposición violentísima a la intrusión de mujeres en telégrafos. En 1885, un ministro liberal estimó en lo que valía esta oposición de los empleados masculinos; decidió aumentar el número de empleadas y, con este fin, hizo una segunda convocatoria. Acudieron de provincias gran número de aspirantes (para la mayoría de las cuales este viaje significaba un gran sacrificio) y, debido a la tenaz oposición de los empleados masculinos, «no fueron empleadas ninguna de las que aprobaron los exámenes».

Así hasta 1912, en que el Sr. Ortuño presentó un proyecto de reformas que fue aprobado. En ese proyecto se pedía numeroso personal femenino para todos los servicios de comunicaciones. Se comprendió entonces que las examinadas en 1885 eran las primeras con derecho a ocupar dichas plazas, y en *La Gaceta* apareció una disposición autorizándolas en dicho sentido. ¡Hacía la friolera de «veintisiete años» que esperaban! De las ciento y pico que habían aprobado el examen, se presentaron tan solo unas veinte ancianas, consumidas en la miseria. De las restantes, algunas habían muerto y las demás había tenido que aceptar cualquier modo de ganarse la vida. ¡Las hubo que tuvieron que ponerse a servir!

De estas veinte que se encontraron, todas viejas y medio muertas de hambre, no hubo una sola que consiguiese desarmar la saña con que fueron perseguidas por sus compañeros, y esto eran los compañeros; los jefes les reprochaban, a ellas que esperaban su destino desde hacía veintisiete años, el desconocimiento de los aparatos modernos. Pero no insistamos, porque esta no es, ni con mucho, la única iniquidad cometida con las telegrafistas.

La convocatoria de 1912 se hizo para quinientas empleadas; ¡fueron aprobadas mil!, resultado estupendo si se considera que la mujer española no estaba preparada para esta clase de exámenes, y que de estas mil la mayoría hubo de prepararse muy rápidamente. Bueno, se aprobaron mil, sin duda creyendo que sucedería como en 1885, y un personaje importante no temía decir muy alto: «Aprobad, aprobad: ¡cómo no se las ha de emplear!». Y con el tiempo se ha visto que la mujer española puede ser telegrafista no solo tan bien como la extranjera, sino mucho mejor, pues la española desempeña «todas las funciones de su cargo», y se da el caso frecuente de una «auxiliar» reemplazando a «oficiales» de gran categoría.

Esta es la situación actual de las empleadas en telégrafos: trabajan en «todos» los aparatos, antiguos y modernos; hacen las guardias precisamente en las horas de más trabajo telegráfico, que son las horas diurnas. Pongamos que estas son también las horas que más convienen al trabajo femenino; conforme; pero esto no quita el que el hacer las guardias durante esas horas prueba las aptitudes de las empleadas. Pero hay algo que lo prueba mejor, y es que hay muchas mujeres encargadas de estaciones telegráficas en los pueblos, y que por lo tanto son, en esos pueblos, «representaciones del Estado». Y estas mismas, que son oficiales «de hecho», no podían, hasta ahora, serlo «de derecho». Y nosotros preguntamos: ¿si a estas mujeres se les reconoce, lo mismo que a los hombres, aptitud para representar al Estado, por qué razón no se les reconoce el mismo sueldo y la misma categoría que a sus compañeros?

Al parecer, se hizo, en 1912, una convocatoria de auxiliares; en realidad, no hay tal, pues ¿qué auxiliar es esa que es «jefe»?, ¿auxiliar de sí misma? Y lo notable es que existe una escala de auxiliares masculinos, con la denominación de auxiliares de contabilidad y oficinas, a los que la cantidad y calidad de conocimientos que se les exige no es «en nada» superior a la de los conocimientos exigidos a las señoritas que han tomado parte en las oposiciones de 1912, siendo de advertir que muchas de estas señoritas poseían la carrera del magisterio, de comercio o de institutrices, y poseían, por lo tanto, conocimientos muy superiores a los exigidos en telégrafos; pues bien, los «auxiliares de contabilidad y oficinas, que no conocen el manejo de aparatos ni están capacitados por la ley para ello», tienen un sueldo que oscila entre 2000 y 3000 pesetas, y las auxiliares femeninas tienen un sueldo que oscila entre 1500 y 2500 pesetas, trabajando todos el mismo número de horas.

A un auxiliar masculino no se le puede utilizar para encargarse, en caso necesario, de una estación telegráfica; a las auxiliares femeninas, sí, y así queda demostrado en casos extraordinarios: huelgas, epidemias, viajes de políticos, etc. Por eso, sin duda, se les hace «el favor» de enviarlas a las aldeas más lejanas e incómodas, y se reserva con preferencia a los auxiliares masculinos las plazas en los grandes centros.

El escalafón de los auxiliares masculinos está razonablemente distribuido, según una proporcionalidad lógica; en el escalafón de las auxiliares femeninas hay una desproporción solo explicable por un patente espíritu de injusticia. Por ejemplo, en las recientes reformas se da el caso, para el cual huelga todo comentario, de haber convertido a auxiliares femeninas de primera clase en auxiliares de segunda, «a fin de que no fuera demasiado crecido el número de auxiliares de primera». Ningún auxiliar masculino hubiera tolerado este hecho; pero las mujeres… Y no puede llamase desagravio al pequeño aumento de sueldo que se les ha atribuido, pues, de haber sido respetada su categoría, algunas hubieran ascendido en mil pesetas; cosa, por lo visto, imposible, mientras que hay funcionarios masculinos que han ascendido en 2000 y 3000 pesetas, y que, en general, los oficiales de telégrafos «de menor categoría» han ascendido en 1500 pesetas.

Hasta estas últimas reformas, las mujeres no eran admitidas a efectuar los exámenes de oficiales de telégrafos; afortunadamente, la ley les permite hacer ahora toda clase de oposiciones; pero, para que la justicia no sea nunca completa, se las obliga a todas a ingresar por la escala de auxiliares y a permanecer en ella durante cinco años, mientras que los hombres con título académico son eximidos de pasar por la categoría de auxiliares. ¿Por qué razón el título académico de la mujer ha de ser menos considerado que el título académico del hombre? Y, hasta ahora, tampoco se permitía a las mujeres el presentarse al examen de políglotas, «y eso que se utilizaban sus conocimientos de idiomas para todo el curso del servicio».

No hay «un solo» funcionario masculino al que se rebaje de categoría como se ha rebajado arbitrariamente a las funcionarias femeninas; no hay, tal vez, un solo opositor masculino a oficial de telégrafos que tenga título académico y necesite ingresar en la categoría de auxiliar y permanecer en ella cinco años, como se obliga a las opositoras, así tengan el título académico de más importancia; no hay un solo funcionario masculino que desempeñe «de hecho» un cargo que no desempeña «de derecho», como sucede frecuentemente con las auxiliares de telégrafos. Y, por fin, la empleada más antigua de telégrafos, y la de más categoría, cobra bastante menos que el portero. Este es el resumen de la situación. No tenemos la pretensión de que se nos expliquen los motivos de tan escandalosa injusticia. Únicamente nos permitimos hacer las siguientes observaciones:

1.ª Que las empleadas de telégrafos, lo mismo que los empleados, trabajan por necesidad, y no por *sport*.

2.ª Que tienen la misma necesidad que sus compañeros de recibir un sueldo decoroso, pues muchas, además de tener que mantenerse a ellas mismas, mantienen a sus padres ancianos o a sus hijos (varias son viudas), cosa «imposible» con su sueldo actual.

3.ª Que las razones precedentes pueden ser consideradas como de orden sentimental, pero que hay una razón definitiva e inapelable que viene luego: «a trabajo igual, salario igual».

4.ª   Que, si la ley no quiere reconocer esta razón reconocida en los empleos oficiales de todos los países en que existe la palabra «justicia», sería conveniente que se dijese claramente de una vez. Así sabrían a qué atenerse los que creen que el Estado español emplea mujeres; la palabra «emplear» se sustituiría por la palabra «engañar», y aquellas mujeres que, por las oposiciones que han hecho, creen tener derecho a ganarse honradamente la vida sabrían también lo que les queda que hacer. Pero esperemos que, en nombre de la estricta justicia, el señor director general de Comunicaciones no querrá que sus empleadas crean que, para obtener el premio de su trabajo, es necesaria la imposición y la violencia.

Y esperamos igualmente que, no por galantería ni por compasión, sino por espíritu de justicia también, los compañeros de estas empleadas no solo no las entorpecerán en sus reivindicaciones, sino que las apoyarán con la autoridad y la buena voluntad de su compañerismo. Pueden, desde luego, estar seguros de contar con el aplauso unánime de la opinión pública.

[«La vida y las mujeres. Una iniquidad oficial: la situación de las mujeres empleadas en telégrafos», *El Día*, Madrid, 6 de octubre de 1918, p. 4.]

UNA CARTA: LAS TELEFONISTAS

Recibimos la siguiente carta que transcribimos íntegra, sin quitarle ni añadirle punto ni coma:

Señorita Margarita Nelken.

Distinguida señorita: Unas cuantas telefonistas hemos leído su artículo sobre las Empleadas de Telégrafos y, animadas por su bondad, nos atrevemos a dirigirle la presente por si nos quiere prestar su poderosa ayuda.

En primer lugar, queremos hacer constar que, al estar enfermas, nosotras no recibimos ningún socorro de la Compañía: solamente nosotras, por indicación de alguna encargada, damos lo que podemos, si alguna compañera está enferma; pero es tan escaso nuestro sueldo que de nada es el pequeño sacrificio que hagamos. ¿No es verdad que deberíamos tener un fondo para estos casos y un médico costeado por la Compañía?

Nosotras, teniendo un trabajo constante en el oído, podemos quedar inútiles para el trabajo, y ya han ocurrido algunos casos: pues bien, nosotras no tenemos derecho a ninguna indemnización por este accidente del trabajo. ¿No podría usted favorecernos en causa tan justa?

Nuestras compañeras, con nosotras, ruegan a usted se interese y, sobre todo, ya que ahora se concede una paga extraordinaria a los empleados, que se acuerden nuestros jefes de hacer algo por unas empleadas que tienen «¡dos pesetas por ocho horas de trabajo!».

Con toda el alma se lo agradecerán unas viejas telefonistas que no firman porque serían castigadas inmediatamente.

Hemos considerado largamente esta carta, escrita en papel vulgar, pero con letra fina, elegante, «educada», y, pensativos, hemos meditado luego con harta amargura estas frases en que mujeres educadas, mujeres «que han necesitado» que se hicieran por ellas los sacrificios necesarios de una educación, nos dicen que, para defenderse por la vida, tienen ¡dos pesetas! por ocho horas de un trabajo ingrato y penoso, un trabajo por el cual pueden enfermar sin tener derecho a indemnización alguna.

Estas cartas anónimas o de firmas desconocidas, que vienen espontáneamente hacia el periodista, son muchas veces su más alta recompensa; pero, cuando son, como esta, una demanda de alguien que se acoge, en una situación arbitraria o en una injusticia, a lo que uno pueda hacer por él, con esa arma tan débil de la pluma, quisiera uno poder hacer algo inaudito, inventarse frases y frases de una eficacia infalible y sin igual.

Hemos meditado largamente esta carta tan sencilla y tan conmovedora de las telefonistas, y, después de meditar «fraternalmente», si así se pudiera decir, hemos pensado: ¿a qué recriminar?, ¿por qué echar culpas a quien quizás no las tiene, a quien solo lleva, sin duda, su parte de una culpa que es de muchos y que, probablemente, será solo indiferencia y acaso indiferencia por lo que se ignora? No; el que la situación de las telefonistas sea… lo que es no nos da, sin embargo, derecho a pensar mal de los responsables. Dirijámonos primero a ellos, expongámosles esta situación tal como es, tal como nos hace sufrir a nosotros y a muchos que, como nosotros, no la sufren directamente, y luego ya veremos. ¿Quién nos dice que no seremos atendidos, que no se corregirá un estado de cosas cuya primera culpa es, quizás, el de no haber llamado hasta ahora con bastante fuerza la atención de quienes lo pueden corregir? Y por eso, nos permitimos dirigir desde estas columnas la carta siguiente al señor director de la Compañía de Teléfonos:

Sr. D. Eduardo Estelat.

Las señoritas telefonistas acuden a nosotros en la carta que encabeza este artículo. Esta carta, que no demuestra consideración alguna hacia usted, que no ostenta tampoco quejas ni recriminaciones, nos incita tan solo a pedir a usted dos cosas elementales y justas: la mejora del sueldo de las señoritas telefonistas, y la seguridad para ellas de no morirse de hambre cuando, como a veces sucede, «un accidente de trabajo» las hace inútiles para este trabajo.

Nos hacemos cargo de que, en las circunstancias actuales, y de la noche a la mañana, sería ocioso el pedir la implantación aquí de un régimen igual al que rige para las telefonistas de otros países, mejor dicho, de todos los demás países; en Francia, por ejemplo, las telefonistas empiezan a trabajar con sueldos anuales de 1500 francos, sueldos que les son duplicados en pocos años; disfrutan de un mes de licencia retribuida cuando dan a luz, y tienen derecho a la integridad de su sueldo en caso de enfermedad, a pensiones y retiros en caso de quedarse enfermas del oído, etc. Esto, naturalmente, en circunstancias «normales», pues ahora todos los sueldos han sido considerablemente aumentados en los países en guerra. Y no hablemos de los «salones para descansar» instalados en favor de las telefonistas de París por el subsecretario *monsieur* Symian.

Sería gollería pedir aquí, para las señoritas telefonistas, una situación análoga a esta, y repetimos que tampoco es este nuestro objeto. Pero ¿no sería posible hacer que nuestras telefonistas pudiesen, no ya vivir, con su sueldo, pero siquiera alimentarse convenientemente de manera que no tuviesen que añadir la anemia a la depresión o irritación nerviosa que «forzosamente» les ha de producir la índole especial de su trabajo?

Sr. Estelat, ya ve que no podemos ser más prudentes: muchas de sus empleadas no solo no tienen para vivir más que esas dos pesetas diarias, sino que con ellas tienen también que ayudar al sostenimiento de los suyos, porque ninguna mujer es como la española, abnegada, y ninguna se encuentra como ella en más precarias situaciones; pero no es este un argumento que queremos esgrimir. Pongamos, sí, admitamos este absurdo «existente» de que la señorita telefonista no necesita siquiera vivir enteramente con su sueldo; pero… ¡dos pesetas diarias!, mucho menos que una criada de servir que está mantenida y no tiene que pagar casa. Actualmente, se aumentan todos los sueldos, todos los jornales, y esto es justo y «necesario», pues que, desde el pan hasta la compostura de los zapatos, todo ha subido de precio también. Las mismas telegrafistas, en favor de quienes hemos protestado, han recibido un ligero aumento; que no sean las telefonistas, las que hasta ahora eran peor pagadas, las únicas que tengan que sufrir totalmente la carestía de la vida. La Compañía de Teléfonos es poderosa y es independiente; el Estado mismo no ha querido que se diga que sus empleados morían de hambre; seguramente, ahora que se ha llamado la atención sobre ello, no lo querrá tampoco la Compañía que usted tan dignamente dirige.

Sr. Estelat: es cuestión de justicia y de humanidad; la Compañía de Teléfonos no ha visto disminuir la cifra de sus negocios a causa de las actuales circunstancias; ¿cómo podría desoír esta voz de sus empleadas, para quienes estas circunstancias, en vista de un escaso sueldo, crean gravísimos conflictos?

Una peseta más diaria por telefonista no significa gran cosa para la Compañía y es «la salvación», así, literalmente, para las telefonistas. Y, ya con este sueldo de 90 pesetas mensuales —y considere usted, Sr. Estelat, que este sueldo es aún muy inferior al de las telefonistas extranjeras—, sería posible exigir, de cada una, una pequeña cuota mensual —de una peseta, por ejemplo— para constitución de un fondo para enfermedades. Y para esto me permito, además, hacer recordar a usted que existe en España una ley de seguro obligatorio sobre los accidentes de trabajo.

_____

[«La vida y las mujeres. Una carta: las telefonistas», *El Día*, Madrid, 22 de octubre de 1918, p. 5.]

LAS SEÑORITAS DE LA CLASE MEDIA

Ya hemos hablado tantas veces de esta lamentable situación de las señoritas de la clase media española que casi nos da reparo insistir otra vez sobre este asunto. Además, nos sucede con este lo que con muchos problemas femeninos o feministas, como uno quiera, y es que su solución nos parece tan natural, tan lógica, a la par que tan ineludible, que nos cuesta trabajo darnos cuenta de que no es así para todos; pero hoy estamos obligados a subrayar algunas de las afirmaciones reiteradamente hechas ya en artículos anteriores y a desarrollar algunos puntos de vista acerca de este problema trascendentalísimo, fuerza es reconocerlo, de la situación de nuestras muchachas de la clase media con una autoridad por encima de todos los apasionamientos.

Uno de los más distinguidos profesores del Instituto de Barcelona para la Segunda Enseñanza de la Mujer, D. Juan Caballero, consultado por nosotros sobre «la situación moral y material de la señorita de la clase media en Barcelona», tiene la bondad de contestarnos en una carta tan interesante que no nos resistimos al deseo de transcribir aquí algunos de sus principales párrafos, seguros de que nos perdonará esta incorrección hecha en favor de una causa a la cual consagra toda su vida.

Don Juan Caballero nos afirma primero que «el mal moderno de las grandes urbes, en cuanto a relajación de costumbres públicas, y privadas, estriba en gran parte en que a ellas concurre una nube de *señoritas pobres*, huérfanas en su mayoría, adornadas con todos los encantos de una educación refinada, pero sin oficio ni condiciones para obtener mediante el trabajo recursos con que vivir honradamente, y que se muestran a los hombres adinerados como atrayente y selecto cebo de apetitos a sus demasías». ¡Cuántas veces nosotros, y con nosotros todos los feministas del mundo, hemos dicho y repetido estas mismas o idénticas frases! Y esta vez no es una mujer quien las dice, no es alguien que predica por su propia conveniencia, y no hay aquí tampoco exaltaciones de sufragistas: es un hombre, un hombre de elevada cultura y de notoria seriedad quien con estas frases anteriores dice a los padres y a las madres de la burguesía española, a esos padres y a esas madres que quieren ser, como ningunos, celosos guardianes de la dignidad de sus hijas: si queréis tener la seguridad, la tranquilidad absoluta acerca de la dignidad del porvenir de vuestras hijas, preparadlas para hacerse por sí mismas un porvenir digno y honrado. No sois eternos; según la ley natural, vuestras hijas se quedarán un día sin vuestro amparo, y nadie dice que ese día podrán contar con el amparo, moral y material, de un marido. Pensad que, tanto como vuestros hijos, a quienes dais carrera u oficio, vuestras hijas pueden ne-cesitar ganarse el pan de cada día; no hacer que, por impresión o debilidad mal entendida, vuestras hijas se vean un día en el trance de tenerse que ganar la vida «de cualquier modo», porque de ello seréis vosotros y no ellas los responsables.

Sí, esto es lo que dicen las palabras antes citadas de D. Juan Caballero, y noso-tros ampliaríamos su sentido escueto añadiendo: y no dejando tampoco, padres burgueses españoles, que vuestras hijas necesiten un día ser una carga para sus hermanos varones; estos tienen derecho, ellos y la familia que hayan fundado, a disfrutar íntegramente de su trabajo, y la verdadera indignidad es, para ser fuerte y sano, el vivir a costa del trabajo de otro. Pensad que aquí, en España, las «hermanas» son la impedimenta que abruma el porvenir de los «hermanos»; de la pobreza de este porvenir, entorpecido por la obligación de atender a las necesidades de esas mujeres inútiles, verdadero peso muerto que pesa como una cadena, vosotros sois los responsables, vosotros, padres burgueses, que no habéis hecho de vuestras hijas seres útiles y dignos. Porque si es ley natural mantener a los padres ancianos, no es natural, ni mucho menos, mantener a hermanas que pueden trabajar.

Nadie, ni aun los antifeministas acérrimos, refutarán estas palabras, y, sin embargo, no deja de ser verdad que para que fuesen entendidas sería menester ir, familia por familia, a entrarlas, a la fuerza de argumentos y de demostraciones, en las cabezas de todos esos padres de la clase media española que adoran a sus hijas, sí, pero que no saben quererlas hasta el punto de preocuparse por su porvenir. Se casarán; ¿y si no se casan? Y las frases de D. Juan Caballero, de un hombre que por el cargo que ocupa puede mejor que nadie hablar de estas cosas, son la respuesta trágica y verídica.

Pero continuemos leyendo esta carta y en ella encontraremos aún muchas afirmaciones altamente provechosas. Por ejemplo: «Como generalmente las señoritas *estudiantas* son hijas de la clase media, económicamente castigada por la presente organización social, pueden considerarse pobres en conjunto. Observo yo que gran número de las alumnas inscriptas en el Instituto de Barcelona para la Segunda Enseñanza de la Mujer, creado por D. Hermenegildo Giner de los Ríos, se capacitan con magnífica aplicación, aprovechando la gratuidad absoluta de nuestras clases, y no dan validez académica a sus estudios por evitarse el gasto de la matrícula oficial». Entonces, ¿tenemos en España muchachas de la clase media que, a pesar del ambiente contrario, se deciden a instruirse para poder más tarde trabajar y ganarse la vida dignamente? ¡Qué noble excepción! Sí, muy noble, tanto más noble que, en lugar de ser acogida con el respeto que se merece, la iniciativa de estas muchachas es entorpecida todo lo posible por la mala voluntad masculina. Pero escuchemos de nuevo al Sr. Caballero. Después de asegurarnos, con el fruto de su propia experiencia, que las energías intelectuales de la mujer no son en nada inferiores a las varoniles, aunque muestran especiales tonalidades, complementarias, sin duda, de los hombres, nos dice: «Hasta muchos del sexo fuerte con carrera, médicos, abogados, catedráticos, se burlan de las *bachilleras* y, por su gusto, les serían cerradas a cal y canto las puertas de la Universidad». Y más lejos: «Terminada la carrera, tampoco encuentran ambiente propicio nuestras profesionales, ni aun en su propio sexo. Hace falta un periódico que tome a su cargo convencer a las mujeres de la necesidad de apoyarse mutuamente, ya que, en general, el hombre, temiendo su competencia, les cierra en lo posible los caminos de las profesiones liberales… En el orden particular, es, pues, en alto grado menospreciada la labor de la mujer, a quien se explota en todos los órdenes». Estas son las palabras textuales de un profesor de Barcelona, la ciudad que pretende ser la más «europeizada», es decir, la más avanzada en ideas y en hechos de toda España. ¿En qué quedamos?, dirán los padres a quienes antes nos dirigimos. ¿Se nos pide que enseñemos a nuestras hijas a trabajar y, al mismo tiempo, se nos asegura que no podrán desenvolver sus capacidades de trabajo? Y este razonamiento les parecerá, seguramente, tan definitivo que, basándose en él, seguirán educando a sus hijas para muñecas o para millonarias, es decir, para futuras esposas de hombres millonarios. Y harán mal, tan mal como hasta ahora, porque la conclusión definitiva que se debe sacar de las frases de D. Juan Caballero es que, si el ambiente español es tan hostil al trabajo de la mujer de la clase media, es porque, desde tiempos inmemorables, los hombres españoles están acostumbrados a considerar a esas señoritas como seres inútiles, como «cargas».

Sí, ese ambiente lo forman ustedes, los padres, los hermanos, y no lo formaríais si supierais que vuestras hijas y vuestras hermanas sabrán siempre bastarse a sí mismas. No hay un francés, un americano, un inglés, un alemán, un escandinavo que tenga la ocurrencia de «burlarse» de una *estudianta* o de temer la competencia del trabajo femenino; saben lo que para ellos mismos representa esta liberación económica de la mujer. Y nos resistimos a creer que los españoles de la clase media consideran la galantería como el único camino posible para la señorita que no quiere ser una carga para sus hermanos.

Sí, las únicas conclusiones verdaderas que se deben sacar de la carta cuyos párrafos hemos transcrito son estas:

Primera. Que en España muchas «señoritas» llevan una vida indecorosa porque, no teniendo padre o marido que las mantenga, es este el único medio que conocen de ganarse la vida.

Segunda. Que en España el ambiente es hostil al trabajo de la mujer.

Meditemos estas conclusiones y veremos por fin, como conclusión única y definitiva, que es imprescindible que los padres se acostumbren a poner en manos de todos sus hijos, hembras y varones, indistintamente, medios de trabajo, y que solo la generalidad de esta idea hará que la posición de la mujer sea siempre digna y su trabajo respetado, como tiene derecho a serlo.

[«La vida y las mujeres. Las señoritas de la clase media. Una opinión autorizada», *El Día*, Madrid, 28 de octubre de 1918, p. 4.]

LAS CIGARRERAS

Después de varias sesiones de discusiones apasionadísimas, las comisiones de cigarreras venidas de provincias han tenido que regresar a sus respectivas capitales sin llegar al acuerdo definitivo que ambicionaban con sus compañeras madrileñas, y cuya base radicaba, naturalmente, en el principio de asociación. Gran número de cigarreras madrileñas han rehuido el formar parte de una asociación total de su gremio; como una asociación parcial no tendría objeto, puesto que el fin de toda agrupación obrera es, por medio de la personalidad colectiva, formar un poder que pueda presentar sus pretensiones y defender sus intereses ante el poder directivo, las cigarreras de provincias se han ido como habían venido, teniendo que dejar la situación de todo el gremio de cigarreras en el mismo punto en que estaba.

Algunos espíritus superficiales deducen de este fracaso de las gestiones hechas en vista de una asociación que esta asociación es inútil y que no ha llegado a realizarse por no ser reconocida como tal por las mismas interesadas; lo que quiere decir que las cigarreras madrileñas se encuentran en una situación tan satisfactoria que en ella huelga toda queja y que sus intereses se encuentran ya tan admirablemente protegidos que no vale la pena defenderlos.

Hemos llamado espíritus superficiales a los que tal piensan, pero convendría llamarlos además espíritus «no enterados», y hasta, valga el barbarismo, «no reflexionados», pues una agrupación de trabajadores, obreros o empleados, por muy protegidos que tenga sus intereses actuales, no puede, en ningún caso, tener la seguridad de que en cualquier circunstancia tendrá sus intereses igualmente protegidos, y le conviene, pues, siempre, y en todo momento, tener las espaldas guardadas por la fuerza colectiva de su asociación. Y sería interesante saber a punto fijo por qué motivo las cigarreras madrileñas han rehusado una proposición tan vital para sus intereses.

En la sesión del Congreso del día 13, el diputado Sr. Saborit hizo un ruego al ministro de Hacienda acerca de la manera como viene atropellando la Compañía Arrendataria de Tabacos a las operarias de sus fábricas que han pretendido asociarse, y a quienes se persigue por querer ejercitar este derecho concedido por la ley. Esperamos que el señor ministro atenderá como se merece a tan justa petición; mas, por reiteradas y minuciosas informaciones hechas personalmente por nosotros entre las cigarreras, tenemos la convicción de que el mayor enemigo de las asociaciones de estas obreras no es la Compañía Arrendataria; desgraciadamente se trata de un enemigo harto más complejo, y contra el cual es imposible luchar directamente: nos referimos a las entidades privadas cuyo objeto, abierto o más o menos disfrazado, es dividir el mundo obrero, impedir que se imponga como personalidad colectiva. Y esto no es muy difícil: son relativamente pocas las obreras que vislumbran en toda su extensión los beneficios morales y materiales que podrían sacar de un sistema de asociación, y en cambio, casi todas se dejan llevar por el halago inmediato de una pequeña cantidad o de algunas prendas de ropa, dadas a cambio del abandono de sus más justos derechos y convicciones.

Pero prescindamos de esto, que no deja de ser aquí una cuestión accesoria, y ocupémonos de la situación actual de las cigarreras madrileñas.

Reconozcamos, ante todo, que el actual director de la Fábrica de Tabacos es una dignísima persona, que en el tiempo que lleva desempeñando su cargo ha realizado notables mejoras de higiene en beneficio de sus operarias: transformación de las salas, cocinas, etc. ¿Basta esto? De ningún modo; como no bastaría tampoco la transformación de la fábrica en palacio de las mil y unas noches. Junto con estas mejoras exteriores existen otras que pudiéramos llamar «internas», y que son esenciales. Veamos primero la cuestión de los jornales.

El jornal medio de una cigarrera madrileña varía entre nueve y diez reales. El trabajo se hace a destajo. Aunque nadie encontrará muy elevado este jornal, no vamos ahora a discutirlo; pero queremos señalar que esta obrera que gana tan escaso jornal no tiene derecho, en caso de enfermedad, a ninguna clase de socorros ni de seguros. Parece ser que tienen derecho a la asistencia médica, cosa que es lo de menos, puesto que existe en Madrid la asistencia médica gratuita para las clases necesitadas. Mas admitamos que este es un gran beneficio; no hace falta ser un gran sociólogo para comprender que estas obreras, a quienes no se abona nada en caso de enfermedad, se resistirán hasta el último extremo a dejar de asistir a la fábrica, y así, pueden verse cigarreras que a los tres o cuatro días de haber dado a luz vuelven a su trabajo, aunque este consista —como es el caso para casi todas las jóvenes— en trabajar todo el día en pie junto a las máquinas. Y huelga insistir acerca de lo que esto significa para la salud de las madres y de los hijos a los cuales amamantan.

Me objetarán que no existe ninguna ley que obligue a los patronos a pagar a sus obreras jornales que estas no ganan, ya que el estar enfermas o el dar a luz no constituye un accidente del trabajo. Conformes; pero existe una ley que obliga al patrono a dejar a sus obreras que están criando una hora libre diaria —subdividida en varias partes— para dar el pecho a sus hijos. Esta ley sobreentiende que el precio de esta hora de crianza está a cargo del patrono, y así sucede, en efecto, en las fábricas en que las operarias cobran un jornal fijo.

¿Por qué no ha de existir entonces también en las fábricas en donde las mujeres trabajan a destajo? ¿Qué es esa farsa de conceder una hora de libertad y de no abonar el precio de esa hora? Nada más fácil que establecer un «precio medio», y de pagarlo, como precio de esa hora a que tienen derecho, a las madres lactantes. De este modo se evitaría, en lo que a la Fábrica de Tabacos se refiere, que muchas madres, demasiado necesitadas, no críen a sus hijos para no perder la ganancia de esa hora que la ley les concede precisamente para amamantar a sus hijos. Y es que, si la ley quiere proteger la lactancia materna, no basta con proporcionar el tiempo para ello: es necesario que, lo mismo en las fábricas donde se trabaja a destajo que en aquellas en que el jornal es fijo, el criar no signifique para la obrera una mengua en la ganancia. Pero los hijos son un problema económico atroz para nuestras cigarreras.

Tenemos noticias de que el director de la Fábrica ha decidido habilitar una habitación para la lactancia; esto evitaría el hecho, verdaderamente bochornoso, de que las operarias de una de las fábricas más ricas de España amamanten a sus hijos en las escaleras o en medio de la vía pública.

Pero esto no basta; casi diríamos que es lo de menos. Lo importante para las cigarreras es que tienen que pagar a las vecinas que les guardan a sus hijitos, mientras ellas están en la fábrica, unos sueldos que varían entre 75 y 85 céntimos diarios. Calcúlese el gravamen que esto representa en un presupuesto de diez reales diarios. Cierto es que algunas tienen la ayuda del jornal de sus maridos; pero muchas son viudas o solteras, y aun contando con el jornal de un marido, 85 céntimos diarios son un gasto enorme para un matrimonio obrero. Y no hablemos de las casas cuna; sabido es que, por muy mal que estén los niños guardados por alguna vecina, generalmente demasiado anciana, están mejor que en las casas cuna. Además, la principal de estas, que se encuentra cerca de la Fábrica de Tabacos, cierra sus puertas a las cuatro de la tarde.

Hemos hablado de esta cuestión de los niños pequeños tan solo para establecer la…, pongamos, candidez, de los que creen que las cigarreras no se han asociado porque no lo necesitaban; el Consejo Superior de Protección a la Infancia, atendiendo a la moción que le sometimos acerca de la creación de salas infantiles en las fábricas que emplean mujeres, se está ocupando de redactar un proyecto de ley en este sentido, y esperamos que la Fábrica de Tabacos de Madrid, por ser la fábrica que más operarias ocupa, y por ser una de las más pudientes, no presentará la menor dificultad a la realización de una obra que ya hemos tenido la satisfacción de ver admitida, en principio, por algunas sociedades particulares. Está, pues, esta cuestión resuelta, mas queda la de la creación de una Caja de Socorros para las cigarreras.

Es aforismo popular el asegurar que no hay que pedir demasiado de una vez; pero es también refrán de singular realidad el decir que quien no llora no mama.

Por una cosa o por otra, las cigarreras madrileñas no están asociadas, y no forman, por consiguiente, una personalidad colectiva capaz de pedir, de exigir o de protestar. Pertenece, pues, al elemento director de estas cigarreras, «al único que tiene la fuerza consigo», defender del mejor modo posible los intereses de estas obreras y que ellas mismas no pueden defender.

Cualquier empresa particular de cierta importancia asegura a sus obreros y empleados la posibilidad de no morirse de hambre en caso de enfermedad. Lo único que pueden esperar las cigarreras es que llegadas, por lo avanzado de su edad, a quedar inútiles para el trabajo, se les dará una renta de siete duros mensuales. Pero esto únicamente a las que han quedado inútiles.

Una cigarrera empleada en la fábrica durante treinta años, si se retira valiendo aún para el trabajo, no tiene derecho a nada. Urge pues constituir una «Caja» de retiros y de Seguros de enfermedad y de parto. Gracias a esta «Caja», las cigarreras podrían cuidarse convenientemente al dar a luz o al estar enfermas, y podrían descansar después de treinta años de trabajo. Y para que no se nos tache de exigentes, proponemos la constitución de esta «Caja» del modo siguiente:

Cada cigarrera entregará diez céntimos semanales. Dado el número de cigarreras madrileñas, la suma de estas cantidades bastará, desde luego, para abonar un retiro de siete reales diarios después de treinta años de trabajo; un «seguro de enfermedad» de dos pesetas diarias durante el tiempo que el médico juzgue conveniente la no asistencia de la enferma a la fábrica, y un «seguro maternal», consistente en dos pesetas diarias durante los quince días inmediatos al alumbramiento, y en una prima de veinticinco pesetas, dadas el último mes del embarazo, para gastos de parto y de canastilla.

No hay cigarrera que no esté dispuesta a dar esos diez céntimos semanales, que tan grandes y tan certeros beneficios les han de reportar. Además, para muchas, este pequeño desembolso queda altamente compensado con la creación, ya descontada, de la «sala infantil», que les ahorra un gasto diario mucho más elevado. Y creemos que, aunque esta «Caja» ha de ser constituida por las cigarreras mismas, convendría que la Dirección de la Fábrica de Tabacos tomase a su cargo la iniciativa del proyecto, pues, si se prefiere que las obreras no se asocien, es menester irles procurando, poco a poco, siquiera los beneficios materiales que podrían sacar de una asociación.

[«La vida y las mujeres. Las cigarreras», *El Día*, Madrid, 19 de noviembre de 1918, p. 2.]

LA SITUACIÓN LEGAL

En estas mismas columnas, don José Francos Rodríguez aboga apasionadamente en favor de los derechos de la mujer. ¿Cómo agradecérselo bastante, mujeres feministas? La cosa es natural, tan natural que, a muchos, esa misma naturalidad les resulta divertida y les mueve a risa como chistes de astracanada; pero hombres feministas, esto ya es harina de otro costal. El feminismo, defendido por hombres, adquiere ya otra significación, adquiere su verdadera significación. Son los hombres, decía Stuart Mill, quienes deben defender los derechos de la mujer, así como hubieron de ser hombres libres los que lucharon por la libertad de los esclavos. Conste que esta comparación de la mujer y el esclavo no la hago yo, sino el gran filósofo inglés que escribió *La esclavitud de las mujeres*, y, en realidad, dejándonos de hipérboles y de florilegios, ¿qué es sino legalmente la esclavitud la situación del individuo —hembra o varón— que es eternamente menor de edad salvo para los castigos?

Don José Francos Rodríguez nos ha dicho con harta elocuencia la iniquidad de esa situación legal de la mujer entregada en absoluto ella, su hacienda, su fortuna, sus ganancias a la buena o mala voluntad de un marido, que lo mismo puede ser un modelo de esposos y de padres que un vividor o un degenerado; no he de insistir yo sobre ello. Mas no es únicamente esa cuestión «financiera» el eje del feminismo, y, además, es esta cuestión del feminismo tan grande y tan compleja —aunque tan clara— que siempre deja materia a comentarios.

No hemos asistido a la sesión del Senado en donde fue presentada una petición en favor de los derechos de la mujer; mas nos la podemos imaginar sin gran trabajo y seguros de no equivocarnos; los señores senadores, ya que la gravedad de su cargo les obligase a cierto recato, no soltarían la carcajada limpia; pero sonreirían encogiéndose de hombros, como ante una travesura de chiquillos, y... pasarían a otro asunto que les parecería más serio e importante. Los derechos de la mujer. ¡Mire usted que tiene gracia...!

No, señores senadores; no tiene gracia ninguna, y se puede discutir, por ahora, el voto de las mujeres españolas. ¡Se puede alegar su falta general de cultura, de preparación social, etc.!, pero ¿cómo asegurar que es justa la situación legal de las mujeres?

Stuart Mill dice que la esclavitud no impedía a los griegos creerse un pueblo libre y que hoy nos parece que no podría hablarse de libertad en un pueblo donde la mayoría de los hombres eran esclavos; pero que creemos libres a los pueblos en donde la mitad de la población no tiene derecho ni sobre su cuerpo, ni sobre el fruto de su trabajo (Stuart Mill: *La esclavitud de las mujeres*, capítulo V). Realmente, no hay nada tan gracioso como esos señores cuya función consiste en organizar de la manera más justa las leyes de su país, y que empiezan por no darse cuenta de lo que significa la palabra «Justicia». Los señores senadores encuentran seguramente muy justo que la mujer sea menor de edad en lo que atañe a sus derechos; pero mayor de edad en lo que atañe a sus responsabilidades ante la ley. Que es como decirle a un niño: «Tú, niño, eres incapaz de administrar tus bienes, de saber siquiera cómo se hace la ley; pero cuidadito con no pagar contribuciones e impuestos, con infringir la ley, porque, eso sí, te concedemos el derecho de pagar multas, de estar preso, y hasta de sufrir el garrote». ¡Y uno es tachado poco menos que de loco cuando se asombra de que la justicia, respecto de la mujer, empiece por ser injusta!

La mujer digna no le va contando a nadie sus cuitas, mucho menos sus disgustos íntimos; pero ahí está la ley para probar lo que puede ser la autoridad marital en España, y lo que es no solo en todos los matrimonios incultos, sino en el fondo de muchos que parecen «civilizados», y si no parece ejercerse tan crudamente como legalmente puede, es porque ya se tiene buen cuidado de educar a la mujer de modo que no sea capaz de sentirse, así como antiguamente se educaba al siervo de modo que ni siquiera se le ocurriese equipararse espiritualmente con su señor. Y cuando hoy, en nuestro siglo de «libertad», sabemos de una mujer despojada por su marido, o de una mujer a quien su marido obligó a dar una firma que la despojase (porque la hipocresía de nuestras leyes exige en ciertos casos el consentimiento de una persona cuyo primer deber es la obediencia), la compadecemos, y decimos a coro: «¡pobrecilla!», y «¡qué canalla!», y a nadie se le ocurre que es inevitable que un canalla abuse de un ser que le ha sido entregado atado de pies y manos, puesto que la ley ampara su canallada consintiendo y obligando la esclavitud.

Todos conocemos a alguna mujer arruinada por su marido; a alguna mujer obligada, «por razón de pan», a aguantar los desvíos o malos tratos de su marido; a alguna mujer que no puede dar educación —la educación que ella sabe que debe dar— a sus hijos, porque su marido, en lugar de gastarse el dinero dentro del hogar, prefiere gastarlo fuera, y porque ella, «legalmente», no es nadie para decir nada acerca de los hijos salidos de sus entrañas; todos conocemos al obrero que el sábado no lleva un céntimo a casa, y cuya mujer se mantiene y mantiene a sus hijos como Dios quiere. Y son estos ejemplos que nadie puede tachar de extravagantes, puesto que son corrientes. Y sindicatos, asociaciones obreras, etc., todo será inútil en España mientras la mujer, por un absurdo que nos coloca a la zaga de todos los grandes países, no pueda siquiera defender el fruto mismo de su trabajo, su propio jornal y salario, contra la venia de su dueño y señor, que lo mismo puede ser un santo que un jugador o un alcohólico.

Y no hablamos aquí, porque ello sobrepasaría los límites de una simple crónica de diario, de la inferioridad legal de la mujer en asuntos tan trascendentales como, por ejemplo, la tutela de sus propios hijos.

Algunos espíritus superficiales se harán cruces al leer tan violentas diatribas, cuando precisamente el trabajo de la mujer, y, por ende, su situación económica, adquiere en España mayor incremento cada día. Pero, al fin y al cabo, el que la mujer pueda trabajar conforme se lo permiten sus aptitudes no es sino un «detalle» del feminismo. El que las mujeres puedan seguir carreras liberales o ser empleadas del Estado, o trabajar en fábricas, esto, al fin y al cabo, interesa únicamente a cierto número de mujeres, millares de ellas, si se quiere, pero no más. Y lo verdaderamente esencial del feminismo, aquello sin lo cual la libertad económica no significa nada o significa muy poco, es la igualdad ante la ley.

En su obra *La mujer en el pasado, en el presente y en el porvenir*, escribe August Bebel: «Se dice frecuentemente que el grado de civilización de un país se mide principalmente por la situación que la mujer disfruta en él. Tenemos esta fórmula por buena, mas se advierte entonces que nuestra tan afamada civilización no ha llegado aún muy lejos en este sentido». Esto lo decía Bebel hace ya unos años, cuando las mujeres no disfrutaban aún la libertad que la guerra les ha dado en muchos países; pero lo decía en Alemania, donde toda mujer que trabajaba era ya única dueña de lo que trabajaba, y donde, en cuestiones de tutela, de administración y de reconocimiento de hijos legítimos, la mujer disfruta ya, desde hace mucho, de una situación justa y normal. ¿Qué hubiera dicho aquí?

Las naciones que en su legislación conservan ciertos vestigios del antiguo derecho germánico (Alemania, países escandinavos) han tenido, naturalmente, siempre mayores consideraciones legales para con la mujer que las naciones (latinas) exclusivamente regidas por el antiguo derecho romano y la influencia directa de este; pues, mientras que el derecho romano o hacía abstracción completa de la personalidad femenina, o se ocupaba de ella tan solo para tenerla en servidumbre, el antiguo derecho germánico, en ciertos casos, reconocía la igualdad absoluta del hombre y de la mujer. Y hoy mismo vemos que, mientras los Estados Unidos, Inglaterra, Alemania, Austria, Hungría, Rusia, Finlandia y los países escandinavos han concedido a la mujer el derecho absoluto a votar, Francia, cuyas mujeres tan alto ejemplo social han dado, se propone concederles este voto con restricciones, lindando con el ridículo.

¿Las mujeres deberían votar hoy en España? Desgraciadamente, creemos que no; pues, dada su escasa cultura y la facilidad que por esto mismo ofrecen a toda clase de influencias, el voto actual de la mayoría de las mujeres españolas significaría para España un terrible retroceso. Pero el que las mujeres no estén aquí todavía preparadas para el voto no quita que sería justo reconocerles ciertos derechos sencillamente como a seres humanos conscientes, y para todos sería un inmenso beneficio que fuesen los hombres quienes voluntariamente, por espíritu de justicia, concediesen estos derechos. Porque, conforme dijo Bebel: «Aun admitiendo que las mujeres no sean, por lo general, tan capaces como los hombres de poder llegar a la altura de los genios y de los grandes filósofos, sería injusto someterlas a leyes diferentes de las que rigen para el hombre, pues, que nosotros sepamos, no existe una legislación para los genios y otra para el vulgo».

[«La vida y las mujeres. La situación legal», *El Día*, Madrid, 3 de diciembre de 1918, p. 1.]

SE ACABÓ DE IMPRIMIR

EN MADRID

EL 7 DE NOVIEMBRE DE 2025